THE DEVELOPMENT OF
KOREAN ELECTION

한국선거
발전론

이종우 지음

박영사

THE DEVELOPMENT OF
KOREAN ELECTION

한국선거의
발전과정

이종우 지음

북앤피플

책을 펴내면서

선거관리위원회에 임용된 후 어느덧 35년의 세월을 보내고 이제 그 끝자락에 서 있다. 옆길로 눈 한 번 돌리지 않은 외길 인생이었다. 한국에서 근대적 선거가 처음 실시된 지 67년이 흘렀으니 오직 선거와 함께 살아온 내 삶도 한국 선거사의 절반 이상에 묻혀 있다. 꽤 긴 시간이었다. 그러나 너무나도 짧았던 순간이었다. 어떤 일이든 장도(長途)를 마치는 순간에는 아쉬움이 남는 것이 인지상정이겠으나 후회를 남기지 않으려고 끝없이 노력한 삶이었다고 스스로를 위로해 본다. 이 책은 민주주의 전환기를 거치며 한국 선거의 성장과정을 함께 해 온 필자의 공직을 정리하는 마지막 산물이다.

한국 선거사는 서구 민주주의와 비교해 67년이라는 비교적 짧은 역사를 가지고 있다. 그럼에도 불구하고 현재 대한민국 선거는 놀랄 만큼 성장했다. UN의 감시 하에 첫 선거를 실시했던 나라가 어느새 전환기 민주주의 국가들의 모델이 되어 선거관련 법제 및 선거관리 기법 전수, 그리고 선거관리시스템 구축을 지원하는 수준에 이르렀다. 한국 선거의 성장과 발전이 1987년 민주화를 기점으로 급속하게 진행되었음을 감안하면 불과 30년이 채 되지 않는 단기간에 이룬 기적과 같은 성과이다. 이 얼마나 자랑스러운 일인가!

그러나 우리는 그동안의 노력과 성과에 대해 무관심함을 넘어 스스로 폄훼하고 있지는 않은가 되돌아보게 된다. 그러한 이유로 한국 선거의 발전과정을 다양한 측면에서 고찰하고 이를 여러 사람과 함께 공유하는 한편, 안정적 민주 정치체제를 위한 대한민국의 내일을 함께 고민하고 싶었다. 부족함을 무릅쓰고 『한국선거발전론』이란 이름으로 출간을 결정하게 된 이유이기도 하다.

대한민국 선거사는 지나온 시간에 비해 많은 굴곡과 역경을 거쳐 왔다. 우리나라 최초의 근대적 선거는 해방 이후 초대 국회를 구성하기 위해 1948년 5월 10일 실시된 제헌국회의원선거였다. 이 선거는 비록 한반도 절반만의 선거였지만 민주주의의 기틀을 마련할 수 있었다는 점에서 역사적으로 큰 의미를 갖는다. 그러나 이어진 한국전쟁, 권력연장을 위한 불법적 개헌, 권위주의적 지배, 금권과 관권이 동원된 불법선거 등으로 한국 민주주의는 오랜 기간 동안 성장하지 못하였다. 특히, 한국 선거사에 치욕으로 남은 1960년 3·15 부정선거로 인해 제1공화국이 종말을 고하는 뼈아픈 역사를 기록해야 했다.

이후 제2공화국의 내각책임제, 제3공화국의 대통령제, 제4·5공화국의 대통령간선제, 제6공화국의 대통령직선제로 이어진 잦은 변화를 경험하였다. 그러나 정권이 바뀌고 선거의 경험들이 축적되어도 부정적인 선거문화는 고질병처럼 쉽게 바로잡히지 않았다. 긴 시간 정체되던 한국 선거는 이후 몇 차례의 주요 변곡점을 통해 급성장하게 된다. 우선 1987년 민주화와 6·29 선언은 대통령직선제 복원을 통해 국민주권을 회복하는 절차적 민주주의를 이루어 내는 계기를 제공했다. 1989년 동해시 국회의원재선거는 민주화와 불법선거라는 민주주의의 양면성을 보이던 과도기적 과정에서 선거관리위원회가 선거법 위반 등 불법·탈법 행위에 적극적으로 대처하는 정치발전형 모델로 역할을 전환하면서 공명선거의 새로운 출발을 시작하는 기폭제가 되었다.

　무엇보다도 1994년 「공직선거 및 선거부정방지법」, 일명 통합선거법의 제정은 공명선거의 제도적 기틀을 마련한 중요한 전환점이 되었다. 이를 기점으로 선거운동의 자유는 확대하되 위법행위에 대해서는 엄격하게 처리하는 선거법제의 기반을 구축할 수 있었다. 이후 우리나라는 법제 선진화와 선거문화 개선을 위한 지속적인 노력을 통해 고비용 저효율 선거구조 개선, 정책선거 확산, 재외선거 도입, 유권자의 날 제정, 통합명부에 의한 사전투표 도입 등 많은 발전적 변화를 이루었다. 지금도 선거 선진화 과정은 진행형에 있다.

　이 책은 이러한 한국 선거의 발전과정을 모두 8개의 장으로 엮었다. 제1장과 제2장에서는 선거의 의미와 중요성, 그리고 헌법적 가치에 대한 기본적 이해를 제공하고자 했다. 제3장에서는 한국 선거 67년의 발자취를 주요 변곡점을 중심으로 일별하여 한국 선거사를 종합적으로 정리하였으며, 제4장에서는 선거제도의 핵심적 변화과정과 내용을 담았다. 제5장에서는 공명선거를 위한 선거관리의 중요성과 함께 선거관리 모델의 변화와 발전과정을 살펴보았으며, 제6장에서는 선거문화의 개선 노력과 결과를 공명선거의 관점에서 논하고자 했다. 제7장에서는 우리나라 선거수준과 세계적 위상을 공유하기 위해 한국선거에 대한 진단과 평가를 객관적 지표를 통해 분석하였다. 마지막으로 제8장에서는 대한민국의 내일을 함께 고민해 보고자 통일한국과 선거에 대한 미래지향적 제언을 담아 글을 마무리하였다.

한국 선거의 변화와 발전에 대해 공유하고 소통하고 싶다는 바람과는 달리 졸고를 정리하여 한 권의 책으로 내놓기에는 많은 고민이 있었다. 더 많은 자료를 모으고 정리하지 못한 시간적 제약도 마음의 짐이었고, 필자의 경험을 충분히 글로 담아내지 못한 것 같은 아쉬움도 남는다. 그러나 한국 선거의 과거와 현재를 함께 이해하고 공유할 수 있는 계기를 제공하는 한편, 더 나은 미래를 위해 소통하고 고민하는 기회를 제공하는 것만으로도 의미를 가질 수 있다는 생각에 용기를 내었다. 부족한 부분은 독자들의 비판에 대한 겸허한 수용과 지속적인 연구와 수정·보완을 통해 함께 채워나갈 수 있기를 희망한다.

이 책이 나오기까지는 많은 분들의 도움이 있었다. 이인복 중앙선거관리위원회 위원장님과 김용희 사무총장님을 비롯한 선관위 가족들의 응원과 지지는 공직의 마지막까지 의미 있는 작업을 수행할 수 있었던 원동력이었다. 前 통일부장관이셨던 경남대 박재규 총장님께서는 통일한국 대비 선거실현 과제를 고민할 수 있도록 화두를 주셨을 뿐만 아니라 관련 분야에 대한 자문을 아끼지 않으셨다. 자료수집, 정리, 원고교정 과정에서는 비서실 장성훈 비서관과 김은희 비서가 많은 도움을 주었다. 박영사에서는 촉박한 일정에도 불구하고 좋은 책을 출간하기 위해 애써주셨다. 모든 분들에게 감사한 마음이다. 더불어 지금 이 자리에 있기까지 오랜 시간 희로애락(喜怒哀樂)을 함께 했던 많은 선·후배들과 여러 가지 인연으로 응원과 격려를 보내주셨던 모든 분들께 머리 숙여 감사의 말씀을 드린다.

마지막으로 공직자 가족으로서 희생하는 삶을 살면서도 힘든 내색 없이 묵묵히 곁을 지켜준 아내 황정숙과 잘 자라준 두 아들 화수, 흔수 그리고 새로이 가족의 기쁨이 되고 있는 며느리 소영과 손자 주율에게 감사와 사랑의 마음을 전한다.

2015년 11월

이 종 우

차 례

제5장 선거관리의 모델 변화와 발전 · 157

제6장 선거문화와 공명선거 · 185

제7장 한국 선거의 진단과 평가 • 215

제8장 통일한국과 선거 • 245

제 1 장

선거와 대의제민주주의

선거와 대의제민주주의

제 1 절 | 민주주의와 선거

　인류 역사에 있어서 가장 보편적이면서도 가장 난해한 물음은 아마도 "좋은 정치(good politics)란 무엇인가"가 아닐까? 고대 플라톤, 아리스토텔레스 시대에도 정치는 높은 수준의 학문적 화두였고, 중국의 공자와 맹자 시대에도 좋은 정치를 찾기 위한 탐구가 끝없이 이어졌다. 근대 이후에도 현재에 이르기까지 좋은 정치에 대한 담론과 논쟁은 여전히 진행 중이다.

　과연 좋은 정치란 무엇일까? 그 해답을 찾는 것은 쉬운 일이 아니다. 아니 해답은 없는 것일지도 모른다. 왜냐하면 정치(politics)는 오랜 인류의 역사과정 속에서 다원적으로 이해되고 해석되어 왔으며, 그 개념을 정의하는 것부터가 쉽지 않기 때문이다. 또한 시대적 상황과 환경의 변화에 따라 정치에 대한 사람의 생각 또한 변화하기 때문이다.

　정치는 고대 그리스의 도시국가(city-state)를 뜻하는 그리스어 polis에서 유래된 용어이다. 따라서 원래 politics란 말의 의미는 폴리스에서의 생활 그 자체를 의미하는 포괄적인 것으로 이해되기도 하고,1) 보다 구체화하여 사람들이 전

---

1) 오창헌. 2008. 『현대 정치의 이해』. 대경. 5.

체 공동체에 관한 문제들을 토론하고 공공이익이나 공동선을 실현하기 위한 행위 과정으로 설명되기도 한다. 그러나 당시 그리스의 독립적인 폴리스는 각각의 정부제도를 가지고 있었고, 따라서 정치는 폴리스와 연관된 업무, 다시 말하면 공식적인 정치제도 내부에서 행해지는 활동으로 제한되었다. 또한 정치에 종사하는 이들도 정치인 또는 관료들로 국한되었다.[2]

　　그리스 시대 이후 사회구조와 규모가 폴리스 이상으로 복잡·다양해지고 확대되면서 정치에 대한 이해와 설명 또한 더불어 다원화되었다. 중세 이후 행정국가가 확대되면서 정치는 국가의 작용(the operation of the state)으로 설명되기도 했고, 19세기에 접어들면서는 권력(power)의 문제를 중심으로 정치를 설명하기도 했다. 20세기에 들어서는 제도를 통해 정치를 분석하는 것에서부터 정치과정과 정치행태를 통해 정치현상을 이해하고 설명하려는 경향도 나타났다. 이처럼 정치는 고정적이지 않으며 여전히 살아 움직이고 있다.[3]

　　정치는 좁게는 둘 이상의 인간 사이에서, 넓게는 전 세계 국가 간에 제한된 가치－그 가치는 재화에서부터 문화, 권력 등 인간의 삶을 지배하는 모든 것을 포함한다－를 공유 또는 분배하는 과정이다. 따라서 정치는 개념의 다원성에도 불구하고 '선택과 결정'이라는 변하지 않는 본질적 요소를 담고 있다. 시대를 불문하고, 그 대상과 범위를 불문하고 정치과정은 끝없는 선택과 결정의 과정이었다. 현실적으로는 그 선택과 결정의 과정 및 결과가 좋은 정치를 결정짓는다. 오랜 시간 이어져 온 좋은 정치에 대한 논란은 아마도 구성원들에게 가장 이로운 선택과 결정이었는지에 대한 갑론을박이었는지도 모른다.

　　그렇다면 그 선택과 결정은 누가 하는가? 이 글은 좋은 정치에 대한 해답을 구하는 데 근본적인 목적을 두고 있지 않다. 오히려 정치과정의 시작이 되는 선택과 결정 담당자, 즉 '누가(who to choice and determine)'에 초점을 두고 있다. 그 '누구'는 어떠한 기준에 따라, 어떠한 방법으로, 어떠한 과정을 거쳐

---

2) 고경민. 2005. 『현대정치과정의 동학』. 인간사랑. 32.

3) 헤이우드(Heywood)는 정치현상에 대한 구체적 접근을 위해 연구범위와 대상을 한정해 줄 수 있는 차원에서 정치의 정의 내지는 분류를 다음과 같이 네 가지 유형 － 통치기술로서의 정치(politics as the art of government), 공적업무로서의 정치(politics as publics affairs), 타협과 합의로서의 정치(politics as compromise and consensus), 권력과 자원배분으로서의 정치(politics as power and the distribution of resources) － 으로 구분하고 있다. 각 유형에 대한 설명은 고경민. 2005. 『현대정치과정의 동학』. 인간사랑. 32~34 참조.

선택되어 왔는가? 소위 말하는 선거, 이것이 이 글의 출발이다.

1 선거의 의의

선거는 일반적으로 어떤 문제에 대하여 – 구성원들의 공유된 문제에 대하여 – 어떤 종류의 결정을 할 사람을 소속된 구성원들이 선택하는 것[4]으로 이해된다. 선거는 고대 그리스나 로마시대에도 존재했을 만큼 그 역사가 길다. 그러나 단지 '뽑다'라는 어원적 의미[5] 이상의 정치학적 차원에서 보면 선거는 그 역사만큼이나 의미와 형태, 기능과 역할 등에서 큰 변화를 겪어 왔다.

민주주의의 시초라 할 수 있는 고대 아테네에서는 대표자를 선출하거나 또는 특정 지위를 충원할 때 오늘날의 선거보다 추첨이 더 일반적이었다. 추첨은 일정한 자격요건을 갖춘 복수의 사람들 중에서 무작위로 제비뽑기를 하여 공직자를 결정하는 방식으로 모든 시민에게 결정권자가 될 수 있는 기회와 권력을 균등하게 부여한다는 점에서 긍정적 측면이 있다. 시민권이 제한되고 소수의 사람만이 공직을 담당할 수 있는 환경에서는 공직자 선출을 위한 공정한 방법일 수 있으며, 능력이 검증된 사람이 우연적 결과에 의하여 공직에 임명됨으로써 사심 없이 공직을 수행할 수 있다는 점이 긍정적으로 평가되기도 한다. 그러나 다른 한편으로는 무능력한 자를 공직에 앉힐 수 있다는 위험 또한 상존한다. 그럼에도 불구하고 아테네에서 추첨제는 200년 동안이나 유지되었다.[6]

선거는 법학적으로 보느냐 정치학적으로 보느냐에 따라서도 차이가 있다. 법학적으로 선거는 다수인의 집합적 의사에 의해 특정한 지위에 취임할 사람 또는 그 후보자를 결정하는 행위이다. 이에 비해 정치학적으로 선거는 '민의표현(民意表現)'의 한 방법으로 국민이 어떠한 정치를 원하고 어떤 정부를 선택하느냐를 정당 또는 특정 후보자에게 투표함으로써 의사를 표명하는 행위로 정

4) 최한수. 1996. 『한국선거정치론』. 대왕사. 25.
5) 선거(election)라는 영어 단어의 어원은 라틴어의 eligere로서 '뽑다'라는 의미이다. 신명순. 1999. 『비교정치』. 박영사. 291.
6) Bernard Manin. 1997. *The Principles of Representative Government*. Cambridge University. 곽준영(역). 『선거는 민주적인가』. 후마니타스. 25.

의된다.[7] 그러나 법학적 정의이든 정치학적 정의이든, 즉 사람을 선출하는 행위이든 투표를 통한 의사표출 행위이든 오늘날의 선거는 행위의 권한인 참정권 확대로 인해 과거 추첨제와 비교해 볼 때 큰 차이를 보인다.

참정권의 확대로 인해 오늘날 선거는 누구든 평등하게 정책결정에 참여하는 기본적 행위가 되었다. 현대 사회에서는 극히 제한된 조건[8]을 제외하고는 모든 국민들이 선거권 또는 피선거권을 가지며, 이를 통해 자신의 의사를 표출할 수 있는 권한의 부여가 오늘날 민주주의의 기본이 되었다. 따라서 선거는 민주주의 실현의 가장 구체적이고 분명하며 제도화된 절차이다. 모든 국민이 자신의 의사를 대변할 대표자와 정당을 선출할 수 있도록 법적으로 제도화 되어 있으며, 투표를 통해 정치행위에 대한 대표성을 부여하거나 책임성을 물을 수 있다. 한편으로는 민의의 집합된 표출을 통해 사회의 대표적 가치를 형성하기도 하고 사회적 갈등을 통합하기도 한다.

따라서 현대사회에서 선거는 국민에 의한 지배를 실현하는 가장 현실적인 제도적 방법이다. 선거는 기본적으로는 정치인이나 정당이 권력을 획득하고 국민이 대표자를 선출하는 절차이며 과정인 반면, 국민의 의사를 집약하고 이를 효율적인 결과로 산출되도록 강제하는 국민의 대표적인 정치행위이다. 결국 선거는 현대 민주주의와 정치과정의 출발이자 핵심이 된다.

2 선거의 기능

선거는 일반적으로 대표자 선출 행위로 인식된다. 그러나 선거는 대표자 선출이라는 외형적 결과 이외에도 그 과정을 통해 다양한 역할과 기능을 수행하게 된다. 특히, 각 나라가 선택한 정치체제의 성질에 따라 그 본질적 기능이 확연히 달라지기도 한다. 예를 들면 사회주의체제 하에서도 선거가 실시되고 있지만, 이 경우 선거는 대부분 통치권 행사의 수단이나 도구에 불과하다. 반

---

7) 성승환. 2013. "선거관리기구에 관한 헌법적 연구." 서울대대학원 박사학위논문. 13.
8) 오늘날 현대사회에서는 물리적으로 자기 판단 능력이 없는 것으로 인정되거나 사회질서를 혼란시킨 범죄자 등에 대해서만 극히 제한적으로 보편적 참정의 권리를 제한하는 것이 일반적이다.

면 자유민주주의 하에서 선거는 주권자인 국민이 주권을 행사하는 중요한 수단이자 통치 권력에 정당성을 부여하는 민주적 절차이다.

이 두 가지 경우를 비교해 보면 선거는 똑같이 대표를 선출하는 역할을 수행하더라도 그 기능에 있어서는 본질적인 차이를 보인다. 따라서 사회주의체제에서와 같이 도구적 기능만을 수행하는 선거는 본 논의의 대상에서 배제된다. 즉, 우리가 논하는 선거는 주권자가 대표자에게 통치권을 부여하는 제도로서의 선거, 이를 통하여 국민주권의 원리가 실현되는 선거를 의미한다. 이러한 측면에서의 선거가 수행하는 일반적 기능을 정리하면 다음과 같다.

1) 대표자 선출 및 정치인 충원

현대 민주주의에서 선거의 가장 보편적이고 실질적인 기능은 대표자 선출 기능이다. 우리는 선거를 통해 국민을 대신하여 국정을 수행할 공적 대표자를 선출한다. 이는 선거의 기본적 기능으로서 민주주의 체제뿐만 아니라 권위주의, 전체주의 체제에서도 선거를 시행하는 한 요구되는 기능이다. 즉, 헌법상 규정된 국회의원, 대통령, 지방자치단체의 대표를 선출하고 이들의 활동에 따라 다른 통치기구들을 간접적으로 임명함으로써 국가기구를 조직하는 기능을 수행한다.

그러나 선거의 기능이 단지 대표자의 선출이라는 궁극적 결과로만 제한되는 것은 아니다. 선거는 많은 사람들이 권력과 대표성을 갖기 위해 참여하는 경쟁의 장을 제공한다. 따라서 선거라는 정치과정은 기존 정치인뿐만 아니라 새로운 정치 신인들이 정치적 지식과 경험을 축적하고 책임성과 도덕성을 갖춘 정치인으로 거듭나게 하는 역할을 수행한다. 정치는 지속적으로 새로운 가치를 가진 엘리트를 필요로 하고, 선거는 이러한 엘리트 충원의 가장 핵심적인 기능을 수행하고 있다.

2) 민주적 정당성의 부여

선거는 가장 보편적인 국민주권의 실현방법이다. 국민들은 선거를 통해 권력을 대표자에게 위임한다. 따라서 민주주의 국가에서 권력은 선거로부터 나오는 것이다. 선거를 통한 권력위임은 정부, 정당, 정치인 등 대표자의 권력행사에 대한 동의와 인정을 의미한다. 따라서 헌법과 선거법 등 국민이 동의한 의사결정규칙에 따른 선거는 대표자에게 민주적 정당성을 부여하는 기능을 수행하게 된다. 민주적 정당성은 실질적 측면에서 입법, 행정, 사법권의 행사를 통한 국민에 대한 구속력의 근거가 된다. 선거를 통하지 않고 획득된 권력이 그 권위를 인정받지 못하는 것 또한 이러한 이유에서 비롯된다.

3) 정치적 통합

민주주의는 근본적으로 다름에 대한 인정에서 출발한다. 따라서 민주주의 사회는 언제나 다원적 가치의 표출과 갈등, 이에 대한 통합과정이 상존한다. 민주주의의 출발이 되는 선거는 이러한 통합과정을 수행하는 대표적인 제도적 장치이자 절차이다.

선거에서 정당과 후보자는 다양한 국민적 가치와 의사를 집약하여 정책과 비전을 제시하고, 국민들은 선거를 통해 이에 대한 의사를 결집시킨다. 민주적 절차를 통해 진행된 선거 결과는 다양한 국민 의사에 대한 다수결의 가치를 수용하도록 하고, 이를 통해 이해대립과 갈등을 해결한다. 선거의 이러한 기능을 정치적 통합기능이라 한다. 선거는 국민 다수의 의사에 따라 집권한 세력이 정책을 수행하는 것을 용인함으로써 국론분열을 막으며, 새로운 정책적 통합을 선택함으로써 평화적 정권교체를 가능하게도 한다.

4) 정치적 책임성

대의제민주주의에서 선거는 정책 선택의 과정이며, 정책 수행자에 대한 평가의 과정이기도 하다. 민주주의 국가에서는 권력의 주인인 국민이 권력의 수임자인 대표자에 대해 위임된 권력을 얼마나 적절하게 행사했는지, 그리고 권력행사를 통해 얼마나 효과적인 결과를 이끌어 내었는지에 대한 책임을 물을 수 있어야 한다. 이러한 선거의 기능을 수직적 책임성이라 부른다. 국민은

선거를 통해 대표자에 대한 책임을 묻고 권력을 재위임하기도 하고 박탈하기
도 한다. 선거는 국민이 대표자에게 책임성을 물을 수 있는 가장 대표적인 권
리이며 또한 가장 강력한 주권행사의 수단이 된다.

5) 정치참여

국민주권의 행사는 다양한 정치과정에 참여함으로써 이루어진다. 정치참여
는 청원, 정책제안, 법안발의, 국정운영 등 제도적 장치를 통한 참여에서부터
극단적 행태로 표출되는 시위와 집회에 이르기까지 다양한 유형으로 표출된다.
그 가운데 가장 보편적인 정치참여의 유형이 선거참여이다. 선거에서 정당과
후보자는 선거운동을 통해 정치적 가치를 표명하고 이를 위한 정책을 제시하
는 한편, 대표자로 선출되어 이를 수행하는 대표적 행위자이다. 한편, 유권자
는 선거운동 과정에서 자신의 정치적 견해와 정책적 입장을 표명하며 지지 또
는 반대의 의사 표출을 통해 정치과정에 참여하게 되며 궁극적으로는 투표권
을 행사하여 대표자를 선택하는 권력적인 정치행위를 행사하게 된다. 이처럼
선거는 국민과 정당 모두에게 제도적으로 보장된 가장 핵심적인 정치참여 과
정이다.

6) 정치사회화

선거는 정책경쟁의 장이다. 선거운동 과정에서는 정당, 후보자에 대한 정
보는 물론 국가 또는 지역의 주요한 정책들이 쏟아져 나온다. 이를 바탕으로
다양한 의견들이 제시되고 논쟁이 전개되기도 한다. 선거과정에서 제공되는 정
보의 양 또한 일상에서보다 훨씬 방대하다. 선거과정을 통해 유권자들은 방대
하게 제시되는 정치적 의제들에 대한 교육의 시간을 제공받을 뿐만 아니라 후
보자와 정당, 그리고 정책에 대한 평가와 선택의 방법을 경험적으로 학습하게
된다. 반복적인 선거과정을 거치면서 유권자들은 점차 정치적 이념과 가치관을
정립해 가게 되며, 정치적 행동양식을 체득하게 된다. 이른바 정치사회화의 과
정을 거치게 되는 것이다. 이처럼 선거는 경험적이고 실질적인 정치사회화를

가능하게 하는 대표적인 정치학습의 장으로서 기능하고 있다.

제2절 | 대의제민주주의와 민주적 선거

우리와 함께 하는 사람들의 최종적인 의사표시는 기초적인 이슈와 후보자들에 대한 타당한 선택과 자유롭고 공정한 선거를 통해서 이루어진다. 비밀투표는 자유선거를 위한 본질이다. 그러나 당신은 투표 전에 하나의 선택을 해야만 한다. 나는 사람들이 비밀투표권을 지키고 그 비밀투표를 최대한 사용한다면 그들의 자유를 결코 잃을 필요가 없다고 남편(플랭클린 루즈벨트 Franklin Delano Roosevelt 대통령)이 자주 이야기 하는 것을 들었다. 우리 사회의 기초적 결정은 사람들의 표현된 의지를 통해 만들어 질 것이다.9)

– 엘리너 루즈벨트(Eleanor Roosevelt), 프랑스 파리연설(1948. 12. 28) –

1 대의제에서의 선거

현대사회는 직접민주주의 실현의 한계를 극복하기 위한 대안으로 대의제민주주의를 채택하고 있으며, 대의제는 새로운 대안을 마련하기 전까지는 현대 정치의 필수불가결한 정치체제로 인정된다. 대의제를 20세기 사회과학의 최대 발명품이라고 평가하는 것은 이러한 시대적 환경과 맥을 같이 한다. 대의제민주주의 국가에서 선거는 국민이 국가권력을 행사할 대의기관을 구성하는 과정으로서 헌법의 최고원리인 국민주권을 확인하는 가장 확실한 수단이자, 주권에서 유래하는 모든 국가권력에 민주적 정당성을 부여하는 기초가 된다.10)

대의제민주주의의 발전은 1차적으로 참정권의 확대와 더불어 진행되어 왔다. 처음 '대의민주주의'라는 정부제가 등장할 당시에는 현재 우리가 말하는 민

---

9) Mike Wilson. 2008. *The Election Process*. Greenhaven press. 7.
10) 홍석한. 2014. "선거관리위원회의 위상과 역할에 대한 헌법적 고찰." 한국공법학회. 「공법연구」 제42집 제3호. 80.

주주의의 한 형태 혹은 인민에 의한 정부로 간주되지 않았다. 단지 영국·미국·프랑스 혁명의 결과로 만들어진 제도였을 뿐이다.[11] 즉 인민의 참여가 배제된 대의제였다. 실질적인 대의제는 이후 인민의 참정권, 즉 보통선거권의 확대와 함께 현대 대의제민주주의의 의미로 수용되어졌다. 신분이나 재산, 성별 등의 자격요건을 요구하지 않는 보통선거제의 확산과 시행은 경쟁에 기초한 정치체제의 확립에 기여하였으며 궁극적으로 유권자들의 현대 민주체제에 대한 막연한 요구를 충족시키게 되었다.[12]

대의제민주주의는 기본적으로 국민이 일정 수의 대표자들을 선출하고, 이들을 통해 민주주의를 위한 정치를 수행해 가도록 하는 정치제도이다. 이처럼 현대 민주주의에서는 선거라는 제도적 수단을 통하여 국민의 지배를 실현하게 된다. 따라서 현실적으로는 선거가 국민 지배의 실질적 효과를 가져올 수 있을 때 민주주의 국가로 평가된다. 링컨의 게티스버그 연설 중 민주주의의 명언으로 남아 있는 "국민의(of the people), 국민에 의한(by the people), 국민을 위한(for the people) 정치" 또한 대의제에서는 선거를 통해 실현될 수 있다.

그러나 대의제민주주의가 절대적이며 불변의 이상적 제도는 아니다. 오히려 복잡하고 거대해진 현대 사회의 제약 속에서 국민주권을 실현할 수 있는 현실적 대안에 다름 아니다. 그럼에도 불구하고 선거가 현대사회에서 민주주의를 실현하는 가장 중요한 수단이며, 국민주권의 가장 근본적인 제도적 장치라는 주장에 대해서는 이의를 제기할 수 없을 것이다. 이는 대의제가 선거를 통해 시작되며 선거를 통해 순환하기 때문이다. 따라서 선거는 현대 대의제민주주의의 생명선과도 같은 것이며, 선거가 얼마나 민주적으로 제도화되고 실시되느냐는 대의제민주주의의 성패를 좌우하는 핵심적 열쇠가 된다. 우리가 선거의 민주성을 고민해야 하는 이유이다.

---

11) 곽준혁(역). 2004. 『선거는 민주적인가』. 후마니타스. 13.
12) Edward Shils. 1967. *Political Development in the New States*. Mouton & Co. 38~39. 김현우. 2001. 『한국국회론』. 을유문화사. 486에서 재인용.

2 민주적 선거의 조건

현대 대의제민주주의에서 권력은 피통치자인 국민들의 동의로부터 나오며, 이러한 국민적 동의를 정통성 있는 통치권으로 전환하는 수단이 바로 선거이다. 현대 모든 국가에서 선거를 실시하고 있으며, 이를 통해 의회와 정부를 구성한다. 따라서 선거는 대의제민주주의의 근본이며, 필수요소이다. 선거는 유권자인 국민이 자신의 주권을 행사하는 가장 강력하고도 일반적인 기회이며, 정치참여를 위한 중요한 통로이기도 하다.

그러나 선거가 실시된다고 하여 모든 국가를 민주주의 국가로 평가하지는 않는다. 일당독재의 비민주적 국가나 극단적인 전체주의 국가에서도 선거는 실시되며, 이 경우 선거는 독재자의 비민주적 권력에 정통성을 덧씌우기 위한 수단으로 전락하고 만다. 선거과정에서 국민적 의사를 부정한 방법을 통해 왜곡시키는 경우 역시 선거는 민주를 가장한 권력 획득 수단에 지나지 않는다. 따라서 민주성을 가진 선거의 실시만이 대의제민주주의에서 정통성 있는 권력 이양의 근거가 될 수 있다.

그렇다면 어떠한 선거가 민주적 선거일까? 가장 근본적인 문제는 선거제도와 절차의 민주성과 공정성이다. 직접, 비밀, 보통, 평등의 4원칙이 담보되어야 하며, 정당한 방법과 절차를 통해 국민의 동의와 지지가 정당성과 효용성을 담보할 수 있어야 한다. 따라서 선거제도와 그 과정이 얼마나 공정(fairness)하고 경쟁적(competitiveness)인지 여부가 민주주의 국가인지 아니면 비민주주의 국가인지를 구분하는 중요한 기준이 된다.[13] 우리나라 헌법재판소에서도 선거제도에 대하여 국민의 주권 행사 내지 참정권 행사의 과정으로서 국가권력의 창출과 국가 내에서 행사되는 모든 권력의 정당성을 국민의 정치적인 합의에 근거하게 되는 통치기구의 조직원리 또는 국가권력에 대하여 민주적 정당성을 부여하고 국민을 통합하는 중요한 방식으로 판시하고 있다(헌재결 1992. 3. 11. 선고, 91헌마21, 헌재 1995. 7. 21. 92헌마177, 199(병합)).

---

13) 심지연·김민전. 2006. 『한국 정치제도의 진화경로-선거·정당·정치자금제도-』. 백산서당. 61.

이와 더불어 선거결과의 민주성 또한 민주적 선거를 위해 담보되어야 할 중요한 요소이다. 민주적 선거는 선거를 통해 국민의 의사가 자유롭고 평등하게 표출될 수 있어야 하고, 표출된 국민의 의사는 왜곡 없이 선거결과로 전환되어야 한다. 우리는 때때로 국민이 의사를 표출하는 과정이 통제되거나 왜곡되는 것을 경험해 왔고, 심지어 선거결과 그 자체가 외적인 힘에 의하여 왜곡되기도 했다. 이러한 경우 선거 자체가 정당성을 얻을 수 없으며, 이는 곧 민주주의의 근본이 훼손되었음을 의미한다.

그 이외에도 민주적 선거는 유권자 선택의 지속성과 반복성이 담보되어야 한다. 이는 곧 선거를 통해 책임성을 물어 국민주권의 행사가 실질적인 권한으로서의 의미를 가지는 것을 뜻한다. 이 과정에서는 국민의 선택지가 둘 이상이 되어 일방적인 선택이 아니라 실질적 선택을 위한 조건 또한 보장되어야 한다.

1) 선거의 주기성과 반복성

민주적 선거는 주기성과 반복성을 가져야 한다. 즉, 선거시기가 제도화되어 예측 가능한 수준에서 정기적으로 선거가 실시될 때 민주성을 가질 수 있다. 단순하게 후보자를 선택할 수 있는 것만으로 선거가 민주적이라고 할 수는 없다. 대의기구에 대해 국민이 책임을 물을 수 있어야 하고, 이러한 과정이 주기적이고 반복적으로 이루어져 실질적인 주권행사가 가능할 때 비로소 민주성이 보장되는 것이다.

예를 들어보자. 국민들이 제도적으로 보장된 절차에 따라 공정하게 대표자를 선출하였다. 이 경우 대표자는 정통성이 있는 권력을 위임받을 수 있다. 그러나 대표자의 권력 행사 과정과 결과에 대한 국민들의 의사와 평가를 전달할 수 있는 제도가 마련되어 있지 않다면 국민의 의사는 무시될 수밖에 없다. 따라서 민주주의 국가에서는 국민들이 지속적으로 대표자의 위임된 권력 행사에 대한 심판의 기회가 주어져야 하고, 이를 통해 국민의 선호에 반응하지 못하는 공직자들을 공직에서 물러나게 하는 투표의 책임성이 수용되어야 한다. 이처럼 선거의 주기성과 반복성은 대의제민주주의에서 선거의 민주성을 실질적으로 이루어내는 중요한 요소이다.

2) 선거참여의 보편성과 평등성

민주적 선거는 모든 국민의 참여가 차별 없이 보장되고, 이를 통해 대의기구가 선택될 때 실현될 수 있다. 앞서 대의제민주주의는 참정권의 확대와 더불어 발달해 왔음을 지적하였다. 선거가 존재하고 선거 자체가 아무리 공정하게 이루어진다 하더라도 소수의 참여만 허용된다면 그것은 국민주권이 실현되는 민주주의가 아니다. 초기 민주주의의 성취과정이 참정권 확대를 위한 투쟁의 과정이었던 점을 고려하면 보편적이고 평등한 선거참여의 보장이 민주적 선거에 있어 얼마나 중요한 요소인지 알 수 있다.

근대 민주주의를 출발시킨 영국, 프랑스, 미국에서도 초기 참정권은 제한적이었다. 여성이 배제되었고, 흑인이 배제되었고, 노예가 배제되었다. 일부 국가에서는 재산과 지위에 따라 선거참여의 권한이 차이를 보이기도 했다. 현대 민주주의에서는 이러한 참여의 제한이 극복되었고, 이제 그 폭을 얼마나 넓게 하고 있는지가 국가 간의 차이일 뿐이다.[14] 오늘날 우리나라에서 제기되고 있는 선거권 연령 인하 논의 또한 이와 같은 맥락에서 이해할 수 있다. 이처럼 선거참여의 보편성과 평등성은 민주적 선거를 위한 가장 기초적인 조건이다.

3) 선거의 경쟁성

선거는 다원적 가치를 제도적 절차를 통해 하나의 선택으로 집결하는 과정이다. 따라서 민주적 선거가 되기 위해서는 다원적 가치에 대한 인정과 이의 표출이 제도적으로 보장되어야 한다. 이를 위해서는 우선적으로 선거 출마의 자유가 보장되어야 하고, 더불어 선거과정에서 의사표현의 자유 또한 보장되어야 한다. 즉 선거의 경쟁성이 보장되어야 한다. 선거에 출마한 후보와 정당은 누구라도 정부 정책에 대해 자유롭게 비판하고 표현할 수 있어야 하고, 상대 정당 또는 후보자의 정책에 대한 견해와 비판에 대한 제약으로부터도 자유로워야 한다.

---

14) 사우디아라비아의 경우는 예외적으로 여전히 여성의 투표권과 피선거권을 금지하고 있다.

출마의 자유는 후보자의 입장에서도 유권자의 입장에서도 다원적 가치의 표출과 이에 대한 실질적 선택의 측면에서 중요한 요소이다. 선택의 자유가 보장된다 하더라도 단일 가치 또는 인물에 대한 선택만이 제공되는 환경에서는 국민 선택의 실질적 자유는 제한될 수밖에 없다. 선거운동 과정 또한 양자 모두의 다원적 가치가 표출되고 이와 관련된 정보를 자유롭고 공정하게 전달하고 취할 수 있어야 민주적 선택으로 이어질 수 있다. 따라서 이와 관련된 외부적 환경, 즉 집회와 선거운동의 자유 및 언론보도의 자율성과 공정성도 민주선거를 위해 매우 중요한 요소로 작용한다. 집약해서 말하면 민주적 선거는 선거규칙과 운영에 있어 공정한 경쟁성을 필요로 한다.

제3절 │ 선거제도

민주주의가 정치를 위한 최선의 가치라면 대의제에서 대표를 선택하는 방법 즉, 선거제도는 민주주의 실현을 위한 기초이자 근본이 된다. 한 나라의 정치제도는 역사적·문화적 배경에 따라 다를 수밖에 없다. 선거제도 또한 마찬가지이다. 선거제도는 그 나라의 정치사, 장점이 최대한 취합된 선거규칙으로 변경하려는 집권엘리트의 의지와 능력, 심각한 사회적 분열을 조정해야 할 필요성, 모든 소수자들에 대한 대표성 보장 등 상이한 환경들이 만들어 낸 산물이다.[15] 따라서 각 나라는 각자 주어진 환경에 따라 다양한 형태의 선거제도를 갖추고 있다.

그러나 각 나라마다의 차이점에도 불구하고 선거제도는 국민을 대표하는 가장 효율적인 수단이어야 하며, 그 제도는 국민들의 인정과 신뢰를 통해서 민주적인 것으로 수용될 수 있어야 한다. 이에 각 나라는 기본적으로 보통, 평등, 직접, 비밀선거의 원칙이 보장되며, 일정 연령에 도달한 성인 남녀에게 모두 평등한 투표권을 보장하는 선거제도를 마련하고 있다. 다만 이러한 원칙들이 구현되는 외형적 형식에 있어 다소의 차이를 보일 뿐이다. 이 절에서는 선

---

15) Gianfranco Baldini and Adriano Pappalardo. 2009. *Elections, Electoral Systems and Volatile Voter*. palgrave macmilla. 16.

거제도에 대한 일반적 이해를 위해 선거제도의 유형을 분류해 보고, 주요 국가들에서 채택하고 있는 선거제도를 개략적으로 살펴보고자 한다.

1 선거제도의 유형

　　선거제도는 대표를 선출하는 절차와 방법을 구체적으로 제도화하는 데 영향을 미치는 여러 가지 요인에 따라 유형화 될 수 있는데 그중 선거구의 크기, 당선자 결정방법, 유권자 투표방식이 가장 일반적으로 설명되는 세 가지 요인이다. 대표를 선출하는 지역, 즉 선거구의 크기는 선거제도를 결정짓는 가장 기초적 요인이다. 선거구의 크기는 선거구별로 선출하는 대표자의 수와도 직결되어 있다. 당선자 결정방법은 유권자가 표출한 의사가 어떻게 결과로 이어지는가를 결정짓는 중요한 요인이 된다. 마지막으로 투표방식은 유권자에게 주어진 투표권의 수를 결정하는 요인으로, 의사표출의 다양성과 연결되어 보다 개인의 선호에 근접한 결과를 가져올 수 있다는 장점이 있다. 이 세 가지 이외에도 후보자의 입후보 방식을 선거제도를 유형화하는 기준으로 삼기도 한다.[16] 여기서는 선거제도에 대한 포괄적인 이해를 위해 선거구 크기, 당선자 결정방식 등 두 가지 기준에 따른 보편적 범주로서의 선거제도 유형만을 살펴보고자 한다.

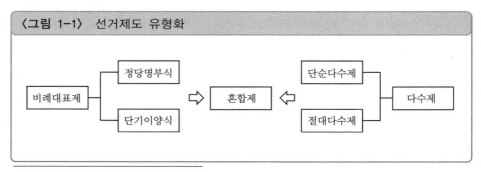

〈그림 1-1〉 선거제도 유형화

---

16) 심지연은 선거제도의 유형을 선거구의 크기, 입후보 방식, 선출방식, 투표방식 등 네 가지 구성요소가 어떻게 결합되느냐에 따라 다양한 방식으로 나타날 수 있다고 설명한다. 이에 대한 자세한 설명은 심지연·김민전. 2006.『한국 정치제도의 진화경로－선거·정당·정치자금제도－』. 백산서당. 63~76 참조.

1) 다수대표제와 비례대표제

당선자 결정방식을 기준으로 선거제도를 유형화하면 다수대표제(majoritarian system)와 비례대표제(proportional system)로 구분할 수 있다. 다수대표제는 해당 선거구에서 가장 많은 표를 얻은 후보자를 당선자로 결정하는 방식의 선거제도이다. 반면 비례대표제는 득표한 비율에 따라 의석을 배분하는 방식의 제도이다. 이 두 가지 선거제도는 일반적으로 가장 단순하면서도 보편적으로 분류되는 유형이며, 어떤 나라에서는 이 두 가지 유형을 섞어 혼합제(mixed or combined systems)의 형태를 취하기도 한다.

다수대표제는 당선자 결정방식에 따라 다시 단순다수대표제와 절대다수대표제로 구분된다. 단순다수대표제는 득표수와 관계없이 상대적으로 가장 많은 득표를 한 후보자를 당선자로 결정하는 방식으로 1위대표제(first-past-the-post: FPTP)라고도 부른다. 단순다수대표제는 당선자 결정방식이 매우 쉽고 단순하다는 장점을 갖는 반면 소수만을 대표하기 때문에 대표성이 낮으며 많은 사표를 가져온다는 단점을 갖는다.

반면 절대다수대표제는 과반수 이상의 득표를 당선 요건으로 하는 제도로, 1차 투표에서 1위를 하였다 하더라도 과반수를 득표하지 못한 경우 다시 결선투표를 실시하기 때문에 결선투표제(run-off)라고 부르기도 한다. 결선투표 참여의 방식과 결선투표에서의 당선자 결정방식은 나라마다 다소 상이하다.[17] 따라서 절대다수대표제를 도입하고 있는 나라의 선거에서는 1차 투표 이후 후보자 또는 정당 간 연합의 정치가 중요한 변수로 작용하게 된다. 절대다수대표제의 경우에는 사표를 최소화한다는 장점을 가지지만 반복된 선거로 인한 과다한 선거비용의 문제가 단점으로 지적된다.

비례대표제는 유권자가 표출한 표심이 당선자 결정에 가장 유사하게 연동

---

17) 특정한 득표 기준을 정하여 그 이상을 득표한 후보자들을 결선투표에 참여시키기도 하고, 1차 투표에서 1위와 2위만을 대상으로 결선투표를 진행하기도 한다. 예를 들어 프랑스 대통령선거의 경우 1차 투표에서 과반수 득표자가 나오지 않을 경우 12.5% 이상을 득표한 후보자들을 대상으로 2차 투표를 실시한다. 당선자 결정방식에 있어서도 결선투표에서는 단순다수대표제를 이용하는 나라가 있는 반면 과반수 득표자가 있을 때까지 결선투표를 계속하여 진행하는 경우도 있다. 절대다수대표제의 하위 유형에 대한 자세한 내용은 최한수. 1996. 『한국선거정치론』. 대왕사. 138~148 참조.

되도록 하는 데 그 취지가 있으며, 정당이 유권자 선택의 근간이 된다. 그러나 당선자를 결정하는 방식에서는 나라마다 다양한 방법들을 채택하고 있어 매우 복잡하다. 그럼에도 불구하고 비례대표제의 유형은 큰 틀에서 두 가지의 방식으로 구분할 수 있다.

한 가지 방식은 정당이 비례대표 후보자 명부를 작성하여 제출하면 유권자가 이 명부를 기준으로 자신의 투표권을 행사한 후 그 비율에 따라 당선자를 결정하는 방식이다. 보통 정당명부식 비례대표제라고 부르는 제도가 이러한 방식에 의한 것이다. 그러나 이 제도의 경우에도 명부를 전국 단위로 하느냐 분할된 선거구 단위로 하느냐에 따라 구별될 수 있으며, 의석배분을 전국 단위로 하느냐 선거구 단위로 하느냐에 따라서도 그 방식이 상이하다. 또한 순위가 표시된 명부에 따라 유권자가 정당만을 선택하느냐 아니면 정당 내 후보자를 순서에 관계없이 직접 선택할 수 있느냐 하는 것에 따라서도 차이를 보인다.

다른 한 가지는 선호투표 방식에 기초하여 모든 후보자의 이름이 등재된 투표용지에 유권자가 선호하는 정도에 따라 정해진 기준 수만큼의 후보자에게 순위를 기입하는 방식이다. 이 경우 일정한 쿼터 이상을 득표한 후보자가 당선자로 결정되며, 당선 기준 이상을 득표한 후보자의 표는 유권자의 선호 표기 순서에 따라 다음 순위의 후보자에게로 이양된다. 예를 들어 당선 쿼터가 1,000표인데 모 후보가 1,500표를 득표했다면 나머지 500표는 다음 순위의 후보자에게 이양되며, 이러한 방식으로 명부 순위에 따라 잉여표가 차순위 후보에게 차례로 이양되어 당선자가 결정된다. 이러한 집계방식으로 인하여 이 제도는 단기이양식(the single-transferable vote system) 비례대표제라고 불린다.

비례대표제는 유권자의 대응성과 책임성이 부족하다는 단점이 있으며, 반면 다수대표제는 비례성이 부족하다는 점이 단점으로 지적된다.[18] 이러한 두 제도의 단점을 보완하기 위해 고안된 제도가 혼합제이다. 간략히 말하면 혼합제는 후보자에 대한 직접 투표방식의 다수대표제와 정당을 중심으로 투표하는 비례대표제를 병용하는 것을 말한다. 혼합제는 다수대표제와 비례대표제 중 어느 방식에 더 비중을 두느냐에 따라 그 양식이 달라지며, 두 제도의 하위 유형 중 어떤 방식을

---

18) 심지연·김민전. 2006. 『한국 정치제도의 진화경로－선거·정당·정치자금제도－』. 백산서당. 90.

채용하느냐에 따라서도 나라마다 상이한 형태를 갖추고 있다. 당선자 결정방식의 다양한 경우의 수에 따른 선거제도를 보다 세분화하면 <표 1-1>과 같이 분류할 수 있다.

〈표 1-1〉 선거제도: 대표 선출 방식 분류

			다수를 득표한 후보가 당선되는 제도
다수 대표	단순다수대표제 (plurality)	연기투표 (bloc vote)[19]	복수의원선거구에서 유권자에 그 선거구의 의원정수만큼 투표권을 부여, 단순다수표를 획득하면 당선
		제한투표	복수의원선거구에서 유권자에게 의원정수보다 적은 투표권을 주어 연기투표제의 위험성인 정당 싹쓸이를 줄이고 작은 정당의 당선기회를 높임
		누적투표	복수의원선거구에서 유권자는 선거구의 의원정수와 동일한 수의 투표권을 가지나 하나의 후보에 투표 또는 그 이상 투표할 수 있음
		단기비이양식투표 (single non transferable vote : SNTV)	복수의원선거구에서 유권자가 한 후보만을 선택하고 이들 중 다수표를 얻은 순서대로 의원선출(1948-1994 일본에서 사용)
	절대다수대표제 (majority)	선호투표제 또는 대안투표제 (preferential or alternative vote)	전체 유효 투표수의 50% 이상을 획득한 후보가 당선되는 제도로 후보자들에게 서열을 부여해 어느 후보가 50% 이상을 얻게 될 때까지 표를 이양
		결선투표제 (Two round system)	1차 투표에서 50% 이상을 득표하는 후보가 없을 경우 2차 투표를 실시
비례 대표제	정당명부식 비례대표제 (party-list)	비선호 투표제 (non-preferential vote)	정당명부식 비례대표제에서 유권자들이 정당에만 투표하는 것으로, 이러한 정당명부를 폐쇄명부(closed list)라 함
		선호투표제 (preferential vote)	유권자가 정당이 제시한 명부에 있는 후보를 개별적으로 선택해 투표할 수 있는 제도로 이러한 명부를 개방명부(open list)라 함
	단기이양식 비례대표제		유권자가 1표만을 행사하지만 정당 소속과 무관하게 선호순위를 표명할 수 있어 투표지에 표시한 순서에 따라 투표자들

	(Single Transferable Vote)	의 제1선호가 집계되고 드룹(droop)기준수 이상을 득표한 후보자는 당선되고, 기준수를 초과한 득표수는 당선인 다음의 선호에 따라 다음 순서의 후보로 이양(후보가 당선되기 위해서는 드룹공식[20])에 따른 기준수 이상의 득표를 해야 함.)
혼합제 [21]	2표 병용제 (Mixed member proportional)	각 정당은 정당득표율에 따라 얻은 전체 의석수 중에서 1인 선출 선거구에서 당선된 의원들을 제외한 나머지 의석을 비례대표제에서 얻은 득표율에 따라 비례대표 의원을 결정(독일식)
	2표 병립제 (Parallel (Segmented) —PR List and Majoritarian constituencies)	각 정당의 의석수를 1인 선출 선거구에서 당선된 의원수와 비례대표 의원선거에서 당선된 의원수를 합쳐 전체 의원수로 결정(한국, 일본식 1994년 이후)

출처: 중앙선거관리위원회. 2009. 『각국의 선거제도 비교연구』. 아람문화. 8.

2) 소·중·대선거구제

선거구의 크기에 따른 선거제도의 유형은 일반적으로 소선거구제와 대선거구제로 대별할 수 있다. 선거구는 전체의 선거인을 하나의 선거체로 구분하는 표준지역의 단위이다. 그러나 여기서 말하는 선거구의 크기는 단순히 지역 규모의 크기를 의미하는 것이 아니라 선출되는 대표자 수의 규모, 즉 대표자 정수를 의미한다. 구체적으로 구분하면 1선거구에서 1명의 대표자를 선출하는 선거제도는 소선거구제, 2명 이상의 대표자를 선출하는 선거제도는 대선거구제로 구분할 수 있다. 전국을 하나의 선거구로 하여 1명을 선출하는 대통령선거는 소선거구제의 가장 대표적인 예이며, 각 주를 선거구로 하여 12명씩의 대표를 선출하는 호주의 상원의원선거는 대선거구제의 대표적 사례라 할 수 있겠다.

그러나 대선거구제의 경우 선출 대표자 수 2인 이상이라는 기준만으로 구

---

19) 다수의 후보자를 선출하는 연기투표와 반대되는 용어로 단기투표라 함은 한 후보자를 선출하는 투표방식을 말함.

20) 드룹공식＝(선거구 총 유효투표수/의석수＋1)＋1. 즉 후보는 해당 선거구의 전체유효투표수를 선거구의 의석수에 하나를 더한 수로 나눈 후 여기에 하나를 더한 수를 득표해야 당선되는데, 예를 들면, 투표용지에서 1번을 받은 후보만을 고려하는데 한 선거구의 전체 유효투표수가 100,000표이고 그 선거구에서 뽑는 의원수가 5명이라면 최소 당선득표수는 100,000표를 6(5＋1)으로 나눈 후 여기에 1을 더한 16,667표가 된다. 어느 후보든 1번을 받은 득표수가 16,667표 보다 많으면 당선, 이때 최대 당선가능 숫자는 5명이 됨.

21) 유권자들이 일부 의원은 직접 선출하고 나머지 의석은 비례대표제에 의해 결정

분하기에는 그 규모의 편차가 너무 커 제도유형의 구분에 있어 모호성을 가져올 수 있다. 예를 들어 1개의 선거구에서 2명의 대표를 선출하는 선거구제를 채택하고 있는 나라와 50명의 대표를 선출하는 나라의 선거제도를 같은 유형으로 분류하는 것은 그리 타당해 보이지 않는다. 따라서 대선거구제의 경우 이러한 규모의 차이에 따른 또 다른 구별이 필요할 것이며, 이러한 이유에서 구분되는 선거제도의 유형이 중선거구제이다.

중선거구제는 보통 1선거구당 2명에서 10명까지 선출하는 방식의 선거구제로 분류하여 대선거구제와 구분하는 것이 일반적이다.[22] 중선거구제는 소선거구제가 갖는 대표선출의 제한성과 사표의 양산, 치열한 경쟁성을 지양하면서도 유권자들에게 직접 대표를 선출하는 기회를 부여하는 등 소선거구제와 대선거구제의 단점을 최소화하고자 하는 두 선거구제의 중간 형태로 볼 수 있다.[23] 그러나 중선거구제에 대해 당초 의도했던 소·대선거구제의 장점만을 살린다는 취지와 달리 실제 상황에서는 양 제도의 장·단점이 그대로 옮겨지는 불합리가 더욱 크게 나타났다고 평가하기도 한다.[24]

모든 제도가 그러하듯 선거구제를 기준으로 분류되는 선거제도도 각각의 장·단점을 가진다. 우선 소선거구제는 최고득표자 1명만을 당선자로 결정하기 때문에 후보자의 난립이 적고 주요 정당 중심으로 경쟁이 이루어져 다수당의 출현 가능성이 높아 이에 따른 정국안정에 기여할 수 있다는 것이 주요 장점으로 꼽힌다. 반면, 승자독식의 제도는 치열한 경쟁과 그에 따른 선거과열을 불러 올 수 있다는 점에서 단점이 되기도 한다. 그러나 무엇보다도 소선거구제의 가장 큰 단점으로 지적되는 것은 과다한 사표 발생이다. 많은 나라에서 비례대표제를 혼용하는 것은 이러한 소선거구제의 단점을 보완하기 위한 방편의 일환이기도 하다. 그 이외에도 선거구의 규모가 작아 선거관리가 용이하다는 점이 장점으로, 군소정당 후보에게 불리하게 작용하는 불평등을 초래할 수 있다는 점이 단점으로 지적되기도 한다.

---

22) 일부에서는 중선거구를 2~5명을 선출하는 선거구로 분류하기도 한다. 김광수. 2002. 『선거와 정당』. 박영사. 89.

23) 최한수. 1996. 『한국선거정치론』. 대왕사. 122~123.

24) 김광수. 2002. 『선거와 정당』. 박영사. 90. 고경민도 중선거구제가 반드시 이러한 이상을 구현하는 것은 아니라고 지적한다. 고경민. 2005. 『현대정치과정의 동학』. 인간사랑. 93.

대선거구제의 경우에는 사표를 최소화 할 수 있다는 점이 가장 큰 장점이라고 할 수 있다. 또한 새로운 인물과 정당의 출현이 용이하며 상대적으로 선거과열을 방지할 수 있다는 점도 장점으로 꼽힌다. 반면 후보자의 난립, 군소정당의 출현으로 인한 정국 불안정 우려 등이 단점으로 지적되며, 선거구 규모가 커 선거비용이 과다하게 소요되는 점과 선거에 대한 무관심으로 투표율이 낮아질 수 있다는 점도 단점으로 꼽힌다.

2 각국의 선거제도[25]

선거제도의 일반적 유형은 다수대표제, 비례대표제, 혼합제로 구분될 수 있다. 그러나 각 나라는 세 가지의 일반적 유형을 근간으로 하지만 그 세부적 형식과 운영에 있어서는 조금씩의 차이를 가지는 독자적 선거제도를 운용하고 있다. 따라서 주요 국가들이 채택·운영하고 있는 선거제도의 형식과 특징들을 살펴보는 것은 선거제도를 보다 구체적으로 이해하는 데 도움이 될 수 있다. 여기서는 세계 주요 국가의 선거제도에 대한 간략한 고찰을 통해 세 가지 범주의 선거제도가 어떻게 운영될 수 있는지를 살펴볼 것이다. 그러나 대통령선거의 경우는 1인 선출이라는 특성으로 인하여 대부분의 국가들에서 다수대표제를 채택하고 있고, 당선자 결정방식에 있어서만 어떠한 기준에 따르고 있느냐에 따라 운영방식의 차이를 보이기 때문에 각국의 선거제도에 대한 고찰은 의회선거만을 그 대상으로 제한하고자 한다.

의회는 국민과 정부를 연결하는 민주주의 체제의 핵심적 기구로서 단원제 의회(unicameralism)국가와 양원제 의회(bicameralism)국가로 나눌 수 있다. 각 국가의 의원 선출 방식은 다수대표제 한 가지 제도만을 택하고 있는 경우도 있지만 다수대표제와 비례대표제를 혼합한 다양한 선출방식을 이용하기도 한다. 뿐만 아니라 입헌군주제를 채택하고 있는 특정 국가에서는 상원의원을 국왕이 임명하는 경우도 있다.

---

25) 각국의 선거제도에 대해서는 중앙선거관리위원회가 2009년 발행한 『각국의 선거제도 비교연구』(아람문화)에 기초하여 변화된 내용을 수정·보완하였다.

〈표 1-2〉단원제 국가와 양원제 국가 하원의원 선거제도

	대표제도	아시아	중동	아프리카	유럽	중·남·북미	오세아니아
다수대표제	단순다수대표제 Plurality-FPTP (45개국)		예멘	가나 감비아 나이지리아 말라위 보츠와나 부룬디 상투메프린시페 수단 스와질란드 시에라리온 에티오피아 우간다 잔지바르 잠비아 짐바브웨 중앙아프리카공화국 코트디부아르 케냐 탄자니아	영국	그레나다 미국 바베이도스 바하마 벨리즈 세인트빈센트그레나딘 세인트루시아 세인트키츠네비스 캐나다 콜롬비아 도미니카연방 자메이카 트리니다드토바고	니우이 마샬군도 마이크로네시아 솔로몬제도 투발루 파푸아뉴기니 팔라우 통가
	선호투표 Alternative Vote (3개국)						나우루 피지 호주
	결선투표 Two-Round System (14개국)		바레인 이라크 이란 이집트	가봉 말리 모리타니	모나코 벨라루스 프랑스	아이티 쿠바	뉴칼레도니아 키리바시
	단기비이양식투표 Single non-Transferable (2개국)		요르단				바누아투

비례 대표제	명부식 비례대표제 List Proportional Representation (60개국)	이스라엘 키프로스 터키	기니비사우 남아프리카 공화국 나미비아 라이베리아 르완다 모로코 모잠비크 베냉 부르키나 파소 부룬디 알제리 앙골라 에리트레아 적도기니 카보베르데 토고	그리스 네덜란드 노르웨이 덴마크 마케도니아 몰도바 루마니아 룩셈부르크 리히텐 슈타인 벨기에 보스니아 헤르체고 비나 불가리아 아이슬란드 오스트리아 우크라이나 에스토니아 산마리노 스페인 스웨덴 슬로바키아 슬로베니아 크로아티아 체코 포르투갈 폴란드 핀란드	가이아나 과테말라 니카라과 도미니카 공화국 라트비아 브라질 수리남 아르헨티나 엘살바도르 온두라스 우루과이 칠레 코스타리카 파라과이 페루	
	단기이양식투표 Single Transferable Vote(2개국)			몰타 아일랜드		
혼합제	2표병용제 Mixed Member Proportional (7개국)		레소토 잔지바르	독일 이탈리아	베네수엘라 볼리비아	뉴질랜드

2표 병립제 (비례대표제 및 다수대표제 혼합형) Parallel (Segmented) (PR Lists and Majoritarian constituencies) (23개국)	대한민국 아르메니아 아제르바 이잔 일본 조지아 태국 동티모르		기니 남수단 니제르 마다가스 카르 세네갈 세이셸 스와질란드 차드 카메룬 튀니지	러시아 리투아니아 안도라 알바니아 헝가리	멕시코	
연기투표26) Block Vote(8개국)	몰디브 싱가포르 27)	레바논 쿠웨이트 팔레스타인	모리셔스 지부티			사모아
기타 (7개국)		이집트	부룬디 소말리아 콩고		에콰도르 파나마 푸에르토리코	

출처: ACE Electoral Knowledge Network. Comparative Data. 2015.

OECD 34개 국가를 기준으로 보면 단원제 국가의 의회의원선거와 양원제 국가의 하원선거에서는 다수대표제보다는 비례대표제를 채택하고 있는 국가의 비율이 훨씬 높다. 오스트레일리아, 캐나다, 프랑스, 영국, 미국 5개 국가만이 다수대표제를 채택하고 있을 뿐이며, 23개 국가가 비례대표제를 채택하고 있고 나머지 6개 국가도 비례대표제를 포함한 혼합제를 채택하고 있다. 한편, 양원제 국가의 상원선거에서는 체코만이 다수대표제를 채택하고 있으며, 대부분의 국가에서는 혼합제와 임명제를 채택하고 있다. 주요 국가들의 선거제도를 개괄하면 다음과 같다.

---

26) 투표제에 있어 선거인이 후보자를 뽑는 수를 기준으로 후보자 1명에게 투표를 하는 단기투표와 1명 이상에게 하는 연기투표로 구분할 수 있는데, 연기투표는 대선거구제에서 유권자가 의석수만큼의 표를 가지고 후보자의 정당소속을 불문해 서로 다른 후보자들을 선택할 수 있으며 후보자는 득표순으로 당선되는 완전연기투표와 후보자 1명 이상에게 투표하지만 선출할 의원 정수보다는 적은 수의 투표를 하는 제한연기투표방식이 있음.

27) 싱가포르는 정당일괄투표(party bloc vote)를 실시하는데 대선거구제 하에서 유권자가 1표를 행사하여 정당명부를 선택하고, 선거결과 상대다수의 지지를 얻는 정당이 해당 선거구의 의석을 모두 석권한다.

(1) 영국

영국은 상원(House of Lords)과 하원(House of Commons)의 양원제를 채택하고 있다. 상원(귀족원)의 경우 의원정수는 일정하지 않으며 대부분 종신귀족으로 구성된다. 2015년 현재 상원의원 수는 785명으로 종신귀족 671명, 세습귀족은 88명, 성직자 26명으로 구성되어 있다. 종신귀족은 정치, 경제, 사회, 과학 등 각 분야에서 국가에 크게 기여한 자를 수상의 제청에 따라 여왕이 임명하며, 과거 세습귀족과 달리 지위가 후손에게 승계되지는 않는다. 하원의 경우 의원 정수는 650명[28]이고 임기는 5년이다. 선거제도는 1개 지역선거구에서 1명을 선출하는 소선거구 단순다수대표제를 채택하고 있다.

(2) 미국

미국은 상원(Senate)과 하원(House of Representatives)의 양원제를 채택하고 있다. 상원의 경우 의원 정수는 각 주마다 2명씩 100명이며 임기는 6년이고 2년(짝수연도)마다 3분의 1씩을 개선(改選)한다. 상원의원선거에서는 50개의 각 주를 하나의 선거구로 한 단순다수대표제를 채택하고 있으며, 각 주에서 2명의 상원의원에 대하여 동시에 선거를 실시하지 않도록 규정하고 있다.

하원의 경우 의원정수는 435명이고 임기는 2년이며, 선거제도는 1구 1인의 소선거구 단순다수대표제를 채택하고 있다. 다만, 주별 의원정수의 재배분에 의한 선거구의 재획정이 선거 시까지 이루어지지 않을 경우 의원정수가 증가된 주는 증가된 수만큼의 선거구에서 선거를 실시하고 의원정수가 감소된 주에서는 전체의원을 주 전체구역에서 선거하는 '전역선거구'를 예외적으로 두고 있다.

(3) 프랑스

프랑스는 상원(Sénat)과 하원(국민의회: Assemblée nationale)의 양원제를 채

---

28) 650개의 선거구는 England 533개, Wales 40개, Scotland 59개, Northern Ireland 18개이다.

택하고 있다. 상원의원은 348명이고 임기는 6년이며, 3년마다 2분의 1씩을 개선한다. 의석은 인구수에 따라 프랑스 본토와 해외도에 326석, 해외영토 대표에 10석, 해외거주 프랑스인 대표에 12석을 배정하고 있다. 선거제도는 선거인단에 의한 간선제를 채택하고 있으며, 선거인단으로 구성되는 본토·해외도·해외영토대표는 하원의원(국민의회의원), 지역의회의원(레종의회의원), 도의회의원(데빠르망의원) 및 시·읍·면의회의원(꼬뮌의원)들로 구성한다.

하원(국민의회)선거의 경우 의원정수는 577명이며, 임기는 5년이다. 선출방식은 1구 1인의 소선거구 절대다수대표제를 채택하고 있다. 선거구는 프랑스 본토 556개, 해외도 10개, 해외영토대표(재외프랑스인) 11개로 구성된다.

(4) 독일

독일은 연방참의원(Bundestat: 상원)과 연방의회(Bundestag: 하원)의 양원제를 채택하고 있다. 연방참의원의 경우 의원정수는 69명이며 각 주 정부가 주 각료 중에서 임명한다. 각 주별 정수는 인구수에 따라 최소 3명 이상 최대 6명 이내에서 배정되며,[29] 임기는 정해져 있지 않고 주정부의 임면에 따라 결정된다.

연방의회의원선거는 소선거구 단순다수대표제와 주명부에 의한 대선거구 비례대표제를 병용하고 있다. 의원의 정수는 598명이며 임기는 4년이다. 이 가운데 1구 1인의 단순다수대표제 지역선거구는 299개이며 나머지 299명은 비례대표제를 통해 선출한다. 비례대표의 경우 주 단위로 각 정당이 명부를 제출하고 이를 대상으로 선거를 실시한다. 각 주별 의석할당은 각 주 단위 인구수를 기준으로 하고 있다.

독일은 각 정당의 전국득표율을 기준으로 각 정당의 의석수를 결정한다. 그러나 지역구 3석 또는 득표율 5%를 기준으로 정당의석 배분을 제한하는 봉쇄조항이 있으며, 또한 초과의석제를 도입하고 있다. 즉 정당을 대상으로 투표하는 비례대표선거에서 각 정당이 획득한 득표율을 기준으로 정당별 의석을 배분하기 때문에 정당 득표율에 따른 배분의석보다 소속 정당의 지역선거구

---

29) 인구 200만 이상의 주는 4석, 600만 이상의 주는 5석, 700만 이상의 주는 6석.

당선자가 더 많을 경우 법적 정수 598명 이외에 초과의석이 발생하기도 한다. 초과의석이 발생한 경우 각 정당의 정당명부 투표율을 유지할 수 있도록 모든 정당에 보정의석을 부여하는 방식을 채택하고 있다.[30)

(5) 일본

일본은 참의원(參議院)과 중의원(衆議院)의 양원제를 채택하고 있다. 참의원의원(參議院議員)의 임기는 6년이며 정수는 242명이다. 참의원의원선거는 전국(도·도·부·현의 전체구역)[31)을 단위로 하는 대선거구 비례대표제와 각 도·도·부·현 구역 단위로 실시되는 중선거구 단순다수제가 결합된 혼합제를 채택하고 있다. 이 가운데 지역구 의원은 146명이며,[32) 비례대표의원은 96명으로 매 3년마다 2분의 1씩을 개선한다. 따라서 1회의 선거에서 지역구의 경우 한 선거구 당 1~4명까지 총 73명을 선출하고, 비례대표의 경우 48명을 선출하게 된다.

중의원의원선거는 도·도·부·현 단위로 선거구를 나누어 1명을 선출하는 소선거구 단순다수제와 전국을 11개 권역으로 나누어 정당의 득표비율에 따라 의석을 배분하는 비례대표제를 결합한 혼합제를 채택하고 있다. 전체 의원정수는 475명이며, 이 가운데 지역선거구는 295개, 비례대표는 180명이다. 의원의 임기는 4년이다. 한편 일본의 경우 지역선거구와 비례대표선거에 중복 출마가 허용되며, 석패율제를 도입하여 지역선거에서 좋은 성적으로 탈락한 후보가 비례대표로 당선될 수 있는 제도를 채택하고 있다. 또한 득표율 16.7%를 기준으로 하는 봉쇄조항을 채택하고 있다.

---

30) 당초 독일은 주 의석 할당 기준이 투표수였으나 선거법상 초과의석제도에 대한 위헌판결에 따라 2013년 선거법을 개정하여 각 주 단위 인구수로 변경하였다.

31) 도(도쿄都)·도(홋카이道)·부(교토府, 오사카 府)·현(43개 縣)

32) 2014년 일본 최고재판소가 선거구 인구 최대편차가 4.77 대 1이었던 2013년 참의원 선거에 대해 '위헌 상태'라고 판결함으로써 2016년 선거에서는 도쿄 도, 홋카이도, 아이치 현, 효고 현, 후쿠오카 현이 각각 2명 증가하고, 미야기 현, 니가타 현, 나가노 현은 각각 2명 감소하며, 인구 80만 명 미만인 돗토리 현과 시마네 현, 도쿠시마 현과 고치 현은 각각 1개 선거구로 통합될 예정이며, 선거구 인구 최대편차는 2.97 대 1임. YTN. 2014. 11. 26.

(6) 이탈리아

이탈리아는 상원(Senate: 원로원)과 하원(Chamber of Deputies: 민의원)의 양원제를 채택하고 있다. 상원의 경우 의원정수는 322명이며 임기는 5년이다. 이 가운데 315석은 20개 주에서 정당명부식 비례대표제로 선출한다. 다만 몰리세(Molise)주 2석, 발레다오스타(Valle d'Aosta)주 1석은 단수다수대표제로 선출한다. 그 이외에 7명은 대통령이 4명, 전직대통령이 3명을 임명한다. 선출직 상원의원은 주 단위를 선거구로 하는 대선거구 비례대표제를 통해 선출되며, 의원정수는 주별로 인구비례에 따라 할당한다. 한편, 이탈리아는 특례조항을 통해 각 주별로 최다 득표 정당 또는 정당연합에 최소 55% 이상의 의석을 배정하고 있다. 또한 법적 정수 이외에 전임대통령과 대통령이 5명의 시민을 종신직 상원의원으로 임명할 수 있다.

하원의 경우 의원정수는 총 630명이며 임기는 5년이다. 이 가운데 629석은 정당명부식 비례대표제로 선출하는데, 617석은 26개 국내 대선거구에서 선출하며 12석은 4개의 선거구로 구분되는 재외선거구에서 선출한다. 그 이외에 1석은 준자치지역인 발레다오스타주에서 다수득표자가 차지한다. 그러나 이탈리아 선거제도는 독특하게 '다수 프리미엄'제도를 채택하고 있어 전국적으로 득표율이 가장 높은 정당이나 정당연합에게 55%의 의석을 할당하며, 나머지 의석은 소수정당에 득표율에 따라 배분하고 있다. 그러나 이 제도는 2015년 5월 선거법 개혁안이 의회를 통과하면서 총선에서 40% 이상 득표를 한 정당에 전체 630석 중 340석을 제공하도록 변경되었으며, 40% 이상 득표한 정당이 없으면 1, 2위로 득표한 정당이 다시 결선투표를 벌여 많이 득표한 정당이 다수당이 되도록 바뀌었다. 한편 이탈리아 하원선거에서도 4%의 봉쇄조항을 적용하고 있다.

(7) 스페인

스페인은 상원(Senado)과 하원(Congreso de los Diputados)으로 의회를 구성하는 양원제를 채택하고 있다. 상원의 경우 의원정수는 266명이며 임기는 4년

이다. 의원선출은 각 주와 각 섬을 하나의 선거구로 하는 중선거구 단순다수대
표제를 채택하고 있다. 이 가운데 200명은 50개 주(province)에서 각 4명씩, 발
레아스 제도와 카나리아 제도(Balearic and Canary)는 1~3명을, 세우타(Ceuta)와
멜릴야(Melilla)시는 독립된 선거구로 간주해 2명씩 선출해 총 208명을 직접 선
출한다. 그러나 나머지 58명은 17개 지방의회에서 간접선거를 통해 의원을 선
출하고 있다.

하원선거의 경우에는 각 주를 중선거구로 하는 정당명부식 비례대표제를
채택하고 있다. 의원정수는 350명이며, 임기는 4년이다. 이 가운데 348명을 비
례대표제로 선출하며, 각 주의 의석은 인구비례에 따라 배정하되 주별 최소 의
원정수가 2명이 되어야 한다. 한편, 북부 아프리카의 세우타(Ceuta)와 멜릴야
(Melila)시는 예외적으로 특별선거구로 지정하여 소선거구 단순다수대표제를 통
해 각 1명씩 2명의 의원을 선출하고 있다.

(8) 스웨덴

스웨덴은 단원제 국회(Riksdagen)로 구성되며 의원정수는 349명이고, 임기
는 4년이다. 이 가운데 지역구 선출 의원은 310명이며, 나머지 39석은 조정의
석이다.[33] 지역구선거는 전국을 29개의 대선거구로 나누어 정당명부식 비례대
표제를 통해 선출하며, 선거구별 12% 기준의 봉쇄조항이 있다. 각 선거구별
의석배분은 해당 선거구의 선거권자 총수를 스웨덴 전체 선거권자수의 310분
의 1에 해당하는 숫자로 나누어 그 정수에 해당하는 의석을 배분한다. 반면
조정의석은 전국을 단일선거구(대선거구)로 하여 각 정당이 획득한 득표수를 기
초로 할당하며, 8%의 봉쇄조항을 채택하고 있다.

(9) 스위스

스위스는 상원(Standerat)과 하원(Nationalrat)의 양원제를 채택하고 있다. 상

---

33) 선거구별 고정의석수의 배분은 선거 때마다 유권자수에 따라 조정함.

원의 경우 의원정수는 46명이며 임기는 4년이다. 의원은 칸톤(주)별로 선출하고 있으며 단순다수대표제를 채택하고 있다. 그러나 선거구제는 각 2명씩 선출하는 중선거구제(20개 칸톤)와 각 1명씩을 선출하는 소선거구제(6개 칸톤)를 혼용하고 있다.

하원의 경우에는 의원정수가 200명이며, 임기는 4년이다. 이 가운데 195명은 21개 선거구에서 정당명부식 비례대표제를 통해 선출하고 있으며, 나머지 5명은 1구 1인의 소선거구 단순다수대표제를 통해 선출한다. 비례대표선거구는 각 칸톤을 1개 선거구로 하고 있으며, 선거구별 의원정수는 인구수에 따라 배정한다.

(10) 캐나다

캐나다는 상원(Senate)과 하원(House of Commons)의 양원제를 채택하고 있다. 상원의원은 105명으로 정년이 75세이며, 모두 총리의 추천을 얻어 총독이 임명하고 있다. 하원의 경우에는 의원정수가 338명이며 임기는 5년이다. 하원의원은 1구 1인의 소선거구 단순다수대표제를 통해 선출하고 있다. 원래 캐나다 하원 선거구는 308개였으나 2007년 캐나다 정부가 22개의 새로운 선거구를 추가 지정하면서 2015년 실시된 연방선거부터 선거구가 338개로 늘어났다.

(11) 멕시코

멕시코는 상원(Camara de Senadores)과 하원(Camara de Diputados)의 양원제를 채택하고 있다. 상원의 경우 의원정수는 128명이며 임기는 6년이다. 의원선출 방법은 단순다수제와 비례대표제를 병용하고 있으며, 선거구제 또한 중선거구와 대선거구가 혼합되어 있다. 128석 가운데 연방특별구와 31개 주 등 32개 선거구에 총 96석이 할당되며 각 주에서 3명씩을 선출한다. 이 가운데 2명은 단순다수제로 선출하고, 나머지 1명은 차점자를 차지한 제1소수당에 배정한다. 나머지 32석은 전국을 1개의 선거구로 하여 정당명부식 비례대표제를 통해 당선자가 결정된다.

하원의 경우 의원정수는 500명이며 임기는 3년이다. 이 가운데 300명은 연방구와 31개 주에서 1구 1인의 소선거구 단순다수대표제를 통해 선출하며, 나머지 200명은 5개의 대선거구에서 지역별 정당명부제를 통해 비례대표제로 선출하되 2%의 봉쇄조항을 적용하고 있다. 모든 주는 최소 2개 이상의 선거구가 할당되도록 하고 있다. 연방하원의원 비례대표 200개 의석은 31개 주와 1개 연방특별구를 5개 대선거구로 나누어 각 선거구에 40석을 배당하는 방식으로 결정된다.

(12) 브라질

브라질은 상원(Senado Federal)과 하원(Camara dos Deputados)의 양원제를 채택하고 있다. 상원의 경우 의원정수가 81명이며 임기는 8년이다. 상원의원선거에서는 26개 주 및 연방특별구를 선거구로 하여 각 선거구 당 3명씩 선출하는 중선거구 다수대표제를 통해 상원의원을 선출한다. 선거는 매 4년마다 실시하며 3분의 1의 의원을 먼저 개선하고 다음 임기만료 선거에서 3분의 2를 개선한다. 각 선거권자는 전체 의석 중 3분의 2를 다시 뽑을 때에는 2인의 후보자에게, 3분의 1을 다시 뽑을 때에는 1인의 후보자에게 투표한다.

하원의 경우 의원정수는 513명이며 임기는 4년이다. 선거구는 26개 주와 1개의 연방특별구를 하나의 선거구로 하는 대선거구제를 채택하고 있으며, 정당명부식 비례대표제를 통해 하원의원을 선출하고 있다. 각 선거구별 의석수는 해당 주의 인구수에 따라 8석부터 70석까지 배정한다. 각 정당명부 내에서 의석배분은 선거인에 의한 선호투표(Preferential Vote)에 기초하여 입후보자들에게 차례대로 배당된다.

(13) 필리핀

필리핀은 상원(Senate)과 하원(House of Representatives)의 양원제를 채택하고 있다. 상원의 경우 의원정수는 24명, 임기는 6년이다. 그러나 매 3년마다 2분의 1씩을 개선하고 있다. 선거구제는 전국이 단일선거구인 대선거구제를 채택하고 있다. 의원선출 방법은 정당명부식 단순다수대표제를 채택하고 있는데, 유권자가 명부에 있는 후보자 중 선호 후보에 직접 투표하면 다수 득표순으로 당선자가 결정된다.

하원의 경우 291명의 의원으로 구성되며 임기는 3년이다. 하원의원선거의 선거구는 234개의 소선거구와 1개의 전국선거구(대선거구)로 구성된다. 소선거구는 단순다수대표제로 1구 1인을 선출하며, 전국선거구는 정당명부식 비례대표제로 57명을 선출한다.

(14) 호주

호주는 상원(Senate)과 하원(House of Representatives)의 양원제를 채택하고 있다. 상원의 의원정수는 76명이며 임기는 주의원의 경우 6년, 준주(territory)의 원의 경우 3년으로 구분되어 있다. 주의원은 6개 주에서 각 12명씩 선출하며, 수도준주 및 북부준주에서는 각 2명씩 선출한다. 의원선출 방법은 단기이양식 비례대표제를 채택하고 있다. 유권자는 모두 후보자를 대상으로 자신의 선호에 따라 선호 순위를 표기하게 되며, 득표비율에 따라 기준 이상을 득표하면 당선자로 결정되는 단기이양식 비례대표제를 채택하고 있다. 이에 따라 차순위 당선자가 없는 경우 1순위 득표수가 가장 적은 후보를 탈락시키고 탈락된 후보의 표를 다른 후보에게 선호도 2순위에 따라 재분배는 과정을 반복하여 정원까지의 당선자를 결정하게 된다.

하원의 경우 의원정수는 150명이며 임기는 3년이다. 의원선출 방법은 후보자 모두에 대해 선호 우선순위를 기재하는 선호투표제를 채택하고 있다. 의원정수는 6개 주별로 인구수에 비례하여 배분하며, 각 주별로 최소 5명 이상의 의원이 배정되는 것을 원칙으로 한다. 다만 수도준주에는 2명, 북부준주에는 1명의 의원을 선출한다. 당선자는 선호도 1순위를 기준으로 투표의 50%를 초과 득표하면 당선이 되며, 그렇지 않은 경우에는 선호도 1순위 득표수가 가장 적은 후보를 탈락시키고 탈락된 후보의 표를 다른 후보에게 선호도 2순위에 따라 재분배한다. 의원 정수만큼의 당선자가 결정될 때까지 이러한 방식을 반복 적용하여 최종 당선자를 결정하게 된다.

제 2 장

선거와 헌법 규정

선거와 헌법 규정

제1절 | 선거 관련 기본권

　선거는 국민주권의 원리를 실현하는 절차이므로 국민의 정치적 기본권이 행사되는 과정으로 볼 수 있다. 기본권에 대해서는 법실증주의적 헌법관, 결단주의적 헌법관, 통합과정론적 헌법관에 따라서 이해하는 시각에 차이가 있다.

　실질적 법치주의 하에서는 모든 국가권력이 국민의 기본권을 존중하고 행위의 기초로 삼는다. 따라서 기본권이 국가권력을 기속하는 속성을 인정할 필요가 있다. 특히, 헌법을 국민의 동화적 통합과정으로 파악하는 통합과정론적 헌법관에 의할 때는 기본권은 인간생활의 바탕이 되는 사생활 영역에 대한 국가의 불필요한 생활간섭을 배제하고 동화적 통합의 생활형식인 헌법질서 내에서 적극적 또는 소극적으로 정치적 일원체의 정신적·문화적·사회적·경제적·정치적 생활을 함께 형성해 나갈 수 있는 국민 개개인의 주관적 권리(subjektive Rechte)인 동시에 동화적 통합의 생활형식인 헌법질서의 기본이 되는 객관적 질서(objektive Ordnung)라 할 수 있다.[1]

　선거와 관련하여 문제될 수 있는 기본권으로는 참정권, 언론·출판·집회·

---

1) 허영. 2005. 『헌법이론과 헌법』. 박영사. 353.

결사의 자유 및 알권리와 같은 표현의 자유, 평등권 등이 있다. 이러한 기본권은 선거에서 사안에 따라 후보자나 유권자가 국가에 대하여 요구할 수 있는 주관적 권리로서 작용함과 동시에 국가권력을 행사하고 형성하는 데 있어 제약이 되는 객관적 법질서로서 기능할 수 있다. 따라서 선거관리에 있어서도 헌법상 국민의 기본권을 침해하지 않도록 주의하여야 하며, 기본권이 침해되는 경우 헌법재판을 통하여 구제를 받을 수 있다. 아래에서는 헌법상 선거와 관련된 기본권에 대하여 기술하고자 한다.

1 참정권

참정권은 국민이 국가의 정책결정 과정에 직접적으로 참여하거나 선거 또는 투표에 참여하거나 또는 스스로 공무원으로 선임될 수 있는 주관적 권리를 말한다. 참정권에는 국민투표, 주민투표와 같은 직접 참정권과 선거권, 공무담임권과 같은 간접 참정권이 있다.

1) 선거권

선거권이란 대의제민주주의를 전제로 주권자인 국민이 대표자를 선정하는 권리를 말한다. 헌법 제24조도 「모든 국민은 법률이 정하는 바에 따라 선거권을 가진다」고 하여 국민의 선거권을 보장하고 있다. 헌법이 인정하는 선거권의 종류는 대통령선거권(헌법 제67조 제1항), 국회의원선거권(헌법 제41조 제1항), 지방의회의원선거권(헌법 제118조 제2항)이다. 그러나 지방자치단체장의 경우는 '선임방법'을 헌법이 아닌 법률로 정하도록 하고 있어 이로 인한 논란이 있다.

다수설과 헌법재판소는 헌법이 지방의회의원과 달리 지방자치단체장의 선임방법에 관한 사항을 법률로 정한다고만 규정하고 있는 점에서 단체장에 대한 주민직접선거제가 헌법의 취지라 볼 수 없으므로 지방자치단체장에 대한 선거권은 법률상의 권리라는 입장이다.[2] 한편, 소수설은 헌법 제117조, 제118조가 지방자치제도를 명문으로 보장하고 있고 지방자치단체의 대표인 단체장

이 주민의 자발적인 지지에 의하여 선출되어야 한다는 것이 지방자치제도의
본질로부터 논리적으로 당연히 도출되는 원리이므로 국민의 지방자치단체장
선거권 및 피선거권은 헌법에 의하여 보장된 기본권이라는 입장이다.[3]

(1) 법적 성질

선거권의 법적 성질에 대한 견해로는 ① 국민 개인의 권리로 보는 주관적
공권설, ② 국가목적을 위한 공무수행으로 보는 공무설, ③ 선거인으로서의 권
한 또는 자격을 인정받은 것으로 보는 권한·자격설, ④ 선거권을 주관적 권리
의 행사인 동시에 공무의 수행이라는 양면적 성질을 지니는 것으로 보는 이원
설 등이 있다. 다수의 견해는 이원설을 취하고 있다.[4]

선거권 행사의 의무성을 인정하더라도 선거권의 행사를 강요하는 것은 헌
법상 자유선거의 원칙에 위배되므로 헌법 개정이 없는 한 선거권의 행사를 법
적 의무로 보기는 어렵고 도의적·윤리적 의무로 보는 것이 타당하다. 또한 선
거권은 헌법상 대의제도를 전제로 하여 인정되는 것이므로 자연권으로서의 성
질은 지니고 있지 않으며 실정권이라 할 수 있다. 선거권은 주관적 공권으로서
의 성질이 있음과 동시에 민주주의를 실현하기 위한 객관적 가치질서로서의
측면도 함께 지니고 있다.

(2) 선거권의 제한과 한계

선거권은 법률에 의하여 보장되는 것이므로 합리적 이유가 있는 경우 개인

2) 권영성. 2007.『헌법학개론』. 법문사. 584; 허영. 2007.『한국헌법론』, 박영사. 530; 정종
   섭. 2008.『헌법학원론』. 박영사. 624. 헌재결 2007. 6. 28. 2004헌마644. 헌법재판소는
   「헌법 제118조 제2항은 "지방자치단체의 장의 선임방법…에 관한 사항은 법률로 정한
   다."라고만 규정하고 있어 지방자치단체의 장의 선거권에 대한 제한이 헌법상의 기본권
   에 대한 제한인지 여부가 문제된다. 헌법이 지방자치단체장에 대해서는 '선임방법'이라
   고 표현함으로써 지방의원의 '선거'와 구별하고 있으므로 지방자치단체의 장의 선거권
   을 헌법상 기본권이라 단정하기 어렵다.」고 판시하고 있다.
3) 성낙인. 2008.『헌법학』. 법문사. 164.
4) 권영성. 2007.『헌법학개론』. 법문사. 584; 김철수. 2003.『헌법학개론』. 박영사. 894; 성낙
   인. 위의 책. 648.

의 선거권을 제한할 수 있다. 헌법재판소도 선거권의 부여가 원칙적으로 입법재량의 문제임을 확인하고 있다.[5] 선거권의 제한유형으로는 선거권 부여 연령의 제한, 일정기간 선거권의 박탈, 해외거주자의 투표권 부여 문제 등이 있다.

ⅰ) 선거권 부여의 연령제한

선거는 대표자를 선출하는 사회적 의사결정 절차이므로 선거에 참여하는 유권자 개개인의 판단능력을 전제로 한다. 따라서 선거권의 행사연령도 유권자의 성숙도와 교육정도를 고려하여 결정하여야 한다. 헌법재판소는 선거권의 연령을 어떻게 결정하는지를 순수한 입법재량의 문제로 보고 있다. 이에 따라 종전의 선거법에서는 선거권 연령을 20세로 하고 있었으나, 2005년 공직선거법 개정을 통하여 19세로 하향 조정되었다(법 제15조). 산업화가 진행되면서 청년들이 그전보다 훨씬 더 빨리 성숙함과 동시에 교육과 문화수준이 향상되고 있으므로 세계적으로 선거권의 연령을 하향하는 추세에 있다. 우리나라 또한 현 19세인 선거연령을 18세로 낮추어야 한다는 논의가 제기되고 있다.

ⅱ) 일정기간 선거권의 박탈

선거법은 1년 이상의 징역 또는 금고 형의 선고를 받고 그 집행이 종료되지 아니하거나 그 집행을 받지 아니하기로 확정되지 아니한 자와 대의제도를 중대하게 왜곡하는 특정한 선거관련 범죄를 저지른 자에 대하여 일정기간 선거권을 박탈하고 있다. 이와 관련하여 현행 「공직선거법」에서는 선거범, 「정치자금법」 제45조(정치자금부정수수죄) 및 제49조(선거비용관련 위반행위에 관한 벌칙)에 규정된 죄를 범한 자 또는 대통령·국회의원·지방의회의원·지방자치단체의 장으로서 그 재임 중의 직무와 관련하여 「형법」(「특정범죄가중처벌 등에 관한 법률」 제2조에 의하여 가중처벌되는 경우를 포함) 제129조(수뢰, 사전수뢰) 내지 제132조(알선수뢰)·「특정범죄가중처벌 등에 관한 법률」 제3조(알선수재)에 규정

5) 헌재결 2004. 3. 25. 2002헌마411. 「우리 헌법 아래에서 선거권도 법률이 정하는 바에 의하여 보장되는 것이므로 입법형성권을 갖고 있는 입법자가 선거법을 제정하는 경우에 헌법에 명시된 선거제도의 원칙을 존중하는 가운데 구체적으로 어떤 입법목적의 달성을 위하여 어떠한 방법을 선택할 것인가는 그것이 현저하게 불합리하고 불공정한 것이 아닌 한 입법자의 재량영역에 속한다.」

된 죄를 범한 자로서, 100만 원 이상의 벌금형의 선고를 받고 그 형이 확정된 후 5년 또는 형의 집행유예의 선고를 받고 그 형이 확정된 후 10년을 경과하지 아니하거나 징역형의 선고를 받고 그 집행을 받지 아니하기로 확정된 후 또는 그 형의 집행이 종료되거나 면제된 후 10년을 경과하지 아니한 자(형이 실효된 자도 포함)에 대하여 선거권을 제한하고 있다(법 제18조 제1항 제3호).

한편, 수형자의 경우에는 2004년 헌법재판소의 합헌 판결에 따라 선거권이 제한되어 왔다(헌재결 2004. 3. 25. 2002헌마411). 그러나 2014년 1월 28일 헌법재판소가 관련 내용에 대한 위헌판결을 내림으로써[6] 형의 집행유예를 선고받고 유예기간 중에 있는 사람은 선거권 제한대상에서 제외되었다.

iii) 해외거주자의 투표권 부여

해외 거주 대한민국 국민의 투표권 제한과 해외거주 선거권자의 부재자투표 제한에 대한 위헌 여부는 오랜 시간 논란이 되어 온 문제였다. 이와 관련하여 헌법재판소는 2007년 전까지 이러한 제한을 입법정책적인 문제로 보았다.[7] 그러나 2007년 헌법재판소는 기존의 판례를 변경하였다. 재외국민(대한민국 국적을 가지고 외국의 영주권을 가지고 있는 자 포함)의 선거권을 전면적으로 부정하는 것은 헌법 제37조 제2항에 위반되어 재외국민의 선거권과 평등권을 침해하고 헌법 제41조 제1항 및 제67조 제1항의 보통선거의 원칙에도 위반된다고 판시하면서 2008년 12월 31일까지 입법개선을 하도록 잠정적용 헌법불합치결정을

---

6) 헌법재판소의 결정요지는 다음과 같다. "집행유예자는 3년 이하의 징역 또는 금고의 형을 선고받으면서 정상에 참작할 만한 사유가 있어 1년 이상 5년 이하의 기간 그 형의 집행을 유예 받아 사회의 구성원으로 생활하고 있는 사람이다. 집행유예 선고가 실효되거나 취소되지 않는 한, 집행유예자는 교정시설에 구금되지 않고 일반인과 동일한 사회생활을 하고 있으므로, 그들의 선거권을 제한해야 할 필요성이 크지 않다. 따라서 심판대상조항은 청구인들의 선거권을 침해하고, 보통선거원칙에도 위반하여 집행유예자를 차별 취급하는 것이므로 평등원칙에도 어긋난다."(헌재결 2014. 1. 28. 2013헌마105).

7) 헌법재판소는 주민등록이 안 된 재외국민에게 선거권을 제한하는 것을 합헌으로 결정하면서(헌재결 1999.1.28. 97헌마253 등), 「해외거주자들에게 부재자투표를 할 수 있도록 할 것인지 여부는 이들의 선거권 자체에 관련된 문제라기보다는 선거권을 행사함에 있어서 편의를 제공할 것인지 여부에 관한 문제로서, 어느 정도의 범위의 국민까지 부재자투표를 허용할 것인지 여부는 입법재량의 범위에 속하는 문제이지 이로 인하여 국민의 선거권 자체가 제한되는 것은 아니므로, 위 같은 조항에 의하여 해외거주자들의 선거권 자체가 침해되었다고 할 수 없다.」라고 판시하였다(헌재결 1999. 3. 25. 97헌마99 등).

내린 것이다(헌재결 2007. 6. 28. 2004헌마644 등).[8] 헌법재판소는 선거권 제한의 한계와 재외국민의 범위와 재외국민에게 선거권을 부여하지 않는 것이 헌법의 어떤 규정에 위반되는지에 대하여 다음과 같은 논거를 제시하고 있다.

> "국민이면 누구나 그가 어디에 거주하든지 간에 주권자로서 평등한 선거권을 향유하여야 하고, 국가는 국민의 이러한 평등한 선거권의 실현을 위해 최대한의 노력을 기울여야 할 의무를 진다는 것은 국민주권과 민주주의의 원리에 따른 헌법적 요청이다. 입법자는 국민의 선거권 행사를 제한함에 있어서 주권자로서의 국민이 갖는 선거권의 의의를 최대한 존중하여야만 하고, 선거권 행사를 제한하는 법률이 헌법 제37조 제2항의 과잉금지원칙을 준수하고 있는지 여부를 심사함에 있어서는 특별히 엄격한 심사가 행해져야 한다. 따라서 선거권의 제한은 그 제한을 불가피하게 요청하는 개별적, 구체적 사유가 존재함이 명백할 경우에만 정당화될 수 있으며, 막연하고 추상적 위험이라든지 국가의 노력에 의해 극복될 수 있는 기술상의 어려움이나 장애 등의 사유로는 그 제한이 정당화될 수 없다.
>
> 그런데 법 제37조 제1항은 단지 주민등록이 되어 있는지 여부에 따라 선거인명부에 오를 자격을 결정하여 그에 따라 선거권 행사 여부가 결정되도록 함으로써, 엄연히 대한민국의 국민임에도 불구하고 주민등록법상 주민등록을 할 수 없는 재외국민의 선거권 행사를 전면적으로 부정하고 있는바, 그와 같은 재외국민의 선거권 행사에 대한 전면적인 부정에 관해서는 위에서 살펴본 바와 같이 어떠한 정당한 목적도 찾기 어렵다. 그러므로 법 제37조 제1항은 헌법 제37조 제2항에 위반하여 재외국민의 선거권과 평등권을 침해하고 헌법 제41조 제1항 및 제67조 제1항이 규정한 보통선거원칙에도 위반된다."

이외에도 재외국민의 선거권과 관련한 다양한 측면의 헌법재판소 판단이 이어져 왔다. 우선 국내거주 재외국민에 대하여 지방선거 선거권을 전면적으로 박탈한 공직선거법 제15조 제2항 제1호, 제37조 제1항은 평등권과 지방의회의원 선거권을 침해한다고 판시하였다. 또한, 주민등록을 할 수 없는 국내거주

---

8) 이후 2009년 2월 12일 공직선거법 개정으로 재외선거제도가 도입되었다.

재외국민에 대하여 주민투표권을 인정하지 않고 있는 주민투표법 제5조 제1항에 대해서는 재외국민의 평등권을 침해하고(헌재결 2007. 6. 28. 2004헌마643. 주민투표법 제5조 위헌확인: 헌법불합치, 잠정적용), 공직선거법이 부재자투표를 할 수 있는 사람과 부재자투표 방법을 규정하면서 대한민국 국외의 구역을 항해하는 선박에서 장기 기거하는 선원들에 대해서 부재자투표의 대상자로 규정하지 않고 이들이 투표할 수 있는 방법을 정하지 않고 있는 것에 대해서 선원들의 선거권을 침해한다고 판시하였다(헌재결 2007. 6. 28. 2004헌마77. 공직선거법 제38조 등 위헌확인: 헌법불합치, 잠정적용).

재외국민은 우리민족 전체를 의미하는 재외동포 중에서 대한민국 국적을 가진 자이며,[9] 헌법재판소 또한 재외국민의 개념을 주민등록이 되어 있지 않은 대한민국 국적자 전체를 의미하는 것으로 파악하고 있다. 따라서 원칙적으로 재외국민 전체에 대하여 선거권을 부여하는 입법개선 노력이 있어야 할 것이다.

2) 공무담임권

공무담임권이란 국민이 국가·공공단체의 구성원으로 선임되거나 비선거직 공직에 취임하여 공무를 담당할 수 있는 권리를 말한다. 이러한 권리에는 각종 선거에 입후보하여 당선될 수 있는 피선거권과 공직에 임명될 수 있는 공직취임권이 포함된다. 헌법에서도 "모든 국민은 법률이 정하는 바에 의하여 공무담임권을 가진다"(제25조)고 규정하여 국민의 공무담임권을 보장하고 있다. 이 중에서 선거직에 입후보하고 선거권자에 의하여 이에 선출되어 그 직에 취임할 수 있는 권리를 피선거권이라고 한다. 공무담임의 형태와 범위, 자격을 어떻게 결정할 것인지에 대하여 헌법은 법률로 정하도록 하고 있으므로 국회의 입법형성의 자유가 인정된다.

---

9) 성낙인. 2008. 『헌법학』. 법문사. 160.

(1) 법적 성질

공무담임권은 국민의 권리이나 의무는 아니므로 병역에 복무하는 경우를 제외하고는 공무를 담임하게 할 의무를 부과할 수 없다. 공무담임권은 헌법에 의하여 창설된 실정권으로서 주관적 공권으로 볼 수 있다.

(2) 공무담임권의 제한

공무담임권과 관련하여서는 입법자에게 광범한 형성의 자유가 보장되고 있으므로 법률에 의하여 이에 대한 다양한 제한을 할 수 있다. 또한 피선거권의 제한은 국민의 대표자로서 공무를 담당할 자를 정한다는 점에서 선거권보다 강한 제한을 받을 수 있다. 공무담임권의 제한과 관련하여서는 ① 피선거권의 연령제한, ② 피선거권 부여의 거주요건, ③ 피선거권의 박탈, ④ 당내경선 탈락자의 입후보 금지 등 네 가지 문제가 대표적 논쟁점이 되고 있다.

ⅰ) 피선거권의 연령제한

특정 공직의 피선거권에 대해서는 공직의 중요성과 직무수행능력을 고려하여 헌법과 법률을 통해 제한을 가하고 있다. 대통령직은 헌법에 직접적으로 피선거권을 제한하고 있다. 이와 관련하여 헌법은 대통령으로 선출될 수 있는 자는 국회의원 피선거권이 있고, 선거일 현재 40세에 달하여야 한다고 규정하고 있다(헌법 제67조 제4항). 한편, 국회의원 피선거권에 대해서는 헌법이 법률로 위임하고 있으며, 이러한 위임에 따라 「공직선거법」에서는 국회의원 피선거권의 기준을 25세 이상의 국민으로 규정하고 있다(법 제16조 제2항).

ⅱ) 피선거권 부여의 거주요건

대통령, 지방의회의원 및 지방자치단체의 장 선거에서는 피선거권과 관련하여 일정기간의 거주요건을 부과하고 있다. 즉, 「공직선거법」에서는 대통령선거의 피선거권을 갖기 위한 조건으로 공무로 외국에 파견된 기간과 국내에 주소를 두고 일정기간 외국에 체류한 기간을 제외하고 선거일 현재 5년 이상 국내에 거주할 것을 요구하고 있다. 또한 지방선거에서는 선거일 현재 계속하여 60일 이상(공무로 외국에 파견되어 선거일 전 60일 후에 귀국한 자는 선거인명부작성 기준일부터 계속하여 선거일까지) 당해 지방자치단체의 관할구역 안에 주민등록 이 되어 있어야 피선거권이 부여된다(법 제16조 제3항). 헌법재판소는 피선거권 부여에 관할구역 거주요건을 부과하는 것에 대하여 합헌이라고 판결해 오고 있다(헌재결 1996. 6. 26. 96헌마200, 헌재결 2004. 12. 16. 2004헌마376).

iii) 피선거권의 박탈

범죄로 인하여 수형중이거나 대의제도를 왜곡하는 중대한 선거범죄를 범 한 자에 대한 피선거권 박탈의 문제도 지속적인 논쟁점이 되어 왔다. 이와 관 련하여 현행 「공직선거법」에서는 다음의 경우 — ① 금고 이상의 형의 선고를 받고 그 형이 실효되지 아니한 자, ② 선거범, 「정치자금법」 제45조(정치자금부 정수수죄) 및 제49조(선거비용관련 위반행위에 관한 벌칙)에 규정된 죄를 범한 자 또는 대통령·국회의원·지방의회의원·지방자치단체의 장으로서 그 재임중의 직무와 관련하여 「형법」(「특정범죄가중처벌 등에 관한 법률」 제2조에 의하여 가중 처벌되는 경우를 포함) 제129조(수뢰, 사전수뢰) 내지 제132조(알선수뢰)·「특정범 죄가중처벌 등에 관한 법률」 제3조(알선수재)에 규정된 죄를 범한 자로서 100 만 원 이상의 벌금형의 선고를 받고 그 형이 확정된 후 5년 또는 형의 집행유 예의 선고를 받고 그 형이 확정된 후 10년을 경과하지 아니하거나 징역형의 선고를 받고 그 집행을 받지 아니하기로 확정된 후 또는 그 형의 집행이 종료 되거나 면제된 후 10년을 경과하지 아니한 자(형이 실효된 자도 포함), ③ 법원 의 판결 또는 다른 법률에 의하여 피선거권이 정지되거나 상실된 자 — 에 대 하여 피선거권을 제한하고 있다. 헌법재판소는 선거범죄를 범하고 형사처벌을 받은 자에 대하여 피선거권을 제한하는 것을 합헌으로 보고 있다.[10]

---

10) 헌법재판소는 「선거범으로서 형벌을 받은 자에 대하여 일정기간 피선거권을 제한하는 것 은 선거의 공정성을 해친 자로부터 일정기간 피선거권을 박탈함으로써 선거의 공정성을 확보함과 아울러 그 자에 대하여 반성을 촉구하는 데에 입법목적이 있는 것으로 어느 정 도의 형벌을 받은 경우에 얼마 동안 피선거권을 제한할 것인가 하는 문제는 입법재량에 속하는 것인바, 이 사건의 경우 심판대상인 법률조항이 합리적인 재량의 한계를 벗어나 자의적으로 청구인의 공무담임권을 침해한 것이라고 할 수 없다.」고 판시하였다(헌재결 1995. 12. 28. 95헌마196). 2008년에도 헌법재판소는 유사한 결정을 내렸다(헌재결 2008.

ⅳ) 당내경선 탈락자의 입후보금지

정당의 공천과정에서 경선불복을 방지하고 정치적 신뢰를 확보하기 위하여 당내경선에서 탈락한 후보자에 대해서는 본 선거에 입후보하는 것을 금지하도록 하여 피선거권을 제한하고 있다. 이러한 피선거권 제한은 「공직선거법」 제57조의2 제2항을 통해 규정되어 있는데, 그 구체적 내용은 다음과 같다. "정당이 당내경선(당내경선의 후보자로 등재된 자를 대상으로 정당의 당헌 · 당규 또는 경선후보자간의 서면합의에 따라 실시한 당내경선을 대체하는 여론조사를 포함)을 실시하는 경우 경선후보자로서 당해 정당의 후보자로 선출되지 아니한 자는 당해 선거의 같은 선거구에서는 후보자로 등록될 수 없다."

2 표현의 자유

표현의 자유는 사상이나 의견을 외부에 표현하는 자유로서 언론 · 출판의 자유와 집회 · 결사의 자유를 총칭하는 개념이다. 표현의 자유는 정신적 활동의 자유로서 개인이 자신의 의견을 자유롭게 표명하고 경쟁하는 것에 의하여 진리에 도달할 수 있다는 사상의 자유시장론에 기초하고 있다. 현대 민주주의는 사상 · 의견의 자유로운 표현과 토론을 전제조건으로 하고 있으며, 따라서 표현의 자유는 정치적 자유의 성격을 지니고 있다.

선거에 있어서 표현의 자유는 다양한 형태로 발현될 수 있다. 선거운동은 후보자가 유권자에게 자기 자신을 알리는 표현의 자유의 일종이다. 선거과정에서 각종 모임이나 집회는 집회 · 결사의 자유와 관련되며, 유권자가 후보자와 정책에 대한 충분한 정보를 얻도록 하는 것은 유권자의 알권리와 관련된다. 헌법재판소도 선거운동의 자유를 표현의 자유의 한 가지 형태로 인정하고 있다.[11] 미국 연방대법원도 선거운동을 수정헌법 제1조[12])에서 규정한 표현의 자

---

1. 17. 2004헌마41).
11) 헌법재판소는 「선거운동은 국민주권 행사의 일환일 뿐 아니라 정치적 표현의 자유의 한 형태로서 민주사회를 구성하고 움직이게 하는 요소이므로, 선거운동의 허용범위는 아무런 제약 없이 입법자의 재량에 맡겨진 것이 아니고 그 제한입법의 위헌 여부에 대하여는 엄

유로 보고 선거운동비용의 지출을 제한하는 입법에 대하여 위헌으로 결정한
바 있다.13)

　　선거운동은 후보자가 유권자에게 일정한 정보를 알리는 과정인 동시에 유
권자가 후보자나 정당에 관한 정보를 취득하고 학습하는 과정이다. 따라서 선
거운동은 표현의 자유와 밀접한 관련이 있다. 국민의 주권행사에 있어 표현의
자유는 핵심적인 권리이며 선거운동에 있어서도 표현의 자유는 최대한 보장될
수 있어야 한다. 그러나 「공직선거법」에서는 선거운동의 자유의 원칙을 인정하
면서도 선거의 기회균등, 관권·금품선거의 방지, 흑색선전의 차단, 기타 공공
복리를 위하여 선거운동의 자유에 제약을 가하고 있다.

　　「공직선거법」 중 표현의 자유와 관련된 선거운동의 자유에 대한 제약으로
는 ① 탈법방법에 의한 문서·도화의 배부·게시등 금지(제93조), ② 여론조사
의 공표금지(제108조), ③ 호별방문의 제한(제106조), ④ 사전선거운동의 금지
(제59조 및 제254조), ⑤ 신문광고(제69조) 및 선거방송광고의 제한(제70조), ⑥ 각
종 집회 등의 제한(제103조), ⑦ 서신·전보 등에 의한 선거운동의 금지(제109조)
등이 있다. 이러한 제한규정들이 헌법상 표현의 자유를 침해하는지 여부에 대하
여 합헌설과 위헌설의 논란이 있었다. 그러나 헌법재판소는 이와 관련된 「공직
선거법」 제93조, 제108조, 제59조 및 제254조, 제103조, 제109조에 대하여 합
헌이라는 결정을 내렸다. 탈법방법에 의한 문서·도화의 배부·게시 등을 금지
하는 제93조에 대해서는 "선거와 관련하여 소정의 행위를 제한하고 있는 것은

　　격한 심사기준이 적용된다.」고 판시하였다(헌재결 1994. 7. 29. 93헌가4).
 12) 미국 수정헌법 제1조는 다음과 같다. Congress shall make no law respecting an
　　establishment of religion, or prohibiting the free exercise thereof; or abridging the
　　freedom of speech, or of the press; or the right of the people peaceably to assemble,
　　and to petition the Government for a redress of grievances(의회는 종교설립 또는 자유
　　로운 종교 활동을 금지하거나, 발언의 자유를 저해하거나, 출판의 자유, 평화로운 집회의
　　권리, 그리고 정부에 탄원할 수 있는 권리를 제한하는 어떠한 법률도 만들 수 없다).
 13) 1976년 정치자금의 수입과 지출을 제한하는 연방선거운동법(1974)과 관련하여 표현의 자
　　유를 규정한 수정헌법 제1조와 평등원칙에 위반된다는 이유로 위헌분쟁이 발생하였다. 이
　　에 대하여 대법원은 정치자금의 지출을 제한하는 것은 표현의 자유의 본질적 내용을 침해
　　하는 것으로 위헌이지만 정치자금의 수입을 제한하는 것은 정치적 표현의 자유에 대한 중
　　대한 제한이 아니고 입법목적의 타당성이 인정되므로 위헌이 아니라고 판시하였다. 이것
　　이 표현의 자유 등에 관한 대표적 미국 판례인 1976년 버클리 대 발레오 판례(Buckly V.
　　Valeo, 424 U.S. 1)이다.

선거의 자유와 공정을 보장하여 공익을 위한다는 점을 들어 합목적적 제한이
며, '선거에 영향을 미치게 하기 위하여'라는 전제 하에 그 제한이 이루어진다
는 점에서 수단의 적정성이 인정되고, 보호되는 공익과 제한되는 표현의 자유,
공무담임권 등 기본권과의 사이에 현저한 불균형이 있다고 볼 수 없는 등 과
잉금지의 원칙에 반하지 않는다"는 점을 합헌의 논거로 제시하였다(헌재결
2001. 8. 30. 99헌바92, 2000헌바39 등(병합)). 한편, 舊「대통령선거법」의 사전선거
운동 금지규정에 대해서도 "그 제한의 목적, 제한의 내용, 우리 선거문화 등을
고려할 때 이 정도의 제한은 필요하고도 합리적인 제한이므로 헌법에 위반되
지 아니한다"고 판시하였다(헌재결 1994. 7. 29. 93헌가4 등(병합)).

3 평등권

　　헌법상 평등권이란 국가로부터 부당하게 차별대우를 받지 아니함은 물론
국가에 대하여 평등한 처우를 요구할 수 있는 권리를 말한다. 헌법 제11조 제
1항은 「모든 국민은 법 앞에 평등하다. 누구든지 성별·종교 또는 사회적 신분
에 의하여 정치적·경제적·사회적·문화적 생활의 모든 영역에서 차별을 받지
아니한다」고 규정하고 있다. 평등권은 헌법에 의하여 비로소 보장되는 실정권
이 아니라 자연권이라 할 수 있다.
　　기본권의 이중적 성격에 의하여 평등권은 국민의 주관적 공권으로 국가에
대하여 법 앞에 평등한 대우를 요구할 수 있을 뿐만 아니라 객관적 법질서로
모든 국가권력의 행사를 규율하는 작용을 한다. 이러한 측면에서 선거와 관련
한 평등권의 헌법적 논란은 선거권, 선거구획정, 피선거권, 정당에 대한 특별
대우 등이 주를 이루고 있으며, 헌법재판소의 판례 또한 이와 관련되어 있다.
관련 판례를 살펴보자.
　　첫째, 선거권 연령과 관련하여 헌법재판소는 20세 규정이 합헌임을 결정
한 사례가 있다(헌재결 1997. 6. 26. 96헌마89, 헌재결 2001. 6. 28. 2000헌마111 등).
지방자치단체장의 공직선거 출마와 관련하여서는 임기 중에 다른 공직선거에

입후보하지 못하도록 제한한 법률에 대한 위헌결정이 있었고, 이후 선거일 180일 전에 사퇴하도록 법 개정이 되었다. 그러나 이 또한 합리적 이유 없는 차별이라는 위헌 결정이 내려져(헌재결 1999. 5. 27. 98헌마214, 헌재결 2003. 9. 25. 2003헌마106), 현재에는 사퇴 기준일을 선거일 전 120일까지로 규정하고 있다. 반면 지방자치단체장의 선거에 영향을 미치는 행위 금지규정에 대해서는 정치적 중립의무가 요구되는 정도에 따른 합리적 차별이라고 결정하였다(헌재결 2005. 6. 30. 2004헌바33).

둘째, 선거구획정에 있어서는 인구비례에 따른 투표가치의 불평등 문제가 가장 큰 논쟁점이었다. 이와 관련하여 헌법재판소는 1995년 국회의원지역선거구에서 인구편차가 4 대 1 이상이면 위헌이라는 결정을 내렸다(헌재결 1995. 12. 27. 95헌마244 등). 이후 2001년 다시 판례를 변경하여 3 대 1 이상인 경우 위헌을 결정하였고(헌재결 2001. 10. 25. 2000헌마92 등), 2014년에는 인구편차 2 대 1을 합헌의 기준으로 결정하였다(헌재결 2014. 10. 30. 2012헌마190).

셋째, 정당에 대한 특별대우와 관련하여서는 정치자금모금이나 후원회에서의 우대(헌재결 1997. 5. 29. 96헌마85), 투표용지의 번호에 있어 정당우대(헌재결 1997. 10. 30. 96헌마94) 등은 헌법 제8조에 따른 정당보호조항에 의한 것이므로 합헌이라고 결정하였다. 반면 정당공천후보자와 무소속후보자간의 기탁금의 차등에 대해서는 위헌으로 판시하였다(헌재결 1989. 9. 8. 88헌가6).

4 기본권의 제한과 한계

기본권의 제한이란 기본권의 효력이나 적용범위를 축소하거나 한정하는 것을 말한다. 기본권을 제한하는 방식에는 헌법유보에 의한 제한과 법률유보에 의한 제한이 있다. 우리 헌법에는 일반적 헌법유보와 같은 제한은 없으나, 정당의 목적과 활동의 제한(헌법 제8조 제4항), 언론·출판의 자유의 제한(헌법 제21조 제4항)과 같은 개별적 헌법유보가 있다. 따라서 선거와 관련된 정당활동도 민주적 기본질서를 준수하여야 하고 선거와 관련된 언론·출판의 경우 타인의 명예나 권리 또는 공중도덕이나 사회윤리를 침해하여서는 안 된다.

헌법이 기본권의 제한을 법률에 위임하는 경우를 기본권 제한에 관한 법률유보라 하는데, 이러한 제한 유형에는 기본권 구체화적 법률유보와 기본권 제한적 법률유보가 있다. 선거권, 피선거권, 국민투표권과 같은 정치적 기본권은 법률에 의하여 비로소 그 행사절차가 구체화되기 때문에 전자에 해당한다. 반면 평등권, 자유권과 같이 구체적인 입법적 필요가 없이 직접적 효력을 가지는 자연권의 경우가 후자에 해당된다. 법률유보는 다시 개별적 법률유보와 일반적 법률유보로 나눌 수 있는데, 전자는 특정 기본권 조항 자체에 법률이 정하는 바에 따라 제한이 가능한 것을 명시하는 것이고 후자는 헌법 제37조 제2항과 같이 기본권 제한의 목적과 방법을 일괄적으로 규정하고 있는 것을 말한다.

일반적 법률유보와 관련하여 헌법 제37조 제2항은 「국민의 자유와 권리는 국가안전보장·질서유지 또는 공공복리를 위하여 필요한 경우에 한하여 법률로써 제한할 수 있으며, 제한하는 경우에도 자유와 권리의 본질적인 내용을 침해할 수 없다」고 규정하고 있다. 선거와 관련된 국민의 기본권은 국가안전보장·질서유지 또는 공공복리를 위하여 필요한 경우에만 제한하여야 하므로 목적 정당성이 있어야 한다. 그 형식은 국회에서 제정한 법률 또는 법률과 같거나 그 이상의 효력을 가지는 규범으로 하여야 하고 본질적인 내용을 침해하지 않도록 과잉금지원칙을 준수하여야 한다. 과잉금지원칙이란 국민의 기본권을 제한함에 있어 국가작용의 한계를 명시한 것으로서 목적이 정당하고 방법이 적정하여야 한다. 또한 피해의 최소성이 인정되고, 상충되는 법익간의 비례성이 충족될 수 있어야 한다. 특히, 평등권이나 정신적 기본권이 문제되는 경우 보다 엄격한 심사기준이 적용될 수 있다. 평등권과 관련해서는 사안에 따라 합리적이고 엄격한 심사기준이 제시되고 있고 정신적 기본권과 관련해서는 이중기준의 원칙 등이 제시되고 있다.

제2절 | 선거에 관한 헌법 규정

선거는 자유민주주의적 헌정질서의 핵심을 이루는 것이다. 따라서 선거제도의 기본적 사항은 헌법에서 직접 규정하고 있다. 헌법에 규정하지 않은 사항은 기타 법률에 위임되는데, 이 경우에도 헌법이 선거제도로서 보장하려는 기본적 가치와 원리에 충실하도록 하여야 한다. 따라서 선거규제의 도입이나 집행 시 헌법적 가치판단이 전제되어야 하고, 선거법의 입안과 해석도 선거에 관한 헌법적 원리에 입각하여 이루어져야 한다.

현행 헌법이 선거에 관하여 직접적으로 규정하고 있는 내용은 다음과 같다. 첫째, 헌법 제1조에서는 선거의 이념적 전제로서 국민주권주의를 천명하고 있으며, 이를 실현하는 대의제의 방법으로서 선거권(제24조)과 공무담임권(제25조)을 인정하고 있다. 둘째, 국민의 대의기관으로 국가원수인 대통령의 선출방법, 임기, 선출시기 및 또 다른 헌법적 대의기관으로서 국회의원의 선출방법, 정수범위에 대하여 규정하고 지방자치단체에 의회를 설치하도록 하고 있다.

국회와 관련하여서는 국민의 보통·평등·직접·비밀선거에 의하여 선출된 국회의원으로 구성하도록 하고 있다. 다만, 국회의원의 수는 법률로 정하되 200인 이상으로 하고, 국회의원의 선거구와 비례대표제 및 기타 선거에 관한 사항도 법률로 정하도록 하고 있다(제41조). 대통령과 관련하여서는 국민의 보통·평등·직접·비밀선거에 의하여 선출하되 대통령후보자가 1명일 때에는 그 득표수가 선거권자 총수의 3분의 1 이상이 아니면 대통령으로 당선될 수 없도록 하고 있다. 또한 대통령 피선거권에 대해서는 국회의원의 피선거권이 있고 선거일 현재 40세에 달하도록 규정하고 있으며, 대통령의 선거에 관한 사항은 법률로 정하도록 했다(제67조). 대통령 선출시기와 관련하여서는 임기만료 선거의 경우 대통령 임기만료 70일 내지 40일 전에 후임자를 선거하도록 하고, 대통령이 궐위된 때 또는 대통령 당선자가 사망하거나 판결 및 기타의 사유로 그 자격을 상실한 때에는 60일 이내에 후임자를 선거하도록 하고 있다(제68조).

지방선거와 관련하여서는 지방자치단체에 의회를 두고 지방의회의 조직·권한·의원선거와 지방자치단체의 장의 선임방법, 기타 지방자치단체의 조직과 운영에 관한 사항을 법률로 정하도록 하고 있다(제118조).

셋째, 선거와 국민투표의 공정한 관리와 정당사무를 처리하기 위하여 선거관리위원회를 설치하도록 하고 그에 따른 중앙선거관리위원회 위원의 임기, 신분 등을 더불어 규정하고 있다(제114조 제1항). 이와 관련한 세부 내용을 살펴보면 우선 중앙선거관리위원회는 대통령이 임명하는 3인, 국회에서 선출하는 3인과 대법원장이 지명하는 3인의 위원으로 구성하도록 하고, 위원장은 위원 중에서 호선하도록 하였다(제2항). 위원의 임기는 6년으로 하고(제3항), 정당에 가입하거나 정치에 관여할 수 없으며(제4항), 위원은 탄핵 또는 금고 이상의 형의 선고에 의하지 아니하고는 파면되지 아니하도록 하였다(제5항).

또한 헌법 규정에 따라 중앙선거관리위원회는 법령의 범위 안에서 선거관리 · 국민투표관리 또는 정당사무에 관한 규칙을 제정할 수 있으며, 법률에 저촉되지 아니하는 범위 안에서 내부규율에 관한 규칙을 제정할 수 있도록 했다(제6항). 각급 선거관리위원회의 조직 · 직무범위 기타 필요한 사항은 법률로 정하도록 위임했다(제7항). 선거관리위원회의 권한과 관련하여서는 각급 선거관리위원회가 선거인명부의 작성 등 선거사무와 국민투표사무에 관하여 관계 행정기관에 필요한 지시를 할 수 있도록 하고, 지시를 받은 당해 행정기관은 이에 응하도록 규정하였다(제115조 제1항, 제2항).

넷째, 헌법에서는 선거운동의 법정주의와 기회균등, 선거공영제를 명시하고 있다. 선거운동은 각급 선거관리위원회의 관리 하에 법률이 정하는 범위 안에서 하되, 균등한 기회가 보장되어야 한다(제116조 제1항). 또한 선거에 관한 경비는 법률이 정하는 경우를 제외하고는 정당 또는 후보자에게 부담시킬 수 없다(제116조 제2항). 이처럼 헌법에서 직접 규율하고 있는 헌법사항 이외의 사항은 법률로 정하도록 하고 있는데 이를 위하여 「공직선거법」, 「정당법」, 「정치자금법」, 「선거관리위원회법」, 「지방자치법」 등이 제정되어 있다.

헌법이 명시적으로 규정하고 있지는 않으나 헌법재판소의 결정에 의하여 단순히 입법정책의 문제가 아니라 헌법적 문제로 다루어진 경우도 있다. 선거구 획정에 있어 인구비례의 불평등, 후보자 등록에 있어 과다한 기탁금, 무소속후보와 정당추천 후보자간의 홍보물 매수의 차별, 선거운동 주체의 포괄적 제한, 재외국민에 대한 선거권의 제한 등은 모두 헌법적 사항으로 판단하여 위헌으로 판시하였다. 헌법이 명시적으로 규정하고 있지 않더라도 선거와 관련된 국민의 기본권의 제한은 주로 평등권, 표현의 자유 등과 같은 우월적 기본권과 관련된 것이기 때문에 기본권 보장의 차원에서 비례의 원칙이 지켜져야 하며, 위헌심사에 있어 엄격심사의 기준이 적용된다.

제3절 | 선거의 기본원칙

선거가 국민주권을 실현하는 핵심적인 수단으로서의 기능을 제대로 수행할 수 있도록 하기 위하여 헌법에서는 선거의 기본원칙을 정하고 있다. 선거의 기본원칙으로는 보통, 평등, 직접, 비밀, 자유선거가 제시되고 있으나, 자유선거는 당연히 전제된 것으로 보기 때문에 네 가지 원칙만 규정하고 있다. 이러한 선거의 원칙은 자유민주주의 국가의 보편적 원칙으로서 대부분의 국가에서 헌법 또는 선거법에 명문화하고 있으며, 우리나라의 경우 헌법 규정 가운데 대통령과 국회의원의 선출방법에서 이 원칙을 나열하고 있다.

선거원칙은 모든 국가권력을 기속하기 때문에 여기에 위반된 행위는 위헌이다. 헌법은 대통령과 국회의원 선거에서만 선거원칙을 명시하고 있지만 「공직선거법」에서는 이들 사항을 포괄적으로 규정하고 있으며 지방선거 및 기타 국가선거에서도 이러한 원칙들은 지켜져야 한다.

1 보통선거의 원칙

보통선거란 국민이면 누구나 선거권을 행사할 수 있게 하는 원칙으로서 성별, 인종, 언어, 재산, 사회적 신분 등에 의한 선거권의 제한을 허용하지 않는 제도를 말한다. 다만, 사리분별을 할 수 있는 연령, 정신능력, 외국인, 선거범죄자 등에 대한 제한은 예외로 하되, 선거권의 제한은 법률로서 가능하다. 보통선거는 제한선거의 반대개념으로서 유권자에 대한 보편적 선거권의 부여는 최근의 일이다. 헌법재판소도 국민의 자기지배를 실현하기 위한 민주주의의 필수조건으로서 보통선거의 원칙을 인정한다.[14] 또한 대통령선거, 국회의원선

---

14) 헌법재판소는 「공직선거법」제53조 제3항 등에 대한 위헌확인에서 "민주주의는 참정권의 주체와 국가권력의 지배를 받는 국민이 되도록 일치할 것을 요청한다. 국민의 참정권에 대한 이러한 민주주의적 요청의 결과가 바로 보통선거의 원칙이다."라고 판시하여 보통선거의 원칙을 확인하고 있다(헌재결 1999. 5. 27. 98헌마214).

거, 지방의원선거에서 과다한 기탁금을 규정하여 입후보의 기회를 제한하는 것에 대하여 보통·평등선거의 원칙에 위반된다고 결정하였다(헌재결 2001. 7. 19. 2000헌마91·112·134(병합), 헌재결 2008. 11. 27. 2007헌마 1024).

2 평등선거의 원칙

평등선거란 모든 선거인이 평등하게 한 표를 행사하는 원칙으로서 선거참여의 기회균등과 투표 성과가치의 평등을 요구한다. 평등선거의 원칙은 일인일표, 일표 일가치(one man one vote, one vote one value)의 표현으로 집약될 수 있으며 산술적 계산가치의 평등뿐만 아니라 성과가치의 평등까지도 요구된다. 평등선거의 원칙은 선거구획정이나 비례대표의 의석배분 등에서 투표의 성과가치가 평등하게 배분될 수 있도록 입법의무를 발생시키고 선거의 참여에 있어서 정당후보자와 무소속후보자간에 차별이 없도록 균등한 기회를 보장한다. 평등선거의 원칙은 평등원칙에서 파생되었다는 점에서 보통선거의 원칙과 같으나 선거권이 인정된다는 전제 하에 투표가치의 평등을 주로 의미한다는 점에서 선거권 자체를 제한하는 것과 관련된 보통선거의 원칙과 구별된다.

헌법재판소는 국회의원지역선거구 획정에 있어 선거구간의 상하 인구편차가 4대 1 이상인 경우 평등선거의 원칙에 위반된다고 하였다가 다시 그 기준을 강화하여 3대 1 이상인 경우 위헌으로 판례를 변경하였으며, 2014년 또다시 인구편차가 2대 1이 넘지 않아야 한다고 위헌결정을 내렸다(헌재결 2001. 10. 25. 2000헌마92등(병합), 헌재결 2014. 10. 30. 2012헌마190). 한편, 선거참여의 기회균등과 관련하여 정당추천후보자와 무소속후보자간에 기탁금을 각각 1천만원과 2천만원으로 차등을 둔 것은 정당인과 비정당인간에 지나친 차별대우를 하는 것으로 보통·평등선거의 원칙에 위반된다고 보았다. 또한 국회의원선거에서 정당추천후보자에게 소형인쇄물을 1종 더 배부할 수 있게 하는 것은 무소속후보자에게도 균등한 기회를 보장하지 않는 한 위헌이라고 결정하였다(헌재결 1989. 9. 8. 88헌가6, 헌재결 1992. 3. 13. 92헌마37·39).

3 직접선거의 원칙

직접선거란 선거인이 직접 대표자를 선출하는 원칙으로서 간접선거에 대비된다. 유권자가 중간에 다른 중개인을 매개하지 않고 직접 지지할 후보자를 선출함으로써 직접적 신임관계가 성립하게 되며 대표자는 국민에게 직접 정치적 책임을 지게 된다. 현대에서는 정당국가화 경향에 따라 정당의 공직후보자 추천과정을 통하여 후보자가 정해지지만 최종적으로 대표자를 선출하는 것이 국민의 직접적 의사를 통하여 확인될 수 있다면 직접선거의 원칙이 충족되는 것으로 본다.

미국 대통령선거의 경우 선거인단에 의한 간선제이지만 유권자에 의하여 선출된 선거인단이 유권자의 지지 의사에 기속된다는 점에서 직접선거의 원칙에 위배되는 것은 아니다. 그러나 비례대표선거에서 이미 투표가 행해진 이후에 비례대표 순위를 정당이 변경하거나 사람을 추가하는 행위는 유권자의 최종적 의사에 의하여 당선이 완결된 것이 아니기 때문에 직접선거의 원칙에 위배된다. 헌법재판소도 비례대표제를 채택하는 한 직접선거의 원칙은 의원선출뿐만 아니라 정당의 비례적 의석확보도 선거권자의 투표에 의하여 직접 결정될 것을 요구하는 것이므로 지역구 국회의원 득표율에 따라 비례대표 국회의원을 선출하고 전국구 비례대표 선출을 위한 1인 2표제 비례대표선거를 별도로 실시하지 않은 것은 위헌이라고 결정한 바 있다(헌재결 2001. 7. 19. 2000헌마91등).

4 비밀선거의 원칙

비밀선거란 선거인이 결정한 투표내용이 공개되지 않는 원칙으로서 공개투표에 대비되는 개념이다. 투표가 공개되는 경우 유권자의 자유로운 의사결정을 방해할 우려가 있기 때문에 투표의 비밀이 보장되고 있으며, 비밀투표는 주로 투표권의 행사로 인하여 불이익을 받게 되는 경우를 예방하는 효과가 있다. 현대에는 매스미디어가 발달함에 따라 출구조사가 행해지고 비밀선거의 원칙

이 위협받고 있는데 유권자의 알권리를 충족시키는 측면에서 단순한 여론조사
는 비밀선거 원칙에 위반되지 않는 것으로 간주한다.

현행 「공직선거법」에서도 선거인은 투표한 후보자의 성명이나 정당명을
누구에게도 또한 어떠한 경우에도 진술할 의무가 없으며, 누구든지 선거일의
투표마감 시각까지 이를 질문하거나 그 진술을 요구할 수 없도록 규정하고 있
다. 다만, 텔레비전방송국·라디오방송국·일간신문사가 선거의 결과를 예상하
기 위하여 선거일에 투표소로부터 50미터 밖에서 투표의 비밀이 침해되지 않
는 방법으로 질문하는 경우를 예외로 하고 있으며, 이 경우에도 투표마감 시각
까지 그 경위와 결과를 공표할 수 없도록 하고 있다. 또한 선거인은 자신이
기표한 투표지를 공개할 수 없으며, 공개된 투표지는 무효로 한다(공직선거법 제
167조 제2항, 제3항).

5 자유선거의 원칙

자유선거란 선거인이 외부의 간섭이나 강제를 받지 않고 자신의 선거권을
자유롭게 행사할 수 있는 원칙으로서 강제선거에 대비된다. 이것은 헌법에 명
문화되어 있지는 않지만 자유민주주의 체제에서 내재적으로 당연히 요청되는
법 원리로 보아야 한다. 헌법재판소는 자유선거 원칙의 근거를 국민주권의 원
리, 의회민주주의의 원리 및 참정권에 관한 규정에서 찾고 있다. 이에 따르면
선거에서의 자유는 선거의 전 과정에서 요구되는 선거권자의 의사형성의 자유
와 의사실현의 자유를 의미하며 구체적으로는 투표의 자유, 입후보의 자유, 나
아가 선거운동의 자유를 뜻한다(헌재결 1994. 7. 29. 93헌가4).

자유선거의 원칙과 관련하여 국민에게 투표의무를 부과하는 의무투표제
(compulsory voting system)의 도입이 논쟁점이 될 수 있다. 이와 관련하여 일각
에서는 자유선거의 원칙이 선거의 내용뿐만 아니라 선거의 가부까지도 선거인
의 자유로운 결정에 맡겨질 것을 요구하기 때문에 선거의무를 헌법적 차원이
아닌 법률로 규정하는 것은 허용될 수 없다는 견해가 있다.[15] 반면 의무투표
제의 도입을 주장하는 입장에서는 투표참여의 저조로 인하여 민주적 정당성의

위기가 초래될 수 있고 투표권의 행사는 국민의 신성한 권리이자 의무라는 점을 강조한다.

의무투표는 선거인이 선거일에 투표소에 가서 반드시 특정 후보를 지지해야 할 의무라기보다는 투표에 참석할 의무(the responsibility to attend on the vote)라고 이해해야 하며, 이 경우 투표소에 참석은 하되 기권 란에 기표하는 것도 허용된다. 투표의 의무를 투표참여 의무로 이해하는 경우 자유투표의 원칙에 위배되는 것으로 보기는 어려우며 호주, 싱가포르, 룩셈부르크 등과 같이 입법례에 따라서는 헌법에 투표의무 조항을 두지 않더라도 투표의무를 부과하는 국가도 있다.16)

한편, 의무투표제를 실시하면서 더불어 투표의무 위반에 대하여 제재를 부과하는 문제가 발생하는데, 이는 입법정책의 문제이다. 의무투표제를 시행하고 있는 국가들에서 시행하고 있는 제재 조치는 크게 불참사유 소명, 벌금, 참정권 제한, 징역, 기타(여권소지·운전면허증 발급 제한, 은행거래 제한 등) 등이 있다.

제4절 | 선거운동 규제

현행 헌법은 '선거운동은 각급 선거관리위원회의 관리 하에 법률이 정하는 범위 안에서 하되, 균등한 기회가 보장되어야 한다'고 규정하고 있다(제116조). 선거운동에 관한 헌법적 제한은 제2공화국까지는 헌법에 규정되지 않았으나, 제3공화국의 제5차 개정헌법부터 명문화되어 현재까지 유지되고 있다.

「공직선거법」에서는 선거운동에 대한 정의 규정을 두고 있는데, 이에 따

---

15) 허영. 2005. 『헌법이론과 헌법』. 박영사. 746.

16) 민주주의와 선거지원을 위한 연구소(International IDEA)의 의무투표제에 관한 보고서(2006)에 따르면, 의무투표제를 시행하는 28개 국가 중 벌금형을 규정한 국가는 19개국, 선거권 박탈 등 공민권을 제한한 국가는 6개국, 기타 제재를 규정한 국가는 4개국이다. 유럽에서는 오스트리아, 벨기에, 그리스, 이탈리아, 스위스, 터키 등 모두 6개국에서, 미주 대륙에서는 아르헨티나, 볼리비아, 브라질, 칠레, 코스타리카, 도미니카공화국, 에콰도르, 엘살바도르, 과테말라, 온두라스, 멕시코, 파나마, 파라과이, 페루, 우루과이 등 모두 15개국에서, 아시아 및 오세아니아 주에서는 피지, 싱가포르 등 2개국에서, 아프리카 대륙에서는 이집트 1개국이 헌법에 의무투표를 규정하고 있다.

르면 선거운동은 공직선거에서 특정 후보자를 당선되게 하거나 되지 못하게
하는 행위를 말한다(제58조 제1항). 이는 법률에 의하여 선거운동을 규제하기
위하여 마련된 법적 개념으로서 사회과학적 개념 정의와는 구별된다. 정치학에
서 말하는 선거운동(election campaign)이란 후보자나 정당이 승리를 목적으로
유권자에게 정보를 전달하고 설득하며 동원하는 조직화된 활동이며 유권자의
입장에서 보면 후보자나 정당을 선택하기 위하여 정보를 취득하고 분석하는
학습의 과정으로 볼 수 있다.[17]

선거운동은 후보자가 유권자에게 자신을 알리는 측면에서는 표현의 자유
의 일종으로 볼 수 있는 반면, 선거의 기회균등과 공정성을 확보하기 위하여
제한이 필요한 양면성을 지니고 있다. 헌법재판소도 선거는 국민의 주권 행사
이며, 공명선거는 선거의 자유와 후보자의 기회균등이 보장되는 공정한 선거의
시행을 말하는 것이므로 선거법의 규정에 선거의 자유와 입후보자의 기회균등
을 보장하지 않는 불평등한 규정이 있으면 헌법에 위반된다고 판시하고 있다
(헌재결 1992. 3. 13. 92헌마37·39(병합)).

1 선거운동 규제의 원칙

선거의 이상이 자유와 공정의 조화를 모색하듯이 선거운동에서도 선거운
동 자유의 원칙과 기회균등의 원칙이 조화를 이루어야 한다. 대의민주주의 하
에서 선거는 주권자인 국민이 정치적 의사를 표현하는 과정이기 때문에 유권
자의 판단을 돕기 위하여 선거운동의 자유를 최대한 보장하는 것이 원칙이다.
「공직선거법」에서도 '누구든지 자유롭게 선거운동을 할 수 있다'는 규정(제58조
제2항)을 통해 선거운동 자유의 원칙을 천명하고 있다. 헌법재판소에서도 "선

---

17) Farrell, David M. and Rüdiger Schmitt-Beck. 2002. *Do Political Campaigns Matter?* :
   Campaign Effects in Elections and Referendums. Routledge: London and New York;
   Gelman, Andrew and Gary King. 1993. "Why Are American Presidential Election
   Campaign Polls So Variable When Votes Are So Predictable?" British Journal of
   Political Science, Vol. 23(No.4). 409-451; Holbrook, Thomas M. 1996. *Do Campaigns
   Matter? : Contemporary American Politics.* Sage Publications.

거운동이 정치적 표현의 자유의 한 형태로서 민주사회를 구성하고 움직이게 하는 요소이므로, 선거운동의 허용범위는 아무런 제약 없이 입법자의 재량에 맡겨진 것이 아니고 그 제한입법의 위헌여부는 엄격한 심사기준이 적용된다"고 판시하였다(헌재결 1994. 7. 29. 93헌가4 등(병합)).

선거의 자유만을 강조하면 사회적 약자의 정치적 기회가 줄어들 우려가 있기 때문에 공정한 경쟁을 위하여 규제가 불가피하다. 이와 관련하여 헌법은 선거운동에 있어 균등한 기회가 보장될 것을 명시하고 있다. 기회의 균등이란 선거의 공정성을 달성하기 위한 전제조건으로서 선거운동의 주체 간에 공평하게 참여하게 하거나 대우하는 것이므로 능력에 따른 차별은 가능하다.

2 선거운동의 제한과 한계

헌법은 선거운동을 각급 선거관리위원회의 관리 하에 법률이 정하는 범위 안에서 하도록 하여 선거운동 법정주의를 취하고 있다. 「공직선거법」에서도 선거운동은 자유롭게 할 수 있으면서도 이 법 또는 다른 법률의 규정에 의하여 금지 또는 제한되는 경우는 그러하지 아니하다(제58조 제2항 단서)라고 하여 이를 확인하고 있다. 헌법재판소가 선거운동 주체의 포괄적 제한을 위헌이라고 결정하고 1994년 「공직선거 및 선거부정방지법」의 제정을 통하여 선거운동의 자유를 원칙으로 하면서 선거법제에서 '제한금지'는 예외인 형태로 변화되었다. 그러나 헌법에서 선거운동 법정주의를 규정하고 있음에 따라 「공직선거법」에서는 제7장을 통해 법정 선거운동과 제한·금지되는 행위에 대하여 제58조에서 제118조까지 방대하게 규정하고 있다.

선거운동의 제한은 크게 행태중심적 규제와 정치자금을 통한 규제로 나눌 수 있다. 전자의 경우는 선거운동의 개별 행태를 직접적으로 제한하는 규제로서 ① 인적 제한, ② 시간상 제한, ③ 방법상 제한으로 다시 구분된다. 한편, 정치자금을 통한 규제는 포괄적인 정치자금의 수입·지출의 제한범위 내에서 개별적인 선거운동은 자유롭게 할 수 있는 방식이다. 「공직선거법」은 행태중심적 규제와 정치자금 규제를 병용하고 있다.

1) 주체의 제한

인적 제한과 관련하여 「공직선거법」에서는 대한민국 국민이 아닌 자, 미성년자, 공무원, 통·반장, 특별법에 의하여 설립된 국민운동단체 중 국가나 지방자치단체의 보조금을 받는 단체의 임직원 등을 선거운동을 할 수 없는 자로 제한하고 있다(제60조). 특히, 과거 관권선거의 폐해를 방지하기 위하여 공무원 및 관변단체의 선거개입을 차단하고 있으며 공무원의 지위를 이용한 선거운동과 선거에 영향을 미치는 행위에 대해서는 엄격하게 금지하고 있다(법 제85조 및 제86조).

2) 시간적 제한

「공직선거법」에서는 선거운동의 시기에 대해서도 제한 규정을 두고 있다. 우선 선거운동은 선거기간 개시일부터 선거일 전일까지에 한하여 할 수 있도록 하여(법 제59조) 선거운동 기간을 포괄적으로 제한하고 있다. 이에 따라 이 기간 이외에 선거운동을 하는 경우에는 선거운동기간 위반죄(제254조)로 처벌된다. 다만, 선거일이 아닌 때에 인터넷 홈페이지, 문자메시지, 전자우편을 이용하여 선거운동을 하는 것은 가능하고, 예비후보자로 등록한 경우에는 선거운동기간 전이라도 일정 범위의 선거운동을 허용하고 있다(제60조의2). 또한 선거운동기간 전이라도 언론사의 대담·토론회는 허용하고 있다(법 제82조).

3) 방법적 제한

「공직선거법」에 따라 선거운동의 방법에 대해서도 포괄적인 제한이 가해지고 있으며, 이는 법정선거운동(제64조~제83조)과 제한금지행위(제84조~제118조)의 두 영역으로 구분된다. 우선 법정선거운동은 후보자의 선거운동방법을 법으로 정한 것이다. 이에 따라 허용되는 선거운동은 선전벽보(제64조), 선거공보(제65조), 선거공약서(제66조), 현수막(제67조), 어깨띠(제68조), 신문광고(제69조), 방송광고(제70조), 후보자 등의 방송연설(제71조), 방송시설 주관 후보자방송 연설(제72조), 경력방송(제73조), 방송시설 주관 경력방송(제74조), 공개장소에서의 연설·대담(제79조), 단체의 후보자 등 초청 대담·토론회(제81조), 언론기관의 후보자 등 초청 대담·토론회(제82조), 선거방송토론위원회 주관 대담·토론회(제82조의2), 선거방송토론위원회 주관 정책토론회(제82조의3), 정보통신망을 이용한 선거운동(제82조의4), 인터넷광고(제82조의7) 등이 있다. 그러나 법이 규정한 선거운동 방법을 위반한 경우 부정선거운동죄(제255조)나 각종제한규정위반죄(제256조)에 따라 처벌된다.

　한편, 제한금지행위는 선거과정에서 발생할 수 있는 금권, 관권, 흑색선전 등으로 인한 선거부정행위에 대한 제한과 기타 공공복리의 관점에서 제한되는 선거운동에 대한 규정이다. 대표적으로 기부행위금지규정(제112조~제116조), 공무원 등의 선거에 영향을 미치는 행위금지(제86조), 허위논평·보도의 금지(제96조), 허위사실공표죄(제250조) 등은 선거부정행위를 방지하기 위한 규정이다. 시설물설치금지(제90조), 탈법방법에 의한 문서·도화 등의 배부·게시 등 금지(제93조), 호별방문의 제한(제106조) 등은 선거운동을 통하여 발생할 수 있는 공공이익 또는 사회질서의 침해를 방지하기 위한 규정으로 볼 수 있다.

4) 비용적 제한

　「공직선거법」에서는 돈 선거를 차단하는 한편 선거비용 회계의 투명성을 확보하기 위하여 선거비용에 대한 제한규정(제119조~제136조)을 두고 있다. 우선 선거비용으로 인정되지 않는 비용을 명확히 규정하고 있으며(제120조), 선거비용의 수입·지출은 신고한 회계책임자를 통하여 수표나 신용카드, 예금계좌입금 등 실명이 확인되는 방법으로 투명하게 집행되도록 하고 선거비용에 대해서는 회계보고를 하여 이를 공개하도록 하고 있다. 한편, 선거비용제한액을 총액으로 산정하여 공고하고 있다(제122조). 이와 관련하여 정당·후보자·선거사무장·선거연락소장·회계책임자 또는 회계사무보조자가 선거비용제한액의 200분의 1 이상을 초과하여 선거비용을 지출한 때에는 선거비용부정지출 등죄(제258조)를 적용하여 5년 이하의 징역 또는 2천만원 이하의 벌금에 처하도록 한다. 또한 공고된 선거비용제한액의 200분의 1 이상을 초과 지출한 이유로 선거사무장, 선거사무소의 회계책임자가 징역형 또는 300만원 이상의 벌금형의 선고를 받은 때에는 그 후보자의 당선은 무효가 되도록 하고 있다(제263조).

5) 선거운동 제한의 한계

선거운동은 후보자가 유권자의 올바른 선택을 위해 정보를 제공하는 과정으로 이해할 수 있는데 국가관리 하에 법률이 정한 방법으로만 선거운동을 할 경우 자유로운 표현과 토론을 통한 정보제공이 방해되어 최종적으로 유권자의 올바른 선택이 제약될 수 있다. 또한 현행 헌법에서는 선거관리의 공정성과 기회균등을 중요한 가치로 명시하고 있으나 선거의 중요한 가치로서 선거운동의 자유에 대해서는 언급하고 있지 않다. 선거운동의 자유와 공정은 국민주권의 행사방법으로서 선거가 본연의 기능을 다하기 위하여 요구되는 기본 이념이자 가치이므로 상호조화를 모색하여야 한다. 이에 헌법재판소도 그 시대에 있어서의 국민정신, 정치·사회 발전단계, 민주시민의식의 성숙도, 종래의 선거풍토 기타 제반 상황을 종합적으로 고려하여 선거의 자유와 공정 두 이념의 조화를 슬기롭게 모색하여야 한다는 입장이다(헌재결 1994. 7. 29. 93헌가4).

제5절 | 선거공영제도

현행 헌법은 선거에 관한 경비는 법률이 정하는 경우를 제외하고는 정당 또는 후보자에게 부담시킬 수 없다(제117조 제2항)고 하여 선거공영제의 원칙을 선언하고 있다. 이 규정은 제2공화국까지는 헌법에 규정되지 않았으나, 제3공화국 때 선거운동에 대한 국가관리 및 법정주의가 도입됨에 따라 제5차 개정 헌법부터 명문화되어 유지되고 있다.

선거공영제란 선거운동의 자유방임으로 인한 폐해를 방지하기 위하여 국가가 선거를 관리하고 선거에 소용되는 비용을 국가가 부담하거나 후보자의 기탁금 중에서 공제함으로써, 선거비용을 절감하고 선거의 공정성을 실현하려는 제도를 말한다. 헌법은 선거운동에 있어 기회균등과 선거공영제를 기본원칙으로 하고 있으나, 「공직선거법」상의 선거공영제는 상당히 제한적이며 선거운동비용은 후보자가 부담하는 것을 원칙으로 하고 있다.

1 선거공영제의 실현 형태

1) 선거비용의 보전

선거비용의 과다한 지출을 방지하기 위하여 「공직선거법」에서는 선거비용제한액을 설정하고 선거별로 후보자가 획득한 득표율에 따라 지출한 선거비용의 일정부분을 보전하도록 규정하고 있다(제122조의2). 다만, 국가의 재정능력의 한계를 고려하여 선거비용으로 인정하는 범위를 제한하고 선거비용으로 인정되는 부분에 한하여 보전하도록 하고 있다(제120조).

대통령선거, 지역구국회의원선거, 지역구지방의회의원선거 및 지방자치단체의 장 선거에서는 선거비용을 보전하는 기준에 따라 후보자가 당선되거나 사망한 경우 또는 후보자의 득표수가 유효투표총수의 15/100 이상인 경우 선거비용 전액을 보전하고 있다. 또한 후보자의 득표수가 유효투표총수의 10/100 이상 15/100 미만인 경우 50/100에 해당하는 금액을 보전하고 있다. 비례대표국회의원선거 및 비례대표지방의회의원선거의 경우에는 후보자명부에 올라있는 후보자 중 당선인이 있는 경우에 당해 정당이 지출한 선거비용 전액을 보전하도록 하였다(제122조의2).

2) 기탁금의 반환

「공직선거법」은 후보자의 난립을 방지하기 위하여 선거별로 차이를 두어 기탁금을 납부하도록 하고 있다. 이에 따라 후보자 등록을 신청하는 자는 등록신청 시 대통령선거는 3억원, 국회의원선거는 1천500만원, 시·도의회의원선거는 300만원, 시·도지사선거는 5천만원, 자치구·시·군의 장선거는 1천만원, 자치구·시·군의원선거는 200만원의 기탁금을 납부하여야 한다(제56조).[18] 기탁금은 후보자의 선거운동으로 인하여 발생한 부담에 대한 담보적 성질도 지니고 있으며 선거일 후 후보자의 득표수에 따라 기탁금을 차등 반환한다. 따라서 기탁금을 반환받은 후보자는 선거공영제의 적용을 받게 된다.

대통령선거, 지역구국회의원선거, 지역구지방의회의원선거 및 지방자치단체의 장 선거에서는 후보자가 당선되거나 사망한 경우 또는 후보자의 득표수가 유효투표총수의 15/100 이상인 경우 기탁금 전액을 반환한다. 또한 후보자의 득표수가 유효투표총수의 10/100 이상 15/100 미만인 경우에는 기탁금의 50/100에 해당하는 금액을 반환하며, 예비후보자가 사망하거나 당내 경선에서 탈락하여 후보자로 등록될 수 없는 경우는 기탁금 전액을 반환한다. 한편, 비례대표국회의원선거 및 비례대표지방의회의원선거의 경우 후보자명부에 올라있는 후보자 중 당선인이 있는 경우에 기탁금 전액을 보전하도록 하였다(제57조).

3) 국고보조금 제도

선거공영제를 위하여 선거에 참여하는 정당에 대해서는 선거보조금을 지급하는 제도를 두고 있다. 우선 「정치자금법」에 따라 정당의 운영경비에 대하여 최근 실시한 임기만료에 의한 국회의원선거의 선거권자 총수에 보조금 계상단가를 곱한 금액을 매년 예산에 계상하여 매년 분기별로 균등 분할하여 지급한다. 그리고 대통령선거, 임기만료에 의한 국회의원선거 또는 동시지방선거가 있는 연도에는 각 선거마다 보조금 계상단가를 추가하는 금액을 예산에 계상하여 당해 선거의 후보자등록마감일 후 2일 이내에 선거보조금으로 정당에 지급한다(정치자금법 제25조). 또한, 임기만료에 의한 지역구국회의원선거, 지역구시·도의회의원선거 및 지역구자치구·시·군의회의원선거에서 여성후보자를 추천한 정당에 지급하기 위한 보조금을 별도로 계상하여 여성후보자를 추천한 비율에 따라 지급하고 있다(정치자금법 제26조). 이와 더불어 공직선거에서 장애인후보자를 추천한 정당에도 보조금을 지급하고 있다(정치자금법 제26조의2).

---

18) 헌법재판소는 대통령선거의 기탁금 5억원은 지나치게 고액이어서 공무담임권을 침해한다며 헌법불합치 결정을 하였다(헌재결 2008. 11. 27. 2007헌마1024).

선거보조금의 배분방법은 우선적으로 동일정당의 소속의원으로 교섭단체를 구성한 정당에 대하여 50/100을 정당별로 균등하게 배분하고 있다. 한편, 5석 이상의 정당에 대해서는 5/100, 의석이 없거나 5석 미만의 의석을 가진 정당 중 최근에 실시된 임기만료에 의한 국회의원선거에 참여한 정당의 경우 득표율이 2/100 이상인 정당, 최근에 실시된 임기만료에 의한 국회의원선거에 참여한 정당으로서 의석을 가진 정당의 경우 최근에 실시된 후보추천이 허용되는 비례대표시·도의회의원선거, 지역구시·도의회의원선거, 시·도지사선거 또는 자치구·시·군의 장선거에서의 당해 정당이 득표한 득표율이 0.5/100 이상인 정당, 최근에 실시한 임기만료에 의한 국회의원선거에 참여하지 아니한 정당의 경우에는 최근에 전국적으로 실시된 후보추천이 허용되는 비례대표시·도의회의원선거, 지역구시·도의회의원선거, 시·도지사선거 또는 자치구·시·군의 장선거에서 득표율이 2/100 이상인 정당에 대해서는 각각 2/100씩을 배분·지급한다. 다음으로 위에서 배분·지급한 금액을 제외한 잔여분 중 50/100은 지급 당시 국회의석을 가진 정당에 그 의석수의 비율에 따라 배분·지급하고, 그 잔여분은 국회의원선거의 득표율에 따라 배분·지급한다. 선거보조금은 당해 선거의 후보자등록마감일 현재 후보자를 추천하지 아니한 정당에 대해서는 배분·지급하지 아니한다(정치자금법 제27조).

2 선거공영제의 한계

선거공영제의 본래 취지는 선거자금이 과다하게 소요되어 자금력이 부족한 후보자가 입후보할 수 있는 기회가 상실되는 것을 방지하는 데 있으며, 이를 위해 국가가 선거를 관리하고 그에 소요되는 비용을 국가가 부담하는 것을 원칙으로 한다. 그러나 헌법은 선거에 관한 경비 중 어떤 부분을 국가가 부담하는지에 대하여 법률에 위임하고 있고, 법률은 선거비용이 많이 드는 항목을 후보자가 먼저 지출하고 선거결과 일정한 득표율 이상을 획득한 후보자에 한하여 선거 후 선거비용의 일정부분을 국가가 보전해 주도록 함으로써 사실상 선거공영제가 부분적으로 운영되고 있다. 이와 관련하여 선거비용을 무제한적으로 국고에서 보조하는 완전 선거공영제는 바람직하지 않지만 후보자간의 기회균등을 위하여 정상적인 선거운동을 위해 지출한 기본적인 비용은 대부분 국가나 지방자치단체가 부담하여야 선거공영제의 취지에 부합된다는 입장도 있다.[19]

---

19) 장영수. 2006. 『헌법학』. 홍문사. 314; 정만희. 2003. 『헌법과 통치구조』. 법문사. 435.

제3장

한국 선거 67년의 발자취

한국 선거 67년의 발자취

우리나라는 1945년 광복 이후 자유민주주의 국가를 건설하면서 국가의 근간이 되는 헌법을 제정하고 대통령 선출 등 정부 수립의 기반을 마련하기 위해 우선적으로 국회 구성에 나섰다. 이를 위해 1948년 5월 10일 처음으로 보통·직접·평등·비밀선거의 민주적 4대 원칙이 적용된 근대적 선거를 실시하였다. 이후 2015년 현재에 이르기까지 한국 선거는 많은 변화를 겪으며 놀라운 발전을 이루어 가고 있다.

근대적 선거가 도입된 이후 67년여의 선거 역사를 보내오는 동안 우리는 대통령선거의 경우 7차례 간접선거와 무효가 된 1차례의 선거를 포함하면 19번의 선거를 경험했다. 국회의원선거의 경우에는 재·보궐선거를 제외하더라도 19번의 선거가 실시되었다. 그 이외에도 과거 수차례에 걸쳐 지방의회의원선거 및 지방자치단체장선거가 실시되었으며, 1995년 이후에는 지방선거가 전국동시선거로 6차례에 걸쳐 실시되었다. 민주화가 진행되면서부터는 국민 또는 주민들과 관련된 다양한 생활선거가 실시되어 오고 있다. 1948년 민주선거가 도입된 이후 현재까지의 공직선거 실시 상황을 일람하면 <표 3-1>과 같다.

〈표 3-1〉 한국 공직선거 일람표

대통령선거			국회의원선거			지방자치단체선거			
대별	선거일	투표율(%)	대별	선거일	투표율(%)	구분		선거일	투표율(%)
1	'48. 7.20(화)	간접선거	1	'48. 5.10(월)	95.5	시·읍·면 의회의원선거	시	'52. 4.25(금)	80.2
2	'52. 8. 5(화)	88.1	2	'50. 5.30(화)	91.9			'56. 8. 8(수)	79.5
								'60.12.19(월)	62.6
3	'56. 5.15(화)	94.4	3	'54. 5.20(목)	91.1		읍	'52. 4.25(금)	88.4
4	'60. 3.15(화)	97.0	4	'58. 5. 2(금)	90.7			'56. 8. 8(수)	86.7
								'60.12.19(월)	77.5
	'60. 8.12(금)	간접선거	5	'60. 7.29(금)	84.3		면	'52. 4.25(금)	93.1
								'56. 8. 8(수)	86.7
5	'63.10.15(화)	85.0	6	'63.11.26(화)	72.1			'60.12.19(월)	83.7
6	'67. 5. 3(수)	83.6	7	'67. 6. 8(목)	76.1	시·읍·면 장선거	시	'56. 8. 8(수)	86.7
7	'71. 4.27(화)	79.8	8	'71. 5.25(화)	73.2			'60.12.26(월)	54.6
8	'72.12.23(토)	간접선거	9	'73. 2.27(화)	73.0		읍	'60.12.26(월)	72.7
9	'78. 7. 6(목)	〃	10	'78.12.12(화)	77.1		면	'60.12.26(월)	81.5
10	'79.12. 6(목)	〃	11	'81. 3.25(수)	78.4	서울시장 및 도지사 선거		'60.12.29(목)	38.8
11	'80. 8.27(수)	〃	12	'85. 2.12(화)	84.6	시·도 의회의원선거		'52. 5.10(토)	81.2
12	'81. 2.25(수)	〃	13	'88. 4.26(화)	75.8			'56. 8.13(월)	85.8
								'60.12.12(월)	67.4
13	'87.12.16(수)	89.2	14	'92. 3.24(화)	71.9			'91. 6.20(목)	58.9
14	'92.12.18(금)	81.9	15	'96. 4.11(목)	63.9	구·시·군 의회의원선거		'91. 3.26(화)	55.0
15	'97.12.18(목)	80.7	16	'00. 4.13(목)	57.2	전국동시 지방선거		'95. 6.27(화)	68.4
								'98. 6. 4(목)	52.7
16	'02.12.19(목)	70.8	17	'04. 4.15(목)	60.6			'02. 6.13(목)	48.9
17	'07.12.19(수)	63.0	18	'08. 4. 9(수)	46.1			'06. 5.31(수)	51.6
								'10. 6. 2(수)	54.5
18	'12.12.19(수)	75.8	19	'12. 4.11(수)	54.2			'14. 6. 4(수)	56.8

우리나라 선거의 역사는 한국 근대화의 역사이며 민주주의의 역사이다. 우리나라처럼 근대적 선거의 도입에서부터 남녀 구분이나 재산·지위와 무관하게 모든 성인 국민에게 선거권이 주어진 선진국 사례는 드물다. 불과 60여년의 시간 동안 세계적으로 선거 선진국이란 평가를 받는 나라도 그리 흔하지 않다.

근대적 선거가 도입될 당시 우리의 민주주의 수준은 '쓰레기통에서 장미꽃이 피는 것과 같다'라는 평가를 받을 만큼 희망이 없어 보였다. 실제 암울했던 비민주적 시간들이 장기간 이어져 온 것도 사실이다. 1960년 3·15 부정선거와 같이 힘들고 부끄러웠던 역사를 만들어내기도 했다. 그러나 우리는 신비스러울 만큼 놀라운 역동성을 보이며 눈부신 성과를 이루었다. 우리나라 선거는 어떠한 역사의 과정을 거쳐 왔을까?

한국 선거의 지나온 발자취들을 포괄적으로 되짚어 보는 것은 한국 선거의 오늘을 이해하는 데 있어 좋은 밑거름이 될 것이다. 이러한 측면에서 이 장에서는 우리나라 선거사의 변화와 발전 과정에서 중요한 의미를 갖는, 그리고 변곡점이 된 주요 선거를 중심으로 한국 선거 67년의 발자취를 우선적으로 더듬어 보고자 한다. <그림 3-1>은 변곡점을 중심으로 살펴본 한국 선거의 변화와 흐름을 간략히 개관한 것이다.

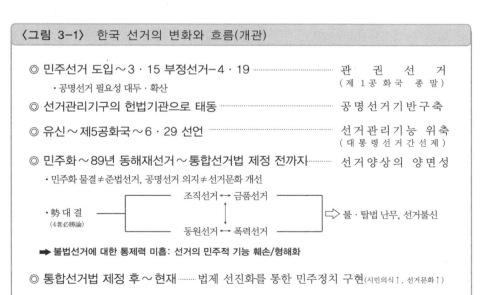

〈그림 3-1〉 한국 선거의 변화와 흐름(개관)

◎ 민주선거 도입~3·15 부정선거-4·19 ──────── 관 권 선 거
　　·공명선거 필요성 대두·확산　　　　　　　　　　　 (제 1공 화 국 종 말)

◎ 선거관리기구의 헌법기관으로 태동 ──────── 공 명 선 거 기 반 구 축

◎ 유신~제5공화국~6·29 선언 ──────── 선 거 관 리 기 능 위 축
　　　　　　　　　　　　　　　　　　　　　　　　　 (대 통 령 선 거 간 선 제)

◎ 민주화~89년 동해재선거~통합선거법 제정 전까지 ──── 선 거 양 상 의 양 면 성
　　·민주화 물결≠준법선거, 공명선거 의지≠선거문화 개선

　　·勢 대 결　　　　┌─── 조직선거 ↔ 금품선거 ───┐
　　 (4各必勝論)　　　│　　　　　　 ↕　　　　　　　│ ⇨ 불·탈법 난무, 선거불신
　　　　　　　　　　　└─── 동원선거 ↔ 폭력선거 ───┘

➡ 불법선거에 대한 통제력 미흡: 선거의 민주적 기능 훼손/형해화

◎ 통합선거법 제정 후~현재 ──── 법제 선진화를 통한 민주정치 구현(시민의식↑, 선거문화↑)

1 최초의 근대적 선거 : 제헌국회의원선거

우리나라 최초의 근대적 선거는 1948년 5월 10일 실시되었다. 이 선거는 제1대 국회의원선거로 헌법 제정을 최우선 목표로 하였기 때문에 제헌국회의원선거라 불린다. 1945년 8월 15일 광복을 맞은 이후 UN은 1947년 9월 17일 남북한총선거 실시를 결정하였다. 그러나 신탁통치 논쟁, 미소공동위원회의 결렬 등 국내외 정세로 인해 UN소총회 결의에 따라 '1948년 5월 10일 남한단독선거 실시'가 결정되었고, 그 결과 한반도는 지금까지 치유하지 못하고 있는 남북 분단이라는 민족의 멍에를 안아야 했다. 다만, 한반도의 반이라도 민주주의체제가 도입된 것은 결과적 측면에서 큰 의미를 가진다.

정치적 혼란 속에 결국 남한 단독선거로 치러진 5·10 제헌국회의원선거는 미군정 법령에 근거하여 실시되었다. 그러나 이 선거에서는 민주적 선거의 기본이 되는 보통·비밀·직접·평등의 원칙을 수용하는 근대적 선거의 모습을 갖추고 있었다. 선거제도는 선거구를 200개[1]로 하는 단수다수제를 채택하였으며, 의원의 임기는 2년이었다.

처음 실시된 선거에서 후보자들은 특별한 제약 없이 매우 자유롭게 선거운동을 할 수 있었다. 그러나 광복 직후 정당정치가 제도화되지 못하고 무척이나 혼란했던 정치·사회적 상황은 선거에서도 고스란히 나타났다. 근대적 선거에 대한 경험이 부족한 상황에서 선거에 참여한 정당 및 사회단체는 무려 48개였으며, 무소속 출마자 또한 417명에 달하였다.[2] 선거과정에서는 좌익의 치열한 선거방해 공작이 진행되었고, 김구·김규식 등 민족주의 진영은 선거에 불참하였다.[3] 반면 투표율이 95.5%에 달할 만큼 처음 경험하는 근대적 민주선

---

1) 제헌국회의원 정수는 200석이었으나 선거 당시 제주도(2개 선거구)는 4·3항쟁 등 혼란한 상황으로 인하여 선거가 실시되지 못하여 실제로는 198명의 의원이 선출되었다. 제주도에서는 1년 후 선거를 실시하여 2명의 의원을 선출하였다.

2) 제헌국회의원선거 당시에는 집권당 또는 야당이 부재한 상황 속에 현재와 같은 정당추천제가 없었고 선거인 추천을 통해 입후보할 수 있었기 때문에 후보 난립현상이 뚜렷했다.

거에 대한 국민의 관심은 매우 높았다.

선거결과 또한 무소속 당선자가 85명으로 가장 많았으며, 대한독립촉성국민회가 55명, 한국민주당이 29명이었다. 대동청년단이 12명, 조선민족청년단이 6명이었고, 12개의 정당 및 단체가 1~2석을 차지하였다. 그러나 정당정치가 정착되지 못한 상황 속에서 정당이나 단체에 중복으로 소속되거나 정당 소속이면서 무소속으로 출마한 경우도 많아 선거결과에 대해 명확한 해석을 내리기는 어려움이 있다. 이러한 과정을 통해 우리나라 최초의 근대적 선거는 안정적으로 마무리되었고, 이후 1948년 5월 31일 초대 국회가 개원하게 되었다.[4]

2 초대 정·부통령선거와 대한민국 정부의 출범

제헌국회가 개원된 이후 가장 중요한 임무였던 대한민국 헌법 제정이 1948년 7월 17일 완료되었다. 제정헌법은 정·부통령의 대통령제를 채택하였고, 이 헌법에 따라 제헌국회는 대한민국 정부를 공식 출범하기 위해 1948년 7월 20일 정·부통령을 선출하였다. 우리나라 최초의 대통령선거였다. 정·부통령은 국회에서 간접선거를 통해 선출하였으며 이들의 임기는 4년이었고 한 차례의 중임이 가능하였다.

정·부통령 선출 방식은 국회의원들의 무기명비밀투표였다. 의원들이 투표용지에 지지하는 사람을 기입하는 방식이었으며, 헌법에 따라 재적 의원 2/3 이상의 출석과 출석의원 2/3 이상의 찬성으로 당선자를 결정하였다. 오전에 실시된 대통령선거에서는 투표결과 이승만이 180표를 얻어 압도적인 지지로 초대 대통령에 당선되었다.[5]

한편 같은 날 오후 이어진 부통령선거 또한 대통령선거와 똑같은 조건과

---

3) 대한민국 국회 홈페이지. 역대국회 소개 http://www.assembly.go.kr/views/cms/assm/ assembly/asshistory /asshistory0101.jsp(검색일 2015. 3. 3)

4) 개원 이후 제헌국회에서는 이승만 의원을 초대의장으로, 신익희·김동원 의원을 부의장으로 선출하였다.

5) 그 이외에 김구는 13표, 안재홍은 2표를 얻었다. 한편, 서재필 지지표가 1표 나왔으나 그의 국적이 외국인이라는 이유로 논쟁을 벌이다 결국 무효 처리되었다. 국회본회의 회의록 제1회 제33호, 3~4.

방식으로 실시되었다. 그러나 대통령선거와 달리 부통령선거에서는 1차 투표에서 당선 조건을 충족시키는 사람이 없었다. 이에 2차 투표까지를 거친 후에야 133표를 얻은 이시영이 초대 부통령으로 당선되었다.[6]

이러한 과정을 통해 정·부통령으로 선출된 이승만과 이시영은 7월 24일 취임식을 가진 뒤 내각 구성을 완료하고 8월 15일 대한민국 정부의 공식 출범을 선언하였다. 이로써 우리나라의 제1공화국이 성립되고 <그림 3-2>와 같이 대한민국 선거사가 본격적으로 시작되었다.

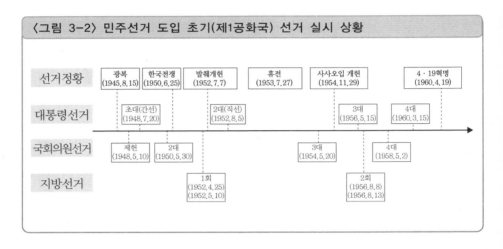

〈그림 3-2〉 민주선거 도입 초기(제1공화국) 선거 실시 상황

3 제1공화국 공직선거

1) 제1공화국 첫 공직선거 : 제2대 국회의원선거

대한민국정부가 출범한 이후 제1공화국 첫 공직선거인 제2대 국회의원선거가 1950년 5월 30일 실시되었다. 이 선거는 제헌국회의 임기(2년)만료에 따른 선거였으나, 미군정법령이 아니라 우리 국민이 직접 구성한 국회에서 제정한 「국회의원선거법」에 의하여 처음으로 실시되는 선거였다는 점에서 선거사적으로 큰 의미를 가진다. 또한 공산당을 제외하고 제헌국회의원선거에 불참했

---

6) 1차 투표결과는 이시영 113표, 김구 65표, 조만식 10표, 오세창 5표, 장택상 3표, 서상일 1표였으며, 2차 투표결과는 이시영 133표, 김구 62표, 이귀수 1표, 무효 1표였다.

던 남북협상파 등 모든 정당과 사회단체가 선거에 참여하여 대한민국 정부가 독립적이면서도 자주적으로 선거를 관리 집행한 최초의 선거였다.[7]

1구 1인의 소선거구제는 그대로 유지되었으나 선거구가 200개에서 210개로 늘어났고, 국회의원의 임기도 4년으로 늘어났다. 그러나 근대 선거 도입 초 불안정한 선거상황은 제헌국회의원선거와 크게 달라지지는 않았다. 입후보자는 총 2,209명으로 제헌국회의원선거 때보다 두 배 이상 늘어나 무려 10.5 대 1 의 경쟁률을 보였고, 무소속의 경우에는 1,513명이 입후보 하여 3배 이상 늘어났다. 여전히 정당추천제가 도입되지 않아 선거에 참여한 정당 및 사회단체의 수도 39개에 달하였다.[8]

선거결과 또한 제헌국회의원선거와 마찬가지로 무소속 당선자가 126명 (60%)으로 가장 많았다. 대한국민당과 민주국민당은 각각 24명이 당선되었고, 국민회는 14명, 대한청년당은 10명이 당선되었다. 그 이외 7개 정당 및 사회 단체에서 1~3명이 당선되었고, 28개 정당 및 사회단체는 단 한명의 당선자도 내지 못하였다.

2) 최초의 지방선거 : 1952년 지방의회의원선거

1948년 제정된 대한민국 헌법에서는 제8장을 통해 '지방자치'를 규정하면서 지방자치단체에는 의회를 두도록 하였으며 지방의회의원의 선거에 관해서는 법률에 위임하였다(97조). 이에 따라 1949년 7월 4일 「지방자치법」이 제정 (시행 1949. 8. 15.)되었고, 1950년 12월 우리나라 최초의 지방선거가 예정되었다. 그러나 1950년 6월 25일 한국전쟁이 발발하면서 지방선거는 연기되었고, 이후 1952년에서야 지방선거가 처음으로 실시되었다.

「지방자치법」은 서울특별시장과 도지사는 임명하고, 시·읍·면장은 지방의 회에서 간접선거에 의하여 선출하도록 규정하고 있었다. 반면 서울특별시·도 의회 및 시·읍·면의회의원은 주민의 직접선거에 의하여 선출하도록 하였다. 이에 따라 첫 지방선거는 지방의회의원을 선출하는 선거였으며, 이는 시·읍·

---

7) 최한수. 1996. 『한국선거정치론』. 대왕사. 304.
8) 중앙선거관리위원회. 1973. 『대한민국선거사』. 보진제. 623.

면의회의원선거와 시·도의회의원선거로 나누어 각각 4월 25일과 5월 10일 두 차례에 걸쳐 실시되었다. 그러나 이마저도 전쟁혼란으로 인하여 전선에 인접한 서울특별시, 경기도, 강원도 및 계엄령이 선포된 일부지역에서는 선거를 실시하지 못하였다.

선거권은 21세 이상의 국민으로 6개월 이상 동일 자치단체의 구역 내에 주소를 가진 자에게 주어졌으며, 피선거권은 선거권이 있는 자 중 특정한 공직에 있는 자를 제외한 만 25세 이상의 자에게 주어졌다. 한편 1선거구 다수선출의 중선거구제를 채택하였다.

시·읍·면의회의원선거에서는 무소속 당선자가 절대다수를 차지하였고, 다음으로 집권당인 자유당이 뒤를 이었다. 지방의회에 있어서 야당의 진출은 미미하였다. 한편 도의회의원선거에서는 자유당 후보자가 대거 당선되었다. 그러나 야당 당선자는 이 선거에서도 상대적으로 미미하였다.[9]

3) 불법 개헌과 제2대·3대 대통령선거

1950년 발발한 한국전쟁의 혼란이 지속되는 가운데 1950년대 초 한국의 정치상황 또한 많은 변화를 겪었다. 특히, 1952년과 1954년은 대통령선거와 관련한 헌법 개정이 이루어져 큰 변화를 가져왔다.

초대 대통령 이승만은 재임 1기를 거치면서 권위주의 통치 결과 국회와의 관계가 악화되었다. 이로 인해 국회 간접선거 방식을 채택하고 있던 당시 선거 제도 하에서 1954년 예정된 제2대 대통령선거에서 연임하는 것에 대한 위협을 느꼈다. 이에 이승만은 1951년 11월 30일 대통령직선제와 양원제를 주요내용으로 하는 헌법개정안을 제출하여 개헌을 시도하였다. 그러나 1952년 1월 18일 국회 표결 결과 헌법개정안이 부결되면서 개헌시도는 실패하고 말았다. 한편 개헌안 부결 이후 야당(곽상훈 의원 외 122명)은 4월 17일 내각책임제 개헌안을 국회에 제출하였고, 이에 맞서 이승만도 5월 14일 1월에 부결된 헌법개정안과 같은 내용의 개정안을 또 다시 국회에 제출하였다.

---

9) 의원정수 306명 중 자유당 소속 당선자는 147명이었고, 그 이외에는 국민회 32명, 한청 34명, 무소속 85명 등이었다.

이처럼 전쟁의 혼란과 정치적 대립이 지속되는 가운데 이승만은 비상계엄과 긴급명령을 발동하여 통치연장을 모색하였다. 이 과정에서 1952년 5월 25일 계엄령이 선포되고 전시 임시수도였던 부산에서 이른바 '부산정치파동'이라는 정치소요사건이 벌어진다. 대통령직선제 개헌을 위해 야당의원들은 강제 연행 또는 감금되었고, 일부 국회의원들은 국제공산당과 결탁했다는 혐의로 소위 '국제공산당사건'에 연루되어 구속되었다. 이러한 일련의 과정을 거쳐 결국 1952년 7월 4일 국회의원들이 강제 연행된 상태에서 기립표결로 대통령직선제를 골자로 하는 이른바 발췌개헌이 이루어졌다.

개헌 이후 1952년 7월 28일 비상계엄령은 해제되었고, 발췌개헌이 통과된 후 불과 한 달 만인 1952년 8월 5일 제2대 대통령선거와 제3대 부통령선거가 실시되었다.[10] 제2대 대통령선거에는 자유당 이승만, 무소속 이시영, 조봉암, 신흥우 등 4명이 출마하였고, 선거결과 이승만이 5,238,769표(74.6%)를 얻어 당선되었다. 이로써 부정한 방법과 절차를 통해 직선제 개헌을 이룬 이승만은 자신의 목적대로 연임에 성공하게 되었다.

한편 제3대 부통령선거에는 자유당 이범석, 이갑성, 민주국민당 조병옥, 조선민주당 이윤영, 여자국민당 임신영, 대한노동총연맹 전진한, 무소속 함태영, 백성욱, 정기원 등 총 9명이 출마하였다. 그러나 투표결과 당초 예상과 달리 유효투표의 41.3%를 득표한 무소속 함태영이 당선되었다. 이러한 결과에 대해 선거 도중 이승만이 자유당 부당수인 이범석이 정적이 될지도 모른다고 생각해 자유당 후보가 아닌 무소속 함태영을 지지한 것이 주요한 원인으로 작용하였다는 평가가 있다.[11]

1956년 제3대 대통령선거를 앞두고도 또 한 차례의 헌법 개정이 이루어졌다. 이는 이승만 대통령의 3선을 허용하는 제도적 장치를 마련하는 것이 가장 중요한 목적이었다. 당시 헌법은 대통령의 3선을 금지하고 있었다. 이러한 상황 속에 1954년 5월 20일 실시된 제3대 국회의원선거에서 자유당이 원내 절대다수 의석을 차지하자[12] 이승만 대통령은 3선이 가능하도록 하는 개헌을

---

10) 초대 부통령 이시영은 1951년 국민방위군사건, 거창양민학살사건 이후 부통령 사임서를 제출하였고, 이후 1951년 5월 16일 국회에서는 김성수를 제2대 부통령으로 선출하였다. 따라서 1952년 선거는 제2대 대통령 및 제3대 부통령을 뽑는 선거로 치러지게 되었다.
11) 서울시립대박물관. 2007. 『선거前, 다시 보는 선거展』. 삼화특수인쇄사. 30.
12) 헌법을 개정하기 위해서는 국회 양원에서 각각 그 재적의원 2/3 이상의 찬성을 얻도록 되

시도하였다.

　자유당은 1954년 9월 8일 초대 대통령에 한하여 중임제한을 철폐한다는 내용을 핵심으로 하는 헌법개정안을 국회에 제출하였다. 그러나 1954년 11월 27일 국회 표결 결과 재적 203명(재석 202명) 중 찬성 135표에 반대 60표 기권 7표로 재적의석 2/3에서 1석이 모자라 개헌안은 부결되고 말았다. 이후 이승만 대통령과 자유당은 재적 과반수 산출방식에 사사오입이라는 수학적 이론을 적용하여 재적의석 203명의 2/3는 135명이 타당하다는 주장을 내놓았다.[13] 또한 1954년 11월 29일 국회에서 여야격투와 야당총퇴장 속에 여당 단독으로 국회 표결결과를 번복하고 3선 개헌안의 가결을 선포하였다.

　또 한 차례의 불법적 방법을 통해 3선 개헌이 이루어진 이후 1956년 5월 15일 제3대 대통령 및 제4대 부통령선거가 실시되었다. 이 선거에서 개헌을 통해 대통령 중임제한이 철폐된 것 이외에 선거법 내용은 달라진 것이 없었다. 선거에서 자유당은 이승만을 대통령후보, 이기붕을 부통령후보로 내세웠다. 야권의 경우 민주당에서 대통령후보에 신익희, 부통령후보에 장면을 내세웠고, 진보당추진위원회에서 조봉암과 박기출을 정·부통령후보로 내세웠다.

　선거과정에서 야권은 자유당에 대항하기 위하여 연합운동을 전개하였다. 그러나 야권연합은 실패로 끝나고 말았고, 설상가상으로 이승만과 치열한 경쟁을 벌였던 민주당의 신익희 후보가 호남지방으로 유세를 가던 도중 5월 5일 새벽 기차 안에서 급서하는 사건이 발생했다. 결국 이승만은 3선에 성공했다. 그러나 부통령선거에서는 민주당의 장면 후보가 당선되어 당시 자유당에 대한 민심의 변화가 선거 결과로 나타났다.

4　3·15 부정선거와 제1공화국의 종말

1) 민심의 변화 : 제4대 국회의원선거

1956년 제4대 부통령선거에서 야당의 승리(민주당 장면 당선)는 당시 자유

어 있었다.
13) 203의 산술적 3분의 2는 135.333이며, 수학적으로 사사오입 원칙을 적용하면 135명이 됨.

당 정권에 대한 민심의 향배를 보여주는 주요한 지표였다. 이러한 민심의 변화
는 1958년 실시된 제4대 국회의원선거에까지 이어져 이승만과 자유당 정권을
위협하고 있었다.

1958년 5월 2일 실시된 제4대 국회의원선거는 자유당 대 민주당의 각축
전이었다. 당시 또 다른 주요 야당이었던 진보당이 국가보안법 위반 등의 죄목
으로 당 간부가 기소되면서 2월 25일 공보부에 의하여 등록이 취소된 결과였
다. 선거결과 자유당은 233개 선거구 가운데 54.1%에 해당하는 126명(공천자
121명, 비공천자 5명)이 당선되어 원내 과반의석을 차지하였다. 그러나 전체 득
표율은 42.1%에 불과했다. 과반의석을 차지한 것은 당시 채택하고 있던 소선
거구제가 가져다 준 이점 때문이었다. 민주당은 79명, 무소속은 27명, 통일당
에서는 1명이 당선되었으나, 야권의 전체 득표율은 자유당을 넘어서고 있었
다.[14] 이러한 결과는 당시 이승만과 자유당에 대한 민심이 변화하고 있었음을
읽을 수 있는 대목이다.

2) 3·15 부정선거와 4·19

1960년 예정된 제4대 대통령선거와 제5대 부통령선거를 앞두고 자유당은
1956년 제4대 부통령선거에서 이기붕 후보가 민주당의 후보 장면에게 패한 경
험과 1958년 제4대 국회의원선거에서 민주당 약진 등의 영향으로 위기감을 느
끼기 시작했다. 이에 따라 자유당은 1959년 6월 29일 대통령후보에 이승만,
부통령후보에 이기붕을 지명하고 일찍이 선거준비를 시작하였다. 민주당이 신·
구파 간의 당내갈등으로 11월 26일에서야 조병옥을 대통령후보로, 장면을 부
통령후보로 선임한 것과 비교하면 무려 5개월이나 앞선 것이었다.

제4대 대통령선거에서는 처음으로 여야정당의 단일대결이 이루어졌다. 그
러나 민주당 조병옥 후보가 1960년 2월 25일 하와이에서 신병치료하고 돌아오
는 도중에 갑자기 사망하여 이승만이 단일후보가 되면서 쉽게 당선되었다. 반
면 이러한 상황이 부통령선거에서는 전혀 다른 양상을 불러오고 있었다.

---

14) 당시 민주당의 득표율은 34.2%, 무소속의 득표율은 21.5%였다.

80　한국선거발전론

제5대 부통령선거에는 자유당의 이기붕, 민주당의 장면, 통일당의 김준연, 여자국민당의 임영신 등 4명이 출마하였으나 실제 경쟁은 이기붕과 장면의 대결구도를 형성하였다. 그러나 당시 상황에서 이기붕의 당선은 불확실했고, 자유당의 입장에서는 이승만이 고령인 점을 고려하면 안정적인 권력유지를 위해 부통령선거에서 반드시 승리해야 했다. 이러한 환경에서 자유당이 선택한 것은 관권을 동원한 극도의 부정선거였다.

불법적인 사전투표가 자행되었고, 유권자를 3인조 또는 5인조로 묶어 상호 감시하도록 하여 비밀투표를 방해하는 집단투표가 강제되었다. 야당 후보의 투표지 묶음 상하에 여당 후보의 투표지를 붙여 결과를 변질시키는 샌드위치 개표가 이루어지기도 했고, 심지어 투표함을 바꿔치기 하는 극단의 불법행위도 자행되었다. 이러한 부정선거를 통해 결국 자유당 이기붕은 제5대 부통령에 당선되었다.15)

3·15 정·부통령 선거는 자유당의 승리로 마감되었다. 그러나 이 선거는 얼마가지 않아 부정선거 논란과 4·19 혁명에 의해 무효가 되고 말았다. 선거 이후 1960년 3월 16일 마산 등지에서 부정선거에 항거하는 시위(3·15 마산시위)가 발생하였고, 계속하여 시위는 확산되었다. 이에 맞서 이승만 정권은 계엄령을 선포하였으나, 1960년 4월 실종되었던 학생 김주열이 마산 앞바다에서 최루탄이 눈에 박힌 주검으로 발견되면서 결국 3·15 부정선거 규탄 시위는 4·19 시민 혁명으로 이어졌다.

부정선거의 무효를 주장하는 대학생들의 대규모 시위가 전국적으로 확대되었고, 대학교수들도 대통령의 하야를 요구하기 시작하였다. 국회에서는 4월 22일 시국수습대책특별위원회를 구성하였고, 이어 이승만 대통령 즉시 하야, 3·15 부정선거 무효와 재선거 실시, 과도내각 하의 내각책임제 개헌 단행 등을 내용으로 하는 결의안을 채택하였다. 거대한 국민의 요구에 봉착한 이승만은 마침내 4월 27일 하야를 발표해야 했다. 한편 이기붕 일가족은 대통령 하야 발표 다음날 경무대에서 집단 자살하는 비극을 맞았다.

극도의 부정선거는 민주주의를 열망하는 국민에 의해 단죄를 받았다. 또

---

15) 선거결과 이기붕은 유효투표수의 79%에 해당하는 8,337,059표를 획득한 반면 장면은 1,843,758표를 획득하는 데 그쳤다.

한 3·15 부정선거는 근대적 선거를 도입한 초기 우리나라 정치사에 있어 부끄러운 한 페이지로 기록되었다. 그러나 다른 한편으로 이 선거는 공명선거의 필요성을 대두·확산시킨 계기가 되었으며, 우리나라 선거사에서 큰 변화를 가져오는 일대 전환점이 되었다.

제2절 | 제2공화국과 내각제의 경험

1 내각제 개헌과 최초의 양원(참의원·민의원) 구성

4·19 혁명과 이승만 정권의 몰락 이후 사태 수습을 위한 허정 과도정부가 들어섰다. 과도정부의 가장 중요한 과제는 새로운 정치체제를 구축하고 이를 통해 새로운 정권을 창출해 내는 일이었다. 그 핵심과정이 바로 개헌이었다.

장기간 지속되어 온 이승만 정권의 권위주의 체제 하에서 1인 독재의 폐해를 경험한 국민들 사이에 내각책임제 개헌에 대한 공감대가 형성되고 있었고, 제1공화국에서부터 내각제 개헌안을 제출했었던 야당 또한 내각제에 대한 지지를 표출하고 있었다. 이러한 상황 속에 1960년 6월 15일 내각제 개헌안이 국회에서 출석 의원 215명 중 찬성 208명, 반대 3명의 압도적인 지지로 의결되었고, 이로써 권력구조가 대통령제에서 내각제로 전환되었다.

개헌 이후 첫 과정은 내각을 구성하고 대통령을 선출하기 위한 국회를 새로이 구성하는 것이었다. 개정헌법에서는 제1공화국과 같이 참의원과 민의원의 양원제를 채택하였다.[16] 참의원의원선거는 2명에서 8명까지 선출하는 중·대선거구제와 해당 선거구 의원정수의 반수 이하의 후보자를 선택할 수 있는 제한연기제를 통해, 민의원의원선거는 소선거구 단순다수제로 의원을 선출하였다.

선거는 1960년 7월 29일 실시되었다. 각 정당은 공천문제로 어려움을 겪

---

16) 제1공화국 당시 1952년 발췌개헌에서 처음으로 양원제 국회를 채택하였다. 그러나 제1공화국에서는 정치적 상황에 의해 참의원의원선거가 실시되지 못하여 양원 국회 구성을 경험하지 못하였다.

었고, 특히 집권당이 될 것으로 예상된 민주당의 경우에는 신파와 구파 간 갈등으로 인하여 당내 분쟁이 격화되었다. 또한 정치적 혼란을 겪은 상황에서 민주당, 자유당, 조선민주당, 통일당, 사회대중당, 한국사회당, 한국독립당, 혁신동지총연맹, 사회혁신당 등 다수 정당과 자유법조단, 재향군인회, 신정동지회 등의 단체들이 대거 선거에 참여하였다.

선거결과는 예상을 벗어나지 않고 민주당의 압승으로 끝이 났다. 233명의 의원을 선출하는 민의원의원선거에서는 민주당 후보가 의원정수의 75.1%에 해당하는 175명이 당선되어 원내 절대다수를 차지하였다. 그 외에는 무소속이 49명으로 많았고, 5개의 정당·단체가 당선자를 내었으나 1~4명의 저조한 결과에 지나지 않았다. 그러나 득표율에 있어서는 무소속이 유효투표총수의 46.8%를 차지한 반면 민주당은 41.7%를 차지하였다. 의석 비율과 득표율 비율을 비교하면 민주당의 경우 의석비율이 득표율에 비해 33.4%나 높은 결과였다.

처음으로 실시된 참의원의원선거에는 58명의 의원을 선출하는 가운데 201명의 후보가 입후보하였다. 정당으로는 민주당, 자유당, 사회대중당, 한국사회당, 한국독립당이 참여하였고, 그 외 일부 단체와 무소속이 참여하였다. 참의원의원선거 역시 민주당이 31석으로 가장 많은 당선자를 내었고, 그 외 무소속 당선자가 20명으로 2위를 차지하였다. 그러나 득표율에 있어서는 민의원의원선거와 마찬가지로 무소속이 49.3%로 가장 높았고, 민주당의 경우 39.0%였다. 민주당의 의석 비율은 득표율에 비해 14.4% 높았다.[17]

2 국회 간선 대통령의 선출

제2공화국 헌법에서는 내각제를 채택하면서도 국가수반으로서 대통령을 두도록 하였다. 개정헌법에 따르면 대통령은 국가의 원수이자 국가를 대표하는 상징적인 존재였으며, 양원 합동회의에서 재적 국회의원 3분의 2 이상의 투표

---

17) 3·15 부정선거의 주역이었던 자유당은 단지 4명의 당선자만을 배출하여 군소정당으로 몰락하고 말았고, 그 이외에 사회대중당과 한국사회당 그리고 기타단체 소속이 각 1명씩 당선되어 새로운 국회 및 정부 구성에 있어 큰 영향을 미치지 못하였다.

를 얻어 당선되도록 하였다. 이러한 헌법 규정에 따라 1960년 8월 12일 참의
원 및 민의원의 양원합동회의에서 간접선거로 제4대 대통령을 선출하였다.

양원합동회의의 대통령선거에는 민의원 220명과 참의원 43명 등 259명이
참석했다. 선거는 정당 간 대결이 아니라 국회의원선거에서 승리한 민주당 내
부의 문제로 귀결되었다. 실권을 가지는 국무총리를 차지하기 위해 민주당 내
에서는 신파와 구파 간의 대결이 벌어졌으나 두 세력 모두 전략적으로 윤보선
을 지지함으로써 윤보선이 1차 투표에서 208표를 획득하여 쉽게 당선되었
다.[18] 이로써 윤보선은 우리나라 선거사에서 유일한 내각제 공화국의 처음이
자 마지막 대통령이 되었다.

3 마지막 지방선거와 제2공화국의 붕괴

제3차 개헌은 지방자치법의 개정 또한 수반하였고, 그 결과 새로운 「지방
자치법」이 1960년 11월 1일 공포되었다. 이 법률에 따라 1960년 12월 제2공
화국 첫 지방선거가 12일, 19일, 26일, 29일 등 4일에 걸쳐 실시되었다.[19] 이
지방선거에서의 가장 큰 변화는 그동안 임명제였던 서울특별시장·도지사를 주
민의 직접선거를 통해 선출하도록 했다는 것이다. 선거결과 서울특별시장과 도
지사선거 그리고 시·읍·면장선거에서는 집권당이었던 민주당이 가장 많은 당
선자를 내었으나 그 이외 선거에서는 무소속 후보가 가장 많이 당선되었다.

제2공화국의 선거는 이것이 마지막이었다. 제2공화국 출범 이후 혼란스러
운 정국이 이어지면서 1961년 5월 16일 박정희 소장을 중심으로 한 군사정변
이 일어났고, 군사정변이 성공하면서 모든 정당·사회단체는 해산되고 군사정
부가 들어섰다. 이로 인하여 제2공화국 헌정은 9개월이라는 짧은 역사를 끝으
로 중단되고 말았다.

---

18) 행정부 구성에 있어 민주당 구파는 대통령과 국무총리를 모두 차지한다는 '독점론'을, 신
   파는 대통령은 구파에게 주고 실권을 갖게 되는 국무총리는 자파가 차지한다는 '균점론'
   을 기본입장으로 하였다. 한국선거학회. 2011. 『한국 선거 60년』. 오름. 79.
19) 12월 12일에는 시·도의회의원선거, 12월 19일에는 시·읍·면의회의원선거, 12월 26일에
   는 시·읍·면의 장선거, 12월 29일에는 서울시장선거·도지사선거가 실시되었다.

제3절 | 제3공화국과 대통령제로의 전환

1 대통령직선제의 회복과 선거관리위원회의 헌법기관화

5·16 군사정변 이후 군부는 국가재건최고회의를 조직하고 1961년 6월 6일 「국가비상조치법」을 제정·공포하였다. 국가재건최고회의는 민정이양이 이루어질 때까지 최고통치조직의 기능을 수행하였다. 출범 이후 국가재건최고회의는 우선적으로 「국민투표법」을 제정하여 1962년 12월 17일 국민투표를 통해 제3공화국 헌법을 제정하였다.

새 헌법의 핵심은 권력구조를 대통령제로 다시 전환하고 국민의 직접선거에 의하여 대통령을 선출하도록 한 것이다. 한편 양원으로 구성하던 국회도 다시 단원제로 복귀되었으며, 복수정당제 보장, 국회의원 공천제 채택과 무소속 출마 불허 등이 새로이 규정되었다. 제1공화국 대통령제에서 두었던 부통령은 부활되지 않았고, 대신 국무총리를 두도록 하였다.

선거사적 관점에서 무엇보다도 큰 변화 중 하나는 공정한 선거관리를 위해 선거관리위원회의 설치를 헌법에 명문화한 것이다. 제1공화국에서는 선거관리를 각급 선거위원회가 담당하였다. 그러나 이 위원회는 독립적인 기관이 아니라 행정부처인 내무부에 소속되어 있었고 선거사무도 전임직원이 아닌 행정기관의 공무원이 위촉되어 집행하였다.[20] 이러한 정부 종속의 구조는 관권을 이용한 부정선거로 이어져 선거중립을 침해하고 민주선거의 근본을 훼손하였다. 특히, 1960년 실시된 정·부통령선거는 이러한 부정선거가 극에 달하여 결국 선거무효와 4·19 혁명을 불러왔다.

이 과정에서 정부 종속의 선거위원회는 선거 중립과 공명성을 지켜내지 못하는 한계를 보였다. 대의제민주주의의 근본을 훼손한 3·15 부정선거는 공명선거의 필요성이 대두·확산되는 계기가 되었고, 이를 담보하기 위한 선거관리기관의 독립화가 추진되었다. 그 결과 제2공화국이 출범하면서 선거위원회가

---

20) 중앙선거관리위원회 의결50년사 편찬위원회. 2014. 『공명선거의 발자취』. 박영사. 61.

헌법상 독립기구로 규정되었다. 그러나 군사정변으로 제2공화국 헌정이 단명으로 끝나면서 선거위원회도 해체되어 중립성을 가진 헌법기관으로서 실질적인 역할을 수행하지 못하였다. 이러한 혼란스러운 정치적 상황 속에 공명선거를 위한 선거관리기구는 제3공화국의 출범과 함께 '선거관리위원회'라는 새로운 이름의 헌법기관으로 재창설되었다.

제5차 개정 헌법에서는 제4절에 선거관리 영역을 별도로 구성하여 독립기구로서의 지위를 명확히 하였다. 제107조 규정에 의하면 중앙선거관리위원회는 대통령이 임명하는 2명, 국회에서 선출하는 2명과 대법원 판사회의에서 선출하는 5명의 위원으로 구성하고 위원장은 위원 중에서 호선하도록 했다. 이는 행정부, 입법부, 사법부를 통한 위원회 구성으로 견제와 균형을 이루도록 하되 엄격한 법적용과 집행을 염두에 둔 것으로 볼 수 있다. 또한 위원은 정당에 가입하거나 정치에 관여할 수 없도록 하여 정치적 중립성을 엄격히 하는 한편, 탄핵 또는 형벌에 의하지 아니하고는 파면되지 않도록 하여 그 지위를 보장했다. 이러한 내용들은 선거관리의 공정성과 정치적 중립성을 담보하기 위한 헌법적 명령이었다.

이에 따라 1963년 1월 16일 「선거관리위원회법」이 제정되었고, 선거관리위원회는 제2공화국 당시 선거관리 기구였던 선거위원회보다 그 임무가 확대되고 구체화되었다.[21] 중립적 입장에서 각종 공직선거를 공정하게 관리하는 헌법적 근본 책무뿐만 아니라 선거권자의 주권의식 앙양(昻揚), 투표방법에 대한 유권자 계도 임무가 「선거관리위원회법」을 통해 규정되었다. 이러한 역사적 배경 속에 막중한 책무를 부여받고 1963년 1월 21일 중앙선거관리위원회가 그 첫발을 내딛었다.

2 제5대 대통령선거와 군부정권의 출범

1962년 개헌으로 권력구조가 대통령제로 변화된 이후 1963년 10월 15일

---

21) 중앙선거관리위원회 의결50년사 편찬위원회. 2014. 『공명선거의 발자취』. 박영사. 8.

첫 대통령선거가 국민에 의한 직접선거로 실시되었다. 제5대 대통령선거에는 민주공화당 박정희, 민정당 윤보선, 국민의당 허정, 자유민주당 송요찬, 추풍회 오재영, 정민회 변영태, 신흥당 장이석 등 7명이 입후보하였다.[22] 그러나 실제 선거전은 민주공화당 박정희 후보와 민정당 윤보선 후보의 각축으로 진행되었다.

두 후보는 박빙의 승부를 벌었다. 그러나 최종 결과 유효득표총수의 46.6%(4,702,640표)를 획득한 박정희 후보가 156,026표 차이로 승리하였다.[23] 이로써 군사정변을 통해 2년여의 시간 동안 군정을 이어 오던 박정희는 공식적으로 대통령의 지위를 차지하며 제3공화국 첫 번째 정부를 구성하였다.

이후 1967년 5월 3일 제6대 대통령선거에서도 박정희와 윤보선의 대결이 다시 한 번 이어졌다.[24] 그러나 선거결과 민주공화당 박정희 후보가 51.4%를 득표하며 40.9%를 획득한 윤보선을 누르고 정권 재창출에 성공했고, 박정희 정부는 지속되었다.

3 3선 개헌과 박정희 정부의 집권연장

제3공화국 출범 이후 두 차례에 걸쳐 집권에 성공한 박정희와 공화당은 1963년(제6대)과 1967년(제7대) 실시된 두 번의 국회의원선거에서도 과반의석을 차지하여 행정부와 입법부를 함께 지배해 나갔다.[25] 특히 제7대 국회의원선거에서는 73.7%라는 절대다수의석을 차지하여 입법 권력의 압도적 우위를 점하였다. 이처럼 절대 우위의 상황에 놓이게 되자 박정희 대통령과 민주공화당은 헌법 개정을 통해 집권연장을 모색하기 시작하였다.

당시 헌법에서는 제69조 임기 조항을 통해 대통령의 임기를 4년으로 하

---

22) 선거 도중 자유민주당의 송요찬과 국민의당 허정은 입후보를 사퇴하였다.
23) 윤보선 후보 또한 45.1%(4,546,614표)라는 많은 지지를 받는 선전을 펼쳤다.
24) 제6대 대통령선거에는 민주공화당 박정희, 신민당 윤보선, 대중당 서민호, 한국독립당 전진한, 민중당 김준연, 통한당 오재영, 정의당 이세진 등 7명이 입후보하였으나 선거도중 대중당의 서민호가 사퇴하였다.
25) 제6대 국회의원선거에서 민주공화당은 의원정수의 62.8%에 해당하는 110명(지역구 88인, 전국구 22인)이 당선되었고, 제7대 국회의원선거에서는 의원정수의 73.7%에 해당하는 129명(지역구 102명, 전국구 27명)이 당선되었다.

고, 1차에 한하여 중임할 수 있도록 하였다. 이에 따라 2기에 걸쳐 집권한 박정희 대통령은 더 이상 선거에 출마할 수 없는 상황이었다. 이에 민주공화당은 박정희 대통령의 3선 출마를 가능하게 하기 위해 헌법 개정을 통해 제69조 중 3항 1차 중임 규정을 "계속 재임은 3기에 한한다"로 수정하고자 한 것이다.

대통령의 집권 연장을 위해 헌법을 개정하려는 집권당의 시도에 야당은 강하게 반발하였다. 그러나 야당의 반대에도 불구하고 박정희 정부와 민주공화당은 개헌문제를 국민투표를 통한 신임문제와 연계하며 강행해 나갔고, 1969년 8월 7일 헌법개정안을 국회에 제출하였다. 야당은 본회의장을 점거하며 강하게 개헌 저지에 나섰다. 이에 민주공화당은 야당 의원들에게 통지하지 않은 채 9월 14일 새벽 2시 국회 3별관에서 여당만으로 개헌안을 변칙 처리하였다. 이후 헌법 개정안은 1969년 10월 17일 국민투표에 부쳐져 65.1%의 찬성으로 확정되었다.

비민주적인 입법과정으로 3선 개헌이 이루어진 이후 1971년 4월 27일 제7대 대통령선거가 실시되었고, 박정희 대통령은 다시 선거에 출마하였다. 이에 맞서 신민당에서는 '40대 기수론'을 통한 세대교체 바람을 일으키며 김영삼·김대중·이철승 3명이 후보경쟁을 벌인 결과 김대중을 대항마로 내세웠다.[26]

선거결과 김대중은 5,395,900표를 획득하는 선전을 펼쳤다. 하지만 6,342,828표를 획득한 박정희 후보의 벽을 넘지 못하였고, 결국 민주공화당은 3선 개헌을 통해 박정희 정부의 집권연장에 성공하였다. 그러나 두 후보 간의 표차(946,928표)가 앞선 제6대 대통령선거 여야 후보 간 표차에 비해 상당히 줄어 박정희 정부와 집권당이 안정적 지배를 위협하는 정치환경으로 인식하는 계기를 제공하였다.

이러한 분위기는 제7대 대통령선거에 이어 1971년 5월 25일 실시된 제8대 국회의원선거에서도 이어졌다. 선거결과 민주공화당은 의원정수의 55.4%에 해당하는 113명(지역구 86명, 전국구 27명)으로 과반을 넘는 의석을 차지했다. 그러나 신민당 또한 89명(지역구 65명, 전국구 24명)이 당선되었다. 제7대 국회의원선거에서 민주공화당이 73.7%라는 절대다수의석을 차지한 것과 비교하면

---

26) 제7대 대통령선거에는 박정희(민주공화당), 김대중(신민당), 진복기(정의당), 박기출(국민당), 이종윤(자민당), 성보경(민중당), 김철(통일사회당) 등 7명이 입후보하였으나, 성보경과 김철은 선거도중 사퇴하였다. 그러나 실제 경쟁은 박정희와 김대중의 대결로 진행되었다.

집권당이 위기의식을 느낄만한 결과로 해석할 수 있다. 이러한 정치상황의 변화로 인하여 1971년 실시된 제7대 대통령선거와 제8대 국회의원선거는 한국선거사에서 '유신'이라는 또 다른 변화를 가져오는 변곡점이 되었다.

제4절 | 제4공화국과 유신시대

1 유신개헌과 대통령 간선제

1971년 제7대 대통령선거와 제8대 국회의원선거에서 민주공화당은 승리하였다. 그러나 대선에서의 표차, 국선에서의 의석 차이는 이전에 비해 훨씬 줄어들었고, 집권당과 박정희 정권은 안정적인 국정운영을 위협하는 정치상황의 변화를 인식하기 시작하였다. 특히, 여야 간 의석수 차이가 22석[27]으로 줄어들면서 제8대 국회에서 이전과는 달리 여야 간 대결이 심화되자 정부와 집권여당은 또 다른 정치적 돌파구를 모색하기 시작하였다.

첫 번째 조치로 박정희 대통령은 1971년 12월 6일 남북 간 긴장 완화에 지장이 있다는 명분하에 국가비상사태를 선포하였다. 이어 12월 27일에는 야당의 반대 속에 국가보위에 관한 특별조치법을 통과시켰다. 이에 따라 정부는 헌법에 위반되는 국가긴급권을 행사할 수 있게 되었으며, 필요한 경우 경제 규제나 국가동원령, 옥외집회 및 시위의 규제, 언론·출판에 대한 특별조치를 취할 수도 있었다. 이어 1972년 10월 17일에는 대통령특별선언을 통해 비상조치를 선언하여 국회를 해산하고 국회의 권한을 비상국무회의가 대행하도록 하였다. 또한 정당 및 정치활동도 중단시켰다. 비상계엄이 선포되면서 대학의 휴교조치나 언론의 검열 등도 시작되었다.

이러한 일련의 조치들은 권위주의적 강압통치, 엄격한 통제정치를 통해 정치적 상황을 전환하고 완전히 새로운 정치체제와 지형을 이끌어 내기 위한

---

27) 제8대 국회의원선거 결과 야당 의석은 신민당 89석, 국민당과 민중당이 각각 1석이었다.

사전 정지작업이었다. 이러한 과정의 종착점은 확고한 장기 지배를 위한 헌법 개정, 이른바 '유신체제'의 형성이었다. 이를 위해 비상국무회의는 1972년 10월 26일 헌법개정안을 의결·공고하고, 11월 21일 국민투표를 실시하였다. 그 결과 91.5%의 찬성으로 소위 '유신헌법'이 확정되었고, 12월 27일 개정헌법이 공포되면서 유신체제가 출범하였다.

유신헌법의 핵심 중 하나는 대통령직선제를 통일주체국민회의에 의한 간접선거로 변경한 것이었다. 대통령의 임기를 6년으로 하고 중임이나 연임 규정을 없애 사실상 무제한적 연임이 가능하도록 하였다. 대통령은 긴급조치권, 국회해산권, 국민투표부의권, 법관 임명권 등을 갖도록 하였고, 국회의원 정수의 3분의 1(이른바 유신정우회)을 추천할 수 있는 권한도 주어졌다. 또한 통일이 이루어 질 때까지 지방의회를 구성하지 않도록 명시하여 지방자치도 중단시켰다. 이상을 간략히 요약하면 유신체제는 국민의 직접선거권 제한, 대통령 권한 확대 및 장기집권의 제도적 보장, 집권당의 입법부 장악 환경 마련으로 정리될 수 있다.

개정된 유신헌법에 따라 1972년 12월 23일 통일주체국민회의에서 제8대 대통령선거가 간접선거로 실시되었다. 통일주체국민회의는 농촌의 경우 1구 1인의 소선거구제로, 도시의 경우 1구 1~5인의 중선거구제를 통해 1972년 12월 15일 선출된 2,359명의 대의원으로 구성되었고, 이들이 대통령을 선출한 것이다. 장충체육관에서 실시된 대통령선거는 예상된 결과를 벗어나지 못하였다. 대통령 후보는 박정희 한 사람뿐이었고, 투표결과 무효표 2표를 제외한 대의원 2,357명의 찬성으로 박정희는 제8대 대통령이자 네 번째로 대통령에 당선되었다.

2 유신체제와 선거관리 기능의 위축

유신헌법이 가져온 또 다른 선거사적 변화는 대통령선거 관리를 통일주체국민회의 사무처에서 관리하도록 함으로써 선거관리위원회의 기능과 역할을 위축시켰다는 것이다. 이전 헌법은 물론 유신헌법에서도 선거관리와 관련하여

"선거와 국민투표의 공정한 관리 및 정당에 관한 사무를 처리하기 위하여 선거관리위원회를 둔다"(유신헌법 제112조)라는 명문규정을 두고 있었다. 그럼에도 불구하고 대통령을 통일주체국민회의에서 간접 선출하도록 함으로써 「통일주체국민회의법」에 후보자 등록부터 당선인 결정까지 관련 내용을 규정하여 이를 주관하도록 하였다. 이는 선거관리위원회에 부여된 공정한 선거관리라는 헌법적 소명(召命)을 침해하는 행위일 뿐만 아니라 민주적 선거의 근본을 침해할 수 있는 여지를 제공하는 일이었다.

유신체제의 등장과 통제 정치는 선거과정의 불공정성으로 인한 선거관리위원회의 기능 약화에도 영향을 미쳤다. 정부를 비판하는 내용을 선거공보에 게재할 수 없도록 하여 1978년 제10대 국회의원선거에서 자유롭고 공정한 경쟁을 유인해야 하는 선거관리위원회가 선거공보의 원고를 직권으로 삭제하여 야당으로부터 반발을 사기도 했다. 또한 유신 6주년 기념포스터를 첨부할 수 있도록 허용하여 공정한 선거관리를 담당한 헌법기관으로서의 위상을 스스로 훼손했다는 비판을 받기도 했다.[28] 이처럼 유신시대 선거사는 자유경쟁의 제한뿐만 아니라 공정한 선거관리를 위한 헌법적 기능 또한 위축되는 암흑기를 맞았다.

3 국회의원선거와 불공정 게임 : 유신정우회 구성

유신시대 선거사의 또 다른 폐해는 입법부 구성의 비민주성을 지적할 수 있다. 제4공화국 헌법은 제40조에서 국회의원 정수의 3분의 1에 해당하는 수의 국회의원을 통일주체국민회의에서 선거하도록 하되, 국회의원 후보자는 대통령이 일괄 추천하도록 하였다. 형식적 조건은 후보자 전체에 대한 찬반을 투표에 붙여 재적대의원 과반수의 출석과 출석대의원 과반수의 찬성으로 당선을 결정한다고 규정하고 있었으나, 대통령에게 입법부의 3분의 1을 구성하도록 한

---

28) 유신시대에는 선거관리위원회의 기능과 역할의 위축으로 선거의 자유와 공정, 공정한 선거관리, 정치적 중립 등 민주적 선거의 소중한 가치를 지켜내려는 의지를 보여주는 중앙선거관리위원회의 주요결정이 1960년대에 비해 찾아보기 어려웠다. 중앙선거관리위원회 의결50년사 편찬위원회. 2014. 『공명선거의 발자취』. 박영사. 52.

것과 다름없었다. 이렇게 구성된 33%의 국회의원이 구성한 원내교섭단체를 '유신정우회'라고 불렀다.

유신정우회의 존재는 엄격한 권력분립과 견제와 균형을 기본원리로 하는 대통령제 권력구조 하에서 대통령이 입법부를 지배할 수 있는 구조를 제도화한 것이었다. 다시 말하면 국회의원선거에서 근본적으로 불공정한 게임 규칙을 규정하여 야당이 승리할 수 없도록 하는 순위가 매겨진 시험지와 같은 것이었다. 제3공화국의 경우에도 제1당의 프리미엄을 인정하는 전국구제도가 있었고 이로 인하여 공화당이 안정적인 다수당을 유지할 수 있었지만,[29] 이와 비교해도 상당히 불공정한 경쟁이 이루어지게 하는 선거 규칙이었다. 결국 입법부 구성의 3분의 1을 차지하는 유신정우회 제도는 그 구성과정이 가지는 비민주성으로 인하여 제4공화국 민주선거의 근본을 훼손하고 있었다.

제5절 │ 제5공화국의 또 다른 간선제

유신을 통해 장기집권을 이어가던 박정희 정권은 정치적 자유를 상실한 국민들의 저항을 받기 시작하였고, 이에 박정희 정권은 긴급조치를 선포하는 등 강압통치를 강화하였다. 그러나 장기간의 권위주의체제가 이어지면서 국민적 저항과 함께 권력 내부의 갈등 또한 심화되었고, 결국 1979년 10월 26일 발생한 대통령 피살사건으로 박정희 정권은 막을 내렸다. 10·26 사건으로 대통령이 궐위가 되면서 헌법 제48조에 따라 당시 국무총리이던 최규하가 대통령 권한대행으로 취임하였고,[30] 이후 1979년 12월 6일 통일주체국민회의 간접선거로 대통령선거가 실시되어 최규하 권한대행이 제10대 대통령에 공식 취임하였다.

암울한 유신체제의 터널을 빠져 나오면서 새로운 민주사회로 갈 수 있을 것이라는 희망이 넘쳤고, 이 시기 동안 전국 곳곳에서 민주화를 요구하는 시위

---

29) 한국선거학회. 2011.『한국 선거 60년』. 오름. 121.
30) 헌법에는 대통령 궐위 시 통일주체국민회의를 통하여 3개월 이내(1980년 1월 26일까지)에 후임 대통령을 선출하도록 규정되어 있었다.

가 이어졌다. 이러한 사회적 상황은 1968년 체코슬로바키아에서 있었던 민주
화운동을 지칭하는 '프라하의 봄'에 비유되어 '서울의 봄'으로 불리기도 했다.
그러나 서울의 봄 또한 그리 오래가지 않아 신군부의 쿠데타, 5월 17일 비상
계엄 전국확대조치, 광주민주화 운동 살상 진압 등으로 끝이 났다.

1979년 12월 12일 신군부는 쿠데타를 일으켜 실질적 권력을 장악하였다.
이러한 상황 속에 최규하 대통령은 1980년 8월 16일 평화적인 정권교체의 전
통을 남긴다는 명목 하에 재임 8개월 21일 만에 신군부에게 정권을 넘기고 대
통령직에서 물러났다.31) 이후 유신헌법 규정에 따라 1980년 8월 27일 장충체
육관에서 제11대 대통령선거가 실시되고 신군부의 수장이었던 전두환이 대통
령에 당선되었다.

집권한 전두환 대통령은 쿠데타와 유신 대통령이라는 굴레를 벗고자 했고,
1980년 10월 22일 이를 위한 개헌이 이루어졌다. 그러나 개헌의 핵심 내용은
신군부의 계속 집권이라는 근본적인 목적에서 자유로울 수 없었다. 그 결과 선
택된 것이 간선제의 유지이며, 7년 단임제였다. 다만 간선제의 형식을 통일주
체국민회의 대신 선거인단을 통한 선거로 전환하였다. 당시 국민의 여망이었던
대통령직선제 대신 간선제를 채택한 것과 관련하여 전두환 대통령은 특별담화
를 통해 과도한 국력 낭비, 무책임한 공약 남발, 국론 분열, 지역감정 촉발 등
이 주요한 이유라고 발표했다.32)

그러나 외형적인 변화에도 불구하고 개정 헌법은 여전히 국민의 선거 주
권을 제약하고 있었다. 대통령에게는 비상조치권과 국회해산권이 주어졌고, 이
는 국민이 대통령을 직접 선택할 수 없는 상황에서 국민이 선택한 국회마저도
대통령의 의지에 따라 영향을 받을 수 있다는 것을 의미하였다. 또한 제5공화
국 헌법은 불공정한 선거 경쟁의 틀을 구조화 했던 유신정우회를 버렸으나 대
신 제1당이 전국구의 3분의 2를 무조건 차지하는 전국구 제도를 도입하는 외
형적 변화를 통해 불공정 경쟁구조를 지속하고 있었다. 또한 정치풍토쇄신을
위한 특별조치법을 제정하여 기존 정치인 567명에 대한 정치활동 금지 조치를
내려 실질적인 선거경쟁을 제약하고 통제하는 정치환경을 조성하였다.

---

31) 한국선거학회. 2011. 『한국 선거 60년』. 오름. 137.
32) 중앙선거관리위원회. 2009. 『대한민국선거사』 제4집. 에스아이케이알. 69.

이러한 변화 속에 1981년 2월 25일 제12대 대통령선거가 치러졌고 선거 결과는 예상된 것처럼 전두환 후보의 당선으로 이어졌다. 한 달 뒤 3월 25일 치러진 제11대 국회의원선거에서도 집권당이었던 민주정의당은 지역구 90석에 전국구 61석을 받아 151석의 거대정당이 되었다. 민주정의당이 지역선거에서 획득한 득표율이 35.6%였던 점을 고려하면 54.7%(151석)라는 의석점유율은 불공정한 제도에 따른 과대 대표의 결과였다. 이러한 현상은 1985년 2월 12일 실시된 제12대 국회의원선거에도 이어져 민주정의당은 지역선거 득표율 35.3%로 53.6%(148석)의 의석을 차지하였다. 이처럼 제5공화국에서도 제도적으로 구조화된 불공정 선거경쟁이 악순환 되었다.

제6절 | 민주화와 과도기적 변화

1 제9차 헌법 개정과 절차적 민주주의의 회복

제5공화국 전두환 정권이 출범한 이후 헌법 개정 문제는 지속적인 정치적 화두였다. 제5공화국 헌법은 1980년 전두환 정권이 비상계엄령 하에서 만든 헌법으로 국민들의 요구와 달리 대통령 간선제를 채택하여 개헌 후 오래지 않아 다시 개헌문제가 제기되기 시작하였다. 특히, 1985년 2월 12일 실시한 제12대 국회의원선거에서 신한민주당이 대통령직선제 개헌을 선거공약으로 내걸고 집권당과 정부를 비판하기 시작하면서부터 개헌논의가 본격화되기 시작하였고, 그 중심에는 대통령직선제가 자리하고 있었다.

이러한 정치적 상황 속에 전두환 정부 말기는 호헌(護憲)과 호헌철폐의 대결구도가 형성되었다. 제1야당이었던 신한민주당은 1986년 초부터 1천만 개헌서명운동을 벌였고, 1987년 4월 13일 정부는 호헌조치를 발표하였다. 이 과정에서 박종철 고문치사 사건이 발생했고, 이를 계기로 국민의 분노는 6월 민주화항쟁으로 확대되었다. 국민들과 야권은 대통령직선제와 민주화 요구를 봇물처럼 쏟아 내었고, 결국 전두환 정부는 이러한 국민적 요구를 수용할 수밖에 없었다. 그 결과 1987년 6월 29일 민주정의당 노태우 대표는 이른바 6·29선언으로 불리는 '국민화합과 위대한 국가로의 전진을 위한 특별담화'[33]를 발표하고 대통령직선제 개헌을 수용하였다.

이에 따라 헌정사상 최초로 여야합의에 의한 개헌안이 마련되었고, 1987년 10월 27일 개헌을 위한 국민투표가 실시되었다. 국민투표에는 투표권자 78.2%가 참여하였고, 투표결과 역대 국민투표 중 가장 높은 93.1%의 찬성률로 헌법개정이 확정되었다.

민주화 과정을 통해 이루어진 제9차 개헌의 가장 중요한 의미는 권위주의 기간 동안 통제되어 있던 절차적 민주주의의 회복이었다. 우선 국민들이 직접 대통령을 선출하도록 함으로써 국민주권의 회복을 가져왔다. 또한 대통령에게 부여되었던 국회해산권과 비상조치권을 폐지하여 절대적이었던 대통령의 권한을 일부 축소하고, 대법관 임명에 국회의 동의를 얻도록 하여 삼권분립의 원칙을 되살렸다. 또한 언론, 출판, 집회, 결사에 대한 허가제와 검열제를 금지하는 규정을 부활시켜 자유권적 기본권도 강화하였다.

2   민주화 직후 선거양상의 양면성

개헌을 통해 대통령직선제가 부활된 이후 민주화의 훈풍 속에 1987년 12월 16일 제13대 대통령선거가 실시되었다. 그러나 제도적 측면에서의 절차적 민주주의의 회복과 달리 선거의 양상은 민주화 물결을 수용하지 못하였다. 민주화가 곧 준법선거로 이어지지는 않았다.

제13대 대통령선거는 집권당인 민주정의당 노태우 후보를 비롯하여 통일민주당 김영삼, 평화민주당 김대중, 신민주공화당 김종필 등 4명의 후보가 각

---

33) 6·29선언은 8개항의 시국수습 방안을 발표한 것으로, 구체적인 내용은 다음과 같다. ① 대통령직선제 개헌을 통한 1988년 2월 평화적 정권이양, ② 대통령선거법 개정을 통한 공정한 경쟁 보장, ③ 김대중의 사면복권과 시국관련 사범들의 석방, ④ 인간존엄성 존중 및 기본인권 신장, ⑤ 자유언론의 창달, ⑥ 지방자치 및 교육자치 실시, ⑦ 정당의 건전한 활동 보장, ⑧ 과감한 사회정화조치의 단행. 위키백과 자료 http://ko.wikipedia.org/wiki/6%C2%B729_%EC%84%A0%EC%96%B8(검색일 2015. 4. 2).

축을 벌였다. 이들은 4자필승론(四者必勝論)[34]이 제기된 가운데 연고지역을 중심으로 선거전을 전개해 나갔고, 이 과정에서 지역주의의 심화라는 고질적 병폐가 형성되었다.

선거경쟁이 치열할수록 준법선거는 요원한 바람일 뿐이었다. 각 후보들은 조직선거를 통한 세 과시 경쟁을 벌였고, 이는 곧 대규모의 선거자금을 투입하는 금품선거를 가져왔다. 조직선거와 금품선거는 대규모 동원선거 현상을 야기하였고, 조직선거와 동원선거의 경쟁이 치열해 질수록 더불어 상호 충돌하는 폭력선거도 빈번하게 발생하였다. 또한 불법선전물이 쏟아져 나오는 등 불·탈법 선거가 난무하면서 선거질서는 극도로 파괴되었다. 그러나 선거관리위원회의 통제력은 무척이나 미미했고, 오히려 불법선거가 일반화 되고 있었다.

이로 인하여 선거에 대한 불신도 더불어 커져만 갔다. 자유롭고 공정한 경쟁을 통한 대표성 확보라는 선거의 민주적 기능은 심각하게 훼손되어 선거가 형해화(形骸化)되고 무의미해졌다. 민주화를 통해 절차적 민주주의가 회복되어 가고 있었지만 대의제민주주의의 근본이 되는 선거는 형식만 있고 가치나 의미가 없게 되는 양면성을 드러내 놓고 있었다. 이처럼 비정상적인 선거과정을 거쳐 결국 제13대 대통령선거에서는 노태우 후보가 대통령에 당선되었다. 그러나 지역주의라는 폐해 속에 노태우 후보자의 득표율은 36.6%에 지나지 않았다.

민주화 이후 선거양상의 양면성은 1988년 4월 실시된 제13대 국회의원선거에서도 재현되었다. 민정, 민주, 평민, 공화 등 4개 정당은 철저하게 지역주의를 활용하였다. 이 과정에서 대통령선거와 마찬가지로 조직, 금품, 동원선거를 자행하였고, 곳곳에서 폭력도 수반되었다. 결국 각 정당은 선거결과 지역정당으로 분화되었고, 선거의 민주적 기능은 여전히 훼손되고 있었다.

---

34) 4자필승론은 김대중이 야권후보 단일화에 실패한 후 평화민주당을 창당하고 독자 출마를 선언하면서 제기한 논리였다. 즉 4명의 후보가 각 지역 연고의 표를 나누어 획득한다는 전제 하에 4명의 후보가 출마하면 수도권에서 경쟁력이 높은 본인이 당선될 것이라는 주장이다.

3 1989년 재·보궐선거
: 타락한 후보자와 타락한 유권자의 황금축제

1988년 제13대 국회의원선거는 승자독식의 소선거구제 부활로 인하여 무척이나 치열하고 극렬한 대결 구조로 치러졌다. 각 정당과 후보자들은 당선 아니면 낙선이라는 극단적 결과 앞에 오로지 당선만을 위해 법이 아니라 조직선거, 금품선거 등 무차별적인 불법선거운동 방법에 의존했다. 이러한 상황으로 정당과 후보자들 속에서는 선거법 경시풍조가 만연하였고, 그 결과 선거 후 26건[35]의 선거소송이 제기되었다. 이 가운데 강원도 동해시와 서울시 영등포구을선거구는 선거무효가 결정되어 1989년 재선거를 치러야 했다.

그러나 선거무효로 인해 다시 치러지는 선거였음에도 불구하고 동해시 재선거에서 불법선거 행태는 더욱 극단을 치달았다. 각 정당의 중앙당이 적극적으로 개입하면서 선거는 과열되었고, 이는 곧 불법·타락선거로 이어졌다. 급기야 통일민주당 사무총장이 신민주공화당 후보자를 매수하는 일까지도 벌어졌다. 언론에서도 이 선거를 '타락한 후보자와 타락한 유권자가 벌이는 황금축제'라며 비판하였다.

그러나 동해시 재선거는 선거관리적 측면에서는 중요한 변화의 계기를 제공하였다. 선거관리위원회는 창설 이후 처음으로 선거법위반행위 단속반을 구성하여 적극적으로 불법선거 차단에 나섰고, 그 과정에서 동해시 재선거에 출마했던 5명의 후보자 전원과 그들의 선거사무장을 선거법위반으로 검찰에 고발하였다. 더 이상 법이 무시되는 무법천지의 선거운동으로 공명선거의 근본이 훼손되는 상황을 묵시할 수 없다는 의지의 발현이었다. 비록 이 선거에서 불법선거를 근절하지는 못하였지만 선거관리위원회가 선거관리의 방향을 적극적 관리로 전환하고 공명선거 정착을 위한 인식을 변화시키는 계기를 제공했다는 점에서는 동해시 재선거는 선거사적으로 매우 큰 의미를 부여할 수 있다.

불법선거 근절을 위한 단속반 구성 및 단속활동은 이후 영등포구을 재선거뿐만 아니라 1991년 지방선거, 1992년 국회의원선거와 대통령선거에까지 지

---

35) 중앙선거관리위원회. 2009. 『대한민국선거사』 제5집. 에스아이케이알. 131.

속적으로 이어졌다. 이러한 과정을 통해 선거관리위원회는 불법 행위에 대한 단속권을 가지는 법적 근거를 마련하게 되고, 이후 더욱 적극적으로 불법선거 근절활동을 확대해 갈 수 있었다.

4 지방선거, 30년만의 부활

1961년 군사정변을 통해 권력을 장악한 군사정부가 지방자치제의 전면 중단을 선언한 이후 30년이 지난 1991년 지방자치를 위한 지방선거가 부활하였다. 이 또한 민주화의 큰 성과물 중 하나였다. 지방자치제 부활은 1987년 실시된 제13대 대통령선거에서 김영삼, 김대중, 김종필은 물론 집권당 후보였던 노태우 후보까지 공히 내세운 공약이었다. 그러나 선거 이후 지방선거의 실시 시기 문제로 여야 간 갈등을 겪으면서 1991년에서야 지방의회의원만 우선적으로 선출하게 된 것이다. 그러나 30년이란 오랜 시간 동안 중단되어 왔던 지방자치가 일부 부활하게 되는 변화를 맞이한 것만으로도 1991년 지방선거는 선거사적으로나 정치사적으로 중요한 전환점이 된 선거였다.

1991년 지방의회의원선거는 3월과 6월로 나뉘어 두 차례에 걸쳐 실시되었다. 우선 3월에는 구·시·군의회의원선거가 26일 실시되었고, 이어 6월 20일에 시·도의회의원선거가 실시되었다. 구·시·군의회의원선거에는 정당의 후보자공천이나 선거운동 참여가 배제되었다. 그럼에도 불구하고 각 정당들은 내부공천의 형식으로 후보자를 출마시켰고, 선거운동도 지원하는 등 사실상 선거에 참여하는 양상을 보였다. 그러나 30년만의 지방자치의 부활임에도 불구하고 유권자들의 투표율이 55%에 불과할 만큼 지방선거에 대한 관심은 저조하였다.

시·도의회의원선거에서는 정당의 참여가 허용되어 5개 정당이 선거에 참여한 가운데 본격적인 정당 경쟁이 벌어졌다. 실질적인 경쟁은 1990년 3당 합당을 통해 거대여당으로 거듭난 민주자유당과 제1야당이었던 신민주연합당의 대결로 진행되었다. 선거결과는 866석 중 564석(65.1%)를 차지한 민주자유당이 승리하였고, 이로써 집권여당은 광주·전남·전북·제주를 제외한 11개 시·도의회를 장악하게 되었다. 그러나 시·도의회의원선거에서도 유권자의 관심은 여전히 낮아 투표율이 58.9%에 머물렀다.

제7절 │ 통합선거법 제정과 공명선거의 제도적 기틀 마련

1 1992년 양대 선거와 선거문화 지체

    1992년은 국회의원선거와 대통령선거가 함께 치러졌던 해였다. 그러나 두 선거는 1987년 민주화물결 속에 개헌을 통해 대통령직선제와 국회의원 소선거 구제가 부활된 이후 두 번째 치러지는 전국단위의 선거였음에도 여전히 선거 문화의 후진성이 재확인된 선거였다. 이른바 한국병이라 불리는 여러 가지 문제점들이 선거에서도 개선되지 못하고 있었던 것이다.

    1992년 4월 실시된 제14대 국회의원선거는 제14대 대통령선거를 9개월 앞두고 실시되면서 대통령선거의 전초전으로 치러졌다. 특히, 이 선거에서는 현대그룹 정주영 회장이 통일국민당을 창당하고 정치에 뛰어들어 주목을 받았다. 이전과 같이 여당의 안정론과 야당의 견제론이 기본적인 선거경쟁의 틀을 이룬 가운데 3당 합당에 대한 공방으로 진행된 선거에서 여당인 민주자유당은 149석(49.8%)을 얻어 제1당을 유지하였다.[36] 그러나 제13대 국회의원선거에 이어 또 다시 여소야대의 상황을 맞게 되었다. 새롭게 창당된 정주영의 통일국민당은 31석을 얻는 선전으로 창당 후 첫 선거에서 원내교섭단체를 구성하는 파란을 일으켰다.

    선거결과와는 별개로 대통령선거 전초전으로 치러진 제14대 국회의원선거는 각 정당의 총력전으로 조기에 과열되었고, 그 만큼 불법행위도 많았다. 선거관리위원회는 1989년 재·보궐선거를 계기로 시작한 선거법위반행위 예방·단속활동을 활발하게 이어 갔으나 금품선거, 조직선거, 불법선전물 배포 등의 고질적인 선거병폐를 차단하기에는 제도적으로나 현실 상황적으로나 한계가

---

36) 149석을 얻은 민주자유당은 선거 후 무소속 당선자들을 영입하여 제14대 국회가 개원하기 전 인위적으로 원내 과반수를 확보하였다.

있었다.

12월 18일 실시된 제14대 대통령선거에서도 3당의 대결이 이어졌다. 민주자유당 김영삼, 민주당 김대중, 통일국민당 정주영 후보는 각각 한국병 치유와 신한국 창조, 정권교체, 경제대통령을 내세우며 경쟁을 벌였다. 결국 42%를 득표한 김영삼 후보가 당선되었고, 선거 후 김대중과 정주영 후보는 정계은퇴를 선언하였다.

제14대 대통령선거에서도 선심관광과 금품제공 등 금권선거 논란은 여전히 지속되었고, 특히 부산 초원복집 사건이 불거지면서 지역감정을 이용한 선거와 관권선거 논란도 여전하였다. 또한 사조직을 이용한 조직 및 동원선거도 사라지지 않아 각 후보 진영은 선거관리위원회로부터 경고조치를 받기도 했다.

이처럼 1992년 치러진 양대 선거는 민주화를 통한 절차적 민주주의의 회복과 달리 여전히 고질적 병폐들이 지속되고 있는 양면성을 여실히 드러내고 있었다. 양대 선거를 앞두고 선거관리위원회는 1992년을 '공명선거 정착의 해'로 선포하고 깨끗하고 공정한 선거를 위한 의지를 드높였다. 그 결과 이전과 달리 제14대 대통령선거 직후 김대중, 정주영 후보가 선거결과에 깨끗이 승복하는 등 성공적으로 선거관리를 마쳤다. 그러나 사라지지 않는 불법선거와 그에 따른 문화지체 현상의 지속은 공정한 선거경쟁이 이루어지는 공명선거를 말하기에는 여전히 많은 숙제를 안고 있었다.

2 한국병 치유를 위한 통합선거법 제정

제14대 대통령선거에서 당선된 김영삼은 1993년 2월 25일 제14대 대통령으로 취임하였다. 새롭게 출범한 김영삼 정부는 국정운영의 제1화두로 부정부패 척결 등 '개혁'을 통한 신한국 창조를 내세웠다. 한국 사회에 만연해 있는 부정적 현상, 이른바 한국병을 치유하는 것이 김영삼 정부가 내세운 제1의 과제였다. 김영삼 대통령은 취임 이후 문민정부를 표방하면서 정치선진화는 정치부패를 척결하지 않고서는 이룩할 수 없다며 재임기간 동안 어떤 형태의 정치자금도 받지 않을 것을 공개 선언하는 등 정치풍토 쇄신에 대한 의지를 분명

히 하였다.[37)]

이러한 한국병 치유를 위한 개혁은 선거분야에서도 예외는 아니었다. 그 결과 등장한 것이 통합선거법의 제정이다. 1994년 3월 16일 제정·공포된 통합 선거법은 이전까지 개별법으로 있던 대통령선거법, 국회의원선거법, 지방의회의 원선거법, 지방자치단체의장 선거법 등을 하나로 통합한 선거법으로 공식 법명 은 「공직선거 및 선거부정방지법」(이하 통합선거법이라 함)이었다. 이 법은 이전 까지 선거에서 '당선만 되면 그만'이라는 그릇된 인식으로 인하여 난무했던 불 법·탈법 선거운동을 근본적으로 근절하고, 특히 일반화 현상으로 인식할 만큼 만연된 금권선거 척결을 통해 공명선거 정착을 위한 새로운 기반을 조성하는 데 근본적인 목적이 있었다. 즉, 불법이 만연한 기존의 선거풍토를 일신하고 불 법선거운동에 대해 보다 엄격한 규제를 통해 법이 지배하는 선거질서를 재정립 하고자 한 것이었다.

통합선거법은 '돈은 묶고 입은 푼다'라는 기조와 같이 선거운동의 자유는 확대하되 선거공영제를 확대하고 선거비용 불법지출은 철저히 규제하는 한편 선거사범에 대해서는 엄격하게 처벌하는 것을 주요 내용으로 구성되었다.[38)] 각종 선거법을 하나로 통합하여 적용함으로써 개별 선거법으로 운영되던 이전 의 선거에 비해 선거관리의 효율성을 높인 것도 통합선거법의 중요한 의미 중 하나였다. 당시 정부는 통합선거법 등 정치개혁 입법에 대해 우리 정치의 고질 적 병폐로 지적되던 금권선거, 타락선거에 종지부를 찍고 정경유착의 고리를 단절하여 깨끗한 선거, 돈 안드는 정치를 추구하는 개혁입법으로서 새 정부 개 혁정책의 대표적인 성과 중 하나로 평가하고 통합선거법 공포 과정에서 다른 법률과 달리 서명식을 갖기도 했다.[39)]

이처럼 통합선거법의 제정은 한국 선거의 새로운 전환점이 될 것이라는 기대를 제공하였다. 일련의 정치개혁 과정 중 가장 핵심적 변화로서 절차적 민 주주의를 넘어 민주주의의 공고화를 위한 첫 걸음이기도 했다. 국회에서 명문 으로 제시한 통합선거법 제정이유는 이러한 의미를 명확히 보여주고 있다.

37) 중앙선거관리위원회 의결50년사 편찬위원회. 2014.『공명선거의 발자취』. 박영사. 727.
38) 통합선거법은 중앙선거관리위원회가 오랜 시간 연구과정을 거쳐 국회에 제출한 제정의견 이 기본 골격이 되었다. 통합선거법의 자세한 내용은 이 책의 4장을 참조.
39) 법제처. 1994.『문민정부와 법제개혁 – 그 1년의 발자취』. 27.

"깨끗하고 돈 안드는 선거를 구현하기 위하여 선거에 있어서 부정 및 부패의 소지를 근원적으로 제거하고, 국민의 자유롭고 민주적인 의사표현과 선거의 공정성을 보장하며, 각종 선거법을 단일법으로 통합함으로써 선거관리의 효율성을 제고하는 등 선거제도의 일대 개혁을 통하여 새로운 선거문화의 정착과 민주정치의 실현을 도모하려는 것임."

3 통합선거법의 첫 적용, 제1회 전국동시지방선거

1995년 실시된 제1회 전국동시지방선거는 민주화 이후 지방의회의원 및 지방자치단체의 장을 모두 주민이 직접 선출함으로써 지방자치의 외형적 틀을 완성한 첫 선거였다는 점에서 큰 의미를 가진다. 뿐만 아니라 이 선거는 공명선거 정착을 위해 마련된 통합선거법이 처음으로 적용된 전국단위 선거였다는 점에서도 중요한 의미를 가지는 선거였다. 정치적으로는 김영삼 정부가 출범한 지 2년이 지난 시점에 치러져 중간평가의 의미도 지닌 선거였다.

이 선거에서는 정계를 은퇴한 김대중 아시아·태평양 평화재단 이사장이 '지역등권론'을 내세우며 정치활동을 재개하는 한편, 집권여당의 대표였던 김종필이 탈당 후 자유민주연합을 창당하고 '충청도 핫바지론'을 내세우며 선거에 참여해 이른바 '신3김 시대(김영삼·김대중·김종필)'의 경쟁구도가 형성되었다. 그만큼 선거 경쟁도 치열했고, 선거결과 또한 지역분할의 결과를 반복하였다.[40]

그러나 통합선거법 제정 이후 지방선거 사상 처음으로 TV토론회가 열리는 한편 단체의 대담·토론회도 활발하게 개최되는 등 선거운동 양상의 변화가 일어나기 시작하였다. 또한 선거비용에 대한 확인·조사가 엄격해 지면서 이와 관련하여 고발 246건, 수사의뢰 120건 등의 조치가 취해졌다.[41] 한편, 선거관리 영역에서는 처음으로 4개의 선거가 동시에 실시됨에 따라 업무 과중에 따른 어려움을 겪어야 했다.

---

40) 선거결과 15개 지역의 시·도지사선거에서는 민주자유당 5명, 민주당과 자유민주연합 각 4명, 무소속 2명이 당선되었고, 구·시·군의 장 선거에서는 민주자유당 70명, 민주당 84명, 자유민주연합 23명, 무소속 53명이 당선되었다.
41) 중앙선거관리위원회. 2013. 『선거관리위원회 50년사』. 박영사. 526.

제8절 │ 민주주의의 질적 성숙과 선거선진화

1 정권교체의 경험과 민주주의 공고화 : 제15대 대통령선거

대의제민주주의에서 정권교체는 국가의 주인인 국민이 선거를 통하여 대표자에 대한 신임과 책임성을 묻는 핵심적인 수단이다. 따라서 정권교체의 경험은 곧 질적 민주주의의 심화와 공고화(consolidation)를 평가하는 중요한 척도가 된다. 이는 곧 국민의 주권이 형식적으로는 물론 내용적으로도 실질적인 권위로서 실현됨을 의미한다.

그러나 우리나라의 경우 제6공화국이 출범한 직후까지 선거를 통한 평화적 정권교체를 한 번도 경험한 적이 없었다. 시민 혁명에 의해서, 또는 군사정변을 통해서 권력이 바뀌는 사례만이 존재해 왔다. 이는 어떠한 원인에서 기인된 것인가를 불문하고 국민의 정부 선택권이 실질적으로 작동하지 못하여 왔음을 의미하는 것이며, 민주주의의 수준 차원에서도 높은 평가를 부여할 수 없다.

이러한 측면에서 1997년 실시된 제15대 대통령선거는 우리나라 선거사에 있어 큰 전환점이 된 선거였다. 헌정사상 최초로 선거를 통한 평화적이고 수평적인 정권교체가 이루어졌기 때문이다. 지금까지 경험하지 못했던 국민의 선택을 통한 권력교체는 곧 국민의 기본적 주권이 실질적인 영향력을 갖기 시작했음을 의미하는 것이며, 한편으로는 정치인이 유권자를 두려워하고 존중할 수 있는 계기를 마련하였다는 점에서 큰 의미를 가진다.

15대 대통령선거는 여당의 이회창 후보와 제1야당 김대중 후보의 대결로 진행되었다. 선거과정에서는 경제파탄으로 인해 IMF관리체제라는 정치·사회적 위기를 반영하듯 경제살리기가 최대 쟁점이었다. 한편, 이 선거에서는 각 정당이 당내 경선을 실시하여 후보자를 결정하는 진일보한 모습의 의미 있는 변화도 나타났다. 신한국당의 경우 무려 9명이 경선에 나서 이른바 9룡의 대결이 벌어졌고, 최종적으로는 결선투표 끝에 이회창 후보가 이인제 후보를 누르고 대통령후보로 결정되었다.[42] 새정치국민회의에서는 김대중 총재와 정대철 부총재가, 자유민주연합에서는 김종필 총재와 한영수 의원이 경선을 벌여 각각 김

대중과 김종필을 대통령후보로 선출하였다.[43] 이후 새정치국민회의와 자유민주
연합은 김대중으로 후보를 단일화하여 이른바 'DJP'연합이라 불리는 선거연합을
이루었고, 결국 선거에서 승리하였다. 그러나 선거 승리를 위해 정체성을 달리
하는 두 정당이 선거연합을 이룬 것과 이 과정에서 충분한 당내 논의 및 의견
수렴 없이 후보단일화를 결정한 것에 대해서는 비판적으로 평가되기도 했다.

2 고비용저효율 선거구조 개혁의 도화선 : 16대 대통령선거

월드컵 개최와 4강신화로 전국이 열광했던 2002년, 그 해 12월 제16대
대통령선거가 실시되었다. 이 선거에서는 국민참여경선제도라는 새로운 후보선
출 방식이 등장하면서 주목을 끌었다. 당시 선거를 앞둔 정치적 분위기는 '이
회창대세론'이 지배적이었다. 그러나 민주당이 이전과 달리 대통령후보 선출과
정에 일반국민을 참여시키는 경선방식을 채택하면서 새로운 분위기가 만들어
지기 시작하였다. 특히, 국민참여경선을 거치면서 예상치 못했던 노무현 열풍
이 일었고, 이는 노무현을 민주당 후보로 선출하는 것은 물론 대통령선거에서
승리하게 하는 기폭제가 되었다. 또한 국민참여경선제의 도입은 새로운 선거문
화를 만드는 계기가 되었다.[44]

이 선거에서는 선거운동에도 많은 변화가 있었다. 특히 미디어와 인터넷을
이용한 선거운동이 위력을 떨치면서 선거운동의 중심무대가 길거리에서 TV와
온라인으로 옮겨 왔고, TV 합동토론회, TV광고, 후보자 지지 찬조연설 등도 주
목을 받았다. 무엇보다도 2002년 대통령선거에서는 '노사모'라는 새로운 형태의
자발적 후보자 지지 모임이 바람을 일으켰고, 이를 계기로 이후 후보자 팬클럽

---

42) 이후 이회창 후보는 민주당 조순 후보와 단일화를 이루었고, 신한국당 경선에서 패배한
이인제는 탈당하여 국민신당을 창당하고 대통령선거에 출마하였다.
43) 정당의 후보자 결정과정이 과거처럼 극소수 정치인의 밀실거래로 이루어지지 않고 개방적
이고 민주적인 당내경선을 통해 후보자를 결정하는 방식이 보편화 되었다는 점에서 당시
선거는 민주사적으로 높은 평가를 받기도 한다. 한국선거학회. 2011. 『한국 선거 60년』. 오
름. 261.
44) 한나라당 역시 국민참여경선제를 도입하였으나 이회창의 대세론이 지배하는 상황으로 인
하여 민주당 경선과정에 비해 상대적으로 국민적 관심을 끌지는 못하였다.

과 적극적 선거운동이라는 새로운 선거문화가 형성되기 시작하였다.

한편 2002년 제16대 대통령선거는 우리나라 정치 및 선거의 고질적 병폐로 지적되던 고비용·저효율의 관행이 선거 후 재확인되면서 이를 개선하는 계기를 제공한 선거이기도 했다. 우리나라는 지난 60여년의 헌정사에서 부패한 돈, 불법정치자금과 관련한 많은 교훈적 사례를 가지고 있다. 제3공화국과 제4공화국 당시 당과 소속 국회의원들에게 지원되었던 소위 대통령 하사금이 그러했고, 전두환·노태우 대통령 집권기간 동안에는 1조원 정도의 불법자금이 조성·사용된 것으로 언론에 보도된 사례도 있다.[45]

민주화 이후 정치제도 및 정치문화 개선으로 우리의 정치자금 투명성과 관련한 환경은 많이 좋아졌으나 2002년 대통령선거에서 천문학적 불법자금 조달 및 불법선거자금 지출이 적나라하게 드러나면서 국민의 공분을 불러일으켰다. 당시 이회창 후보자 측에서 조성한 불법자금이 847억 원이고 노무현 후보자 측에서 조성한 자금이 114억 원으로 알려져 있다. 선거 후 불법선거자금 논란이 불거지고 국민여론이 극단적으로 나빠지자 결국 한나라당은 차떼기 정당이라는 오명을 쓴 채 천막당사로 당사를 옮기는 반성의 모습을 보였다.

이러한 폐해 속에 불법정치자금 문제가 이슈화됨에 따라 이후 제17대 국회의원선거를 한 달여 앞둔 2004년 3월 깨끗하고 공정한 선거풍토를 염원하는 국민의 여망을 수용하는 대폭적인 정치·선거제도 개선이 시도되었다. 청중동원으로 문제가 끊이지 않았던 합동연설회 및 정당연설회를 폐지하는 등 돈이 드는 선거를 차단하고, 돈 선거 근절을 위한 기부행위 상시제한과 50배 과태료제도 및 선거범죄 신고자 포상금제도가 도입되었다. 돈 먹는 하마로 불리던 지구당을 폐지하였고, 정치자금의 원활한 조달과 투명성을 확보하는 등 고비용 저효율의 선거·정당구조를 혁파하는 정치관계법의 개정이 이루어진 것이다. 지역구와 정당 투표를 분리해 1인 2표제가 도입된 것도 이때였다. 개정된 정치관계법이 처음으로 적용된 2004년 제17대 국회의원선거는 그야말로 선거 혁명으로 불리울 만큼 돈이 적게 드는 깨끗한 선거, 공명선거의 기반을 구축한

---

45) 노태우 대통령 집권기간 동안 검찰에서 확인하여 조치한 금액만 2,300억 원이었다. 1998년에 발행된 동아일보 매거진에 의하면, 1992년 실시된 대통령선거에서 당시 여당인 민주자유당이 사용한 대선자금이 1조원이 넘은 것으로 추정된다.

선거였다는 평가를 받았다.

3 정책선거의 실험 : 제4회 전국동시지방선거

2004년 제17대 국회의원선거에서 제도 개선 및 선거문화의 진일보라는 성과를 이루었음에도 불구하고 선거 이후 선거운동의 자유와 유권자의 알권리를 지나치게 제약한다는 문제점이 계속하여 지적되었다. 이러한 상황 속에 2006년 제4회 전국동시지방선거는 정책선거를 정착시키기 위한 또 한 번의 전환점이 되었다. 이 선거에서 중앙선거관리위원회는 정책선거를 정착시키기 위해 참공약 선택하기로 불리는 매니페스토(Manifesto) 운동을 추진하였고, 이는 정책선거라는 선거문화의 새 지평을 여는 계기를 제공하였다.

매니페스토(Manifesto)는 라틴어 manifestum에서 파생한 이탈리아어이며, '분명한 의미', '매우 뚜렷함'이라는 의미이다. 현대 영어에서 manifesto는 성명서, 성명의 의미이다.[46] 매니페스토는 개인이나 단체가 대중에 대하여 확고한 정치적 의도와 견해를 밝히는 것으로 연설이나 문서의 형태를 말한다. 선거에서는 정당이나 후보자가 당선되었을 때 추진하고자 하는 정책의 구체적인 목표, 실시기한, 이행방법, 재원조달방안, 추진 우선순위를 명시하여 제시한 공약서를 의미한다. 매니페스토 운동[47]이란 유권자가 정당·후보자의 공약을 서로 비교하여 실현가능성이 가장 높은 공약을 많이 제시한 정당이나 후보자에게 투표하고 선거일 후 당선자의 공약이행 상황을 지속적으로 평가함으로써 다음 선거에서의 지지 여부를 결정하여 투표하도록 하는 선거문화 운동이다. 중앙선거관리위원회가 2006년 제4회 전국동시지방선거에서 이러한 매니페스토 운동

---

46) 위키백과사전. http://ko.wikipedia.org/wiki/%EB%A7%A4%EB%8B%88%ED%8E%98%EC%8A%A4%ED%86%A0(검색일 2015. 4. 16)
47) 매니페스토 운동은 1834년 영국보수당 당수인 로버트 필이 유권자의 환심을 사기 위한 공약은 실패하기 마련이라면서 구체화된 공약의 필요성을 강조하면서 시작된 운동으로 영국에서 시작한 이 운동이 미국, 독일, 호주, 일본 등으로 전파되었고, 우리나라에서는 2006년 제4회 동시지방선거에서 처음 도입되었다. 중앙선거관리위원회 선거법령정보 http://www.nec.go.kr/portal/knowLaw/view.do?menuNo=200084&contId=201202140091&contSid=0001(검색일 2015. 4. 16)

을 처음으로 도입한 것이다.[48]

제4회 전국동시지방선거에서 매니페스토 운동의 성과는 명확하게 나타나지는 않았다. 그러나 정책을 통해 올바른 대표를 선택하는 건전한 선거문화 조성을 위한 신선한 변화가 시작되었다는 점에서는 큰 의미를 부여할 수 있었다. 이를 계기로 2008년 2월 29일 「공직선거법」 개정 시 예비후보자의 정책공약집 작성·배부, 언론·단체 등의 정책비교·평가·공표와 관련된 조항과 함께 선거관리위원회가 정책중심의 선거문화 조성과 정책선거 촉진을 위하여 적극적으로 홍보하도록 하는 의무규정이 정책선거 구현을 위하여 신설되었다. 이후 선거관리위원회는 정당·후보자와 매니페스토 정책선거에 참여하는 협약을 맺기 위해 노력해 왔으며, 정책선거실천협약식은 매 선거마다 보편적 현상으로 자리해 가고 있다. 또한 정당·후보자와 일반 유권자를 대상으로 정책선거의 중요성을 홍보하는 한편 정책으로 경쟁하고 정책을 보고 선택하도록 유도하는 강의·교육 등을 꾸준히 이어가고 있다. 비록 정책선거 문화가 군건하게 뿌리내리지는 못하고 있지만 2006년 제4회 전국동시지방선거에서의 매니페스토 운동의 도입은 발전적 선거문화 조성을 위한 주요한 전환점이 되었다.

4 참정권 확대 : 2012년 양대 선거

2012년에는 20년 만에 국회의원선거와 대통령선거가 같은 해에 치러졌다. 4월에 실시된 제19대 국회의원선거에서는 그동안 논란이 되어 왔던 재외선거제도가 처음으로 실시되었고, 12월 제18대 대통령선거에서는 선상투표제도가 처음으로 도입·실시되었다. 두 제도의 도입은 그동안 대한민국 국민이면서도 단지 나라 밖에 있다는 이유로 선거에 참여할 수 없었던 국민들의 참정권을 대폭 확대한 중요한 변화였다.

재외선거는 국외에 거주하는 국민에게 일정한 절차에 따라 선거권을 행사

[48] 도입 당시 우리말 공모를 통해 '참공약 선택하기'라는 용어가 선정되어 사용되기도 하였지만, 이 말에는 실천, 검증, 평가라는 의미를 담지 못한다는 지적이 있어 아직까지 '매니페스토'라는 용어를 계속 사용하고 있다.

할 수 있도록 하는 선거를 말한다. 「대한민국헌법」 제24조에는 "모든 국민은
법률이 정하는 바에 의하여 선거권을 가진다."고 되어 있고, 「공직선거법」 제
15조에는 "19세 이상의 국민은 대통령 및 국회의원의 선거권이 있다."고 규정
하고 있다. 그러나 국외에 거주하거나 체류하는 유권자들이 실제로 권리를 행
사할 수 있는 방법이 규정되어 있지 않아 국외에 거주하는 재외국민들은 선거
권을 행사할 수 없었다.

이와 관련하여 1997년 일본, 프랑스 거주 재외국민의 헌법소원 제기가 있
었으나 1997년 헌법재판소가 합헌을 결정(헌재결 97헌마253)[49]함으로써 재외선
거가 도입되지 못해 왔다. 그러나 이후 2004년 일본, 미국, 캐나다 거주 재외
국민이 제기한 헌법소원에 대해 2007년 6월 28일 헌법재판소에서 헌법불합치
결정(헌재결 2004헌마644·2005헌마360)을 내림으로써[50] 비로소 2009년 재외선거
가 도입될 수 있었다. 헌법재판소 결정에 따라 국회는 2009년 2월 12일 「공직
선거법」을 개정하였고, 이에 따라 재외국민도 대통령선거와 임기만료에 의한
국회의원선거에서 투표에 참여할 수 있게 되었다. 그 후 재외선거가 실시된 첫
선거가 2012년 제19대 국회의원선거였다. 이로써 300만 재외국민의 염원이 이
루어지게 되었고, 선거제도가 한 단계 더 도약하는 전기가 마련되었다.

---

49) 헌법재판소는 선거권에 관하여 거주요건을 둠으로써 재외국민에 대하여 선거권을 인정하
지 아니하는 「공직선거 및 선거부정방지법」 제37조 제1항에 대해 국토가 분단된 우리나
라의 현실, 선거의 공정성 확보상의 문제점, 선거기술상의 문제점 및 납세의무 등 국민의
의무와 선거권과의 관계 등을 고려하면 그 입법목적에 있어서 정당할 뿐 아니라 그 입법
에 의하여 보호하려는 공공의 필요와 침해되는 기본권 사이의 균형성을 갖추었고 그 목
적달성을 위하여 적절한 방법을 취하고 있다는 이유로 합헌을 결정하였다.

50) 헌법재판소는 재외국민의 선거권을 제한하고 있던 「공직선거법」 제37조 제1항과 제38조
제1항이 재외국민의 선거권과 평등권을 침해하고 보통선거 원칙에 위반된다고 결정하며,
그 이유를 다음과 같이 설명하였다. "선거권의 제한은 불가피하게 요청되는 개별적·구체
적 사유가 존재함이 명백할 경우에만 정당화될 수 있고, 막연하고 추상적인 위험이나 국가
의 노력에 의해 극복될 수 있는 기술상의 어려움이나 장애 등을 사유로 그 제한이 정당화
될 수 없다. 북한주민이나 조총련계 재일동포가 선거에 영향을 미칠 가능성, 선거의 공정
성, 선거 기술적 이유 등은 재외국민등록제도나 재외국민 거소신고제도, 해외에서의 선거
운동방법에 대한 제한이나 투표자 신분확인제도, 정보기술의 활용 등을 통해 극복할 수 있
으며, 나아가 납세나 국방의무와 선거권 간의 필연적 견련관계도 인정되지 않는다는 점 등
에 비추어 볼 때, 단지 주민등록이 되어 있는지 여부에 따라 선거인명부에 오를 자격을 결
정하여 그에 따라 선거권 행사 여부가 결정되도록 함으로써 엄연히 대한민국의 국민임에
도 불구하고 주민등록법상 주민등록을 할 수 없는 재외국민의 선거권 행사를 전면적으로
부정하고 있는 법 제37조 제1항은 어떠한 정당한 목적도 찾기 어려우므로 헌법 제37조 제
2항에 위반하여 재외국민의 선거권과 평등권을 침해하고 보통선거원칙에도 위반된다."

같은 해 12월 실시된 제18대 대통령선거에서는 선상투표제도가 처음으로 도입·실시되었다. 헌법재판소는 2007년 「공직선거법」 상 해상에 장기 기거하는 선원들에 대한 선거참여를 제한하는 조항에 대해서도 헌법불합치 결정을 내렸다(헌재결 2007. 6. 28. 2005헌마772).[51] 이후 국회는 2012년 2월 29일 「공직선거법」을 개정하여 해당 선원이 선거권을 행사할 수 있도록 하였고, 이에 따라 2012년 12월 제18대 대통령선거에서 처음으로 해상에 장기 기거하는 선원들이 참정권을 행사하였다.

그러나 두 제도의 도입은 참정권 확대라는 긍정적 측면의 결과를 가져온 반면 고비용 대비 실효성의 문제, 그리고 재외선거 참여의 현실적 제약 등 추가적 문제점을 불러왔다. 이에 따라 재외선거 실시 과정에서 나타난 다양한 문제점에 대한 분석을 바탕으로 현재 재외선거인 신고절차 간소화 등 재외선거 참여 확대를 위해 편의성을 제공할 수 있는 다양한 제도개선이 진행되고 있다.

5 세계 최초의 통합선거인 명부 사전투표제 도입 : 제6회 전국동시지방선거

2014년 제6회 전국동시지방선거는 세계 최초로 통합선거인 명부를 이용한 사전투표제를 도입함으로써 우리나라 선거사에 있어 획기적인 성장을 이룬 선거였다.[52] 사전투표는 선거인 누구나 사전신고 절차없이 선거일 전 5일부터 2일간 '사전투표소'가 설치된 곳이라면 전국 어디에서나 투표할 수 있도록 한 제도이다. 이는 선거인의 투표편의를 도모하고 선거권 행사를 최대한 보장하기 위해 도입되었다.

우리나라 사전투표는 외국과 달리 전국을 통신망으로 연결하여 하나의 선거인명부(통합선거인명부)를 사용하는 것이 특징이다. 또한 투표용지 발급·교부가 가능한 시스템을 구축하여 외국 사례에서 찾아볼 수 없는 효율성과 편의성

---

51) 헌법재판소는 헌법불합치 결정을 내림에 있어 입법자가 개정할 때까지는 당시 규정을 계속 적용하도록 판시하였다.
52) 우리나라에서 통합명부를 이용한 사전투표는 2013년 상·하반기 재·보궐선거에서 처음 도입되었으나 전국단위의 선거로는 제6회 전국동시지방선거가 최초였다.

을 갖추었다. 실제 선거 당일 불가피한 사유로 인하여 참정권을 행사할 수 없
는 유권자들에게는 매우 의미 있는 제도이다. 현대 선진민주주의 국가에서 일
반적으로 나타나고 있는 투표율 저하와 이에 따른 대표성 약화의 문제를 해결
하는 데에도 긍정적인 영향을 미칠 수 있다. 제6회 전국동시지방선거 당시 실
제 사전투표 결과를 보면 전체 유권자 4,129만 6,228명 가운데 433만 명
(11.49%)이 참여하여 처음 실시된 제도였음에도 불구하고 큰 성과를 이루었다.
　　제6회 전국동시지방선거에서 사전투표제의 도입과 성공적인 실시는 국민의
참정권 보장이라는 민주선거의 근본적 차원에서도, 선거관리의 효율성과 공정성
의 측면에서도 한국 선거를 한걸음 도약시키는 계기를 제공하였다. 우리나라
선거는 선거제도, 선거문화, 선거관리의 선진화를 통해 지금도 발전하고 있다.

제 4 장

한국 선거제도의 변화와 지속성

한국 선거제도의 변화와 지속성

선거제도는 대의제민주주의의 민주성 여부를 평가하는 주요한 척도가 된다. 대의제민주주의의 출발은 대표자의 선출에서부터 시작되며, 대표자 선출의 정통성 및 정당성은 선거제도와 과정의 공정성을 통해 담보될 수 있다. 따라서 얼마나 공정한 선거제도를 구비하고 있는가는 곧 그 나라의 민주주의 수준을 의미한다.

대표를 선출하는 방식은 각 나라마다 다르다. 그러나 세부적 양식에 있어서는 상이한 방식을 취하고 있더라도 민주적인 선거제도가 되기 위해서는 몇 가지 전제조건이 있어야 한다. 우선은 후보자들이 자유롭게 경쟁할 수 있는 환경이 조성되어야 한다. 이는 단순히 야당 후보자들의 입후보 자유를 통한 경쟁의 보장만을 이야기하는 것이 아니라 자유롭게 의사를 표명하고 정부정책에 대한 비판과 대안을 제시할 수 있는 표현, 집회, 선거운동의 자유를 누려야 함을 의미한다.

더불어 이러한 경쟁적인 선거가 주기적으로 실시되어 져야 한다. 정례화된 선거의 실시를 통해 일정기간 대표권을 행사한 대표들에 대한 책임성을 물을 수 있어야 한다는 것이다. 우리는 독재자나 종신대통령(presidents-for-life)을 수용하는 국가를 민주주의 국가라 부르지 않는다. 또한 주기적 선거가 보장되지 않는 국가도 민주적이라고 평가하지 않는다.

민주적 선거는 차별이 없어야 한다. 아무리 내부적 운영이 민주적이라 하더라도 소규모의 배타적 집단에 의해 선택된 정부는 민주정부가 아니다. 유권자의 권리는 사회적으로 공유된 제한된 조건(예를 들어 선거범죄자, 금치산자 등) 이외에 여타의 능력이나 조건에 관계없이 비차별적이어야 하고 누구나 수용할 수 있을 만큼 포괄적으로 보장되어야 한다.

그러나 민주적 선거를 위한 이러한 조건들은 세부 형식에 의해 명확히 구분되는 것은 아니다. 따라서 각 나라는 선거의 공정성과 민주성이라는 보편적 가치를 제도 개선을 통해 확대하기 위해 끊임없이 논쟁하고 지속적으로 변화를 모색하고 있다. 이러한 변화는 민주적 논쟁을 통해 이루어지기도 하지만, 정치적 상황에 의해 변화되기도 한다.

우리나라 또한 1948년 최초로 근대적 민주선거가 실시된 이후 제정된 헌법과 각종 선거법을 통하여 선거제도를 규정해 왔고, 67년여의 시간 동안 많은 논란과 변화를 겪어왔다. 특히, 민주화 이후에는 다양한 측면에서 선거의 민주성을 높이기 위해 많은 노력을 쏟아 왔고, 그 결과 급속한 제도개선을 이어가고 있다. 우리나라 선거법제 변화의 중요 특징은 첫째, 초기에는 선거운동과 관련된 규제가 비교적 자유로웠다가 선거부정을 방지하기 위하여 규제를 강화하였고 1987년 이후에는 선거운동의 방법에 있어 자유를 확대하고자 하였다. 둘째, 돈 선거를 근절하기 위한 제도가 강화되었는데 이를 위하여 선거운동의 시기와 방법을 포괄적으로 규제하게 되었다. 셋째, 정보통신기술의 발달에 따라 1997년 이후부터는 매스미디어를 이용한 선거운동 방법이 확대되었다. 넷째, 선거법의 입법형식에 있어 초기에는 선거별로 개별 입법의 형태를 취하다가 1994년 통합선거법을 제정하여 공직선거를 하나의 법체계 하에서 규율하고 있다. 다섯째, 선거부정의 방지를 위하여 선거관련 범죄를 처벌하기 위한 형벌규정이 차지하는 비중이 점차 확대되었다. 이러한 특징을 담은 우리나라 공직선거법의 변화과정을 체계화하여 요약하면 <그림 4-1>과 같다. 이 장에서는 우리나라 선거법과 선거제도에 대한 주요 변화의 흐름을 종합적이고 역사적으로 고찰해 보고자 한다.

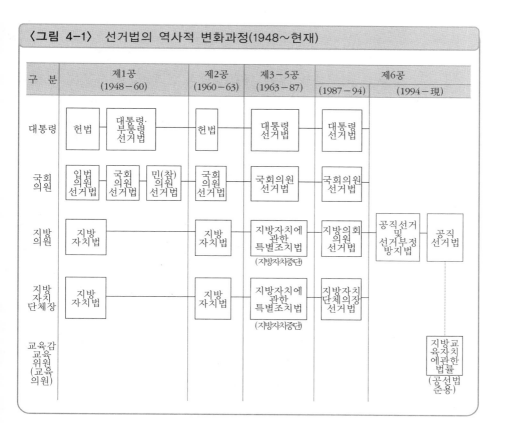

〈그림 4-1〉 선거법의 역사적 변화과정(1948~현재)

---

1 제정 헌법과 민주적 선거제도의 도입

우리나라는 1948년 5월 10일 최초의 근대적 민주선거였던 제헌 국회의원 선거를 실시하였다. 당시 우리나라는 미 군정기에 놓여 있었고, 따라서 우리나라 첫 근대적 선거는 미군정법령이었던 「국회의원선거법」에 따라 실시되었다. 이를 통해 선출된 200명의 초대 국회의원들로 국회를 구성한 후 1948년 7월 17일 「대한민국헌법」이 제정되었고, 이를 통해 우리나라의 선거제도가 처음으로 명문화되었다.

제정 헌법에서는 국회, 행정부, 지방자치단체의 구성과 관련하여 대표자
선출에 대한 조항을 두어 선거제도에 대한 포괄적 근거를 마련하였고, 선거제
도의 세부적 내용은 법률로써 정하도록 하였다. 이에 따르면 국회는 보통, 직
접, 평등, 비밀선거를 통해 선출된 국회의원으로 구성하되(제32조), 그 임기를
4년으로 하였다(제33조).

한편, 행정부의 수장으로 대통령과 부통령을 두도록 하였으며, 이들은 국
회에서 무기명투표로써 각각 선출하도록 하였다(제53조). 이 경우 국회 재적의
원 3분의 2 이상의 출석과 출석의원 3분의 2 이상의 찬성투표로써 당선을 결
정하도록 했다. 대통령과 부통령은 국무총리 또는 국회의원을 겸하지 못하도록
하고, 이들의 임기는 4년으로 하되 재선에 의하여 1차 중임을 허용하였다. 부
통령은 대통령 재임 중 재임하게 하였다(제55조). 한편, 대통령·부통령의 임기
가 만료되는 때에는 늦어도 그 임기가 만료되기 30일 전에 그 후임자를 선출
하며, 대통령 또는 부통령이 궐위된 때에는 즉시 그 후임자를 선출하도록 했다
(제56조). 그 이외에 지방자치단체와 관련하여서는 법령의 범위 내에서 자치에
관한 규정을 제정할 수 있도록 하고(제96조), 지방자치단체에는 각각 의회를 두
도록 했다(제97조). 또한 지방의회의 조직, 권한과 의원의 선거는 법률로써 정
하도록 했다.

이상과 같이 헌법에서 선거에 관한 포괄적 원칙을 제시하는 한편 세부 규
정을 법률에 위임함으로써 국회는 시차를 두고 각 선거별로 적용할 선거법을
제정하여 구체적인 선거제도를 마련하였다. 우선 1950년 5월 30일 실시된 제2
대 국회의원선거를 앞둔 4월 12일 이전까지 미군정법령으로 있던 국회의원선
거법을 폐지하고 최초로 우리의 대표들이 직접 「국회의원선거법」을 제정하였
다. 이 선거법은 이후 1994년 「공직선거 및 선거부정방지법」(일명 통합선거법)
이 제정되면서 폐지될 때까지 17차례 개정되었고, 2대부터 14대 국회의원선거
까지 모두 13개의 선거에 적용되었다.

대통령선거와 관련하여서는 1952년 8월 실시된 제2대 대통령선거를 앞두
고 개헌을 통해 선거 방식이 국회 간선제에서 국민 직선제로 바뀌면서 1952년
7월 18일 처음으로 「대통령·부통령선거법」이 제정되었다. 이 선거법은 제1공

화국 동안 한 번도 개정되지 않았으며, 제2공화국 헌법에서 내각제를 채택하면서 사라지게 되었다.

지방자치단체와 관련된 선거는 「지방자치법」을 통해 구체화되었다. 지방자치법은 1949년 7월 4일 최초로 제정되어 지방의회의원 정수, 임기 등을 규정하였다. 이후 1952년 4월 25일 첫 지방선거가 실시되기 전 1949년 12월 15일 의원 정수 감축, 선거 시기 연기 등을 주요내용으로 하는 일부개정(시행은 1950. 1. 5.)이 이루어졌다. 이 개정 선거법이 우리나라 지방선거에서 처음으로 적용된 선거법이었다. 이 선거법은 이후 제1·2공화국 기간 동안 5차례의 개정과정을 거쳤으며, 제3공화국 출범과 함께 지방자치가 중단되면서 효력을 잃었다.

2 대통령 선거제도

1) 제1공화국 대통령선거제도 : 발췌개헌과 대통령직선제, 중임제한 철폐

1948년 7월 제정된 헌법에서는 초대 대통령 선출방식으로 국회 간선제를 채택하였다. 대통령의 임기는 4년이었고, 부통령제를 두고 이 또한 국회에서 간접선거로 선출하였다. 국회에서 무기명투표로 실시되는 대통령선거는 재적의원 3분의 2 이상의 출석과 출석의원 3분의 2 이상의 찬성투표로 당선인을 결정하였다. 3분의 2 이상의 득표자가 없는 때에는 2차 투표를 실시하도록 했고, 2차 투표에도 3분의 2 이상의 득표자가 없는 때에는 최고득표자 2명에 대하여 결선투표를 실시하여 다수득표자를 당선자로 결정하도록 하였다.

대통령 간선제는 초대 대통령 이승만의 재집권 시나리오에 따라 1952년 개헌을 통해 대통령직선제로 전환되었다. 국회 간선에 의해서는 대통령에 당선되기 어렵다고 판단한 이승만이 국민의 인기를 바탕으로 선거에 임하기 위한 개헌이었다.[1] 문제는 이 개헌과정이 불법적 행태로 이루어졌다는 것이다.

이승만의 대통령 직선제 개헌은 1950년 발발한 한국전쟁이 한참 진행 중이던 1951년 11월 30일 대통령 직선제와 양원제를 주요내용으로 하는 헌법개

---

1) 최한수. 1996. 『한국선거정치론』. 대왕사. 204.

정안을 제출하면서 처음 시도되었다. 그러나 이 개헌은 1952년 1월 18일 국회 표결 결과 부결되어 실패로 끝났다. 이후 야당(곽상훈 의원 외 122명)은 4월 17일 내각책임제 개헌안을 국회에 제출하였고, 이승만도 부결된 헌법개정안을 다시 국회에 제출하였다. 이처럼 대통령과 야당이 대통령직선제와 내각책임제 개헌을 두고 맞선 상황에서 이른바 '부산정치파동'을 통해 1952년 7월 4일 강압적 방법으로 진행된 개헌이 발췌개헌이다. 쉽게 말하면 이승만이 제출한 대통령직선제 개헌안을 골격으로 하여 야당의 반발을 무마하기 위해 야당이 제출한 내각제개헌안의 일부를 발췌한 비정상적인 개정이었다.

이러한 과정을 통해 공포된 개정 헌법에 따라 정·부통령선거가 직선제로 전환되었고, 이를 위해 1952년 7월 18일 처음으로 「정·부통령선거법」이 제정·공포되었다. 이 법은 제1공화국이 끝날 때까지 한 번도 개정되지 않았고, 이 법에 근거하여 제2·3·4대 대통령선거와 3·4·5대 부통령선거가 실시되었다.[2]

정·부통령의 임기는 4년이었고, 재선에 의하여 1차 중임할 수 있었다. 선거권은 21세 이상, 피선거권은 40세 이상의 국민에게 주어졌고, 후보자가 되기 위해서는 선거권자 500명 이상의 추천을 받아야 했다. 선거운동은 선거사무장 또는 선거운동원에 한하여 자유롭게 할 수 있었다. 선거결과 최다득표자가 당선인으로 결정되었으나 후보가 1명인 경우에는 선거인총수 3분의 1 이상을 득표해야 당선되었다.

이후 제1공화국 대통령선거 제도는 변하지 않았다. 다만 1954년 11월 29일 개헌을 통해 이승만 대통령에 한해서만 중임제한을 적용하지 않도록 하여 이승만 대통령과 자유당 정권의 장기집권을 위한 법적 근거를 마련해 준 것이 유일한 변화였다. 개정헌법에서는 부칙을 통해 헌법 공포 당시의 대통령(이승만)에 대하여는 제55조 제1항 단서의 제한을 적용하지 아니한다고 규정하였다. 당시 헌법 제55조 1항에는 "대통령과 부통령의 임기는 4년으로 한다. 단, 재선에 의하여 1차 중임할 수 있다."고 규정되어 있었다. 즉, 재선의 경우에만 한 차례 중임할 수 있다는 규정에도 불구하고 이승만 대통령의 경우에 한해서만 중임 제한 규정을 적용하지 않도록 한 비상식적 개헌이었다.

---

2) 제4대 대통령선거와 제5대 부통령선거는 이른바 3·15 부정선거로 무효가 되었으며, 제4대 대통령선거는 제2공화국 출범 이후 다시 실시되었다.

2) 제2공화국 대통령선거제도 : 내각제와 대통령 국회 간선

4·19 시민혁명 이후 1960년 6월 15일 이루어진 헌법 개정으로 대통령제 권력구조는 내각제로 전환되었다. 그러나 이 헌법에서는 국가의 원수이며 국가를 대표하는 대통령직을 두도록 하였다. 대통령의 임기는 5년이었고, 재선에 의하여 1차에 한해 중임할 수 있었다.

대통령은 양원합동회의에서 선출하며, 재적국회의원 3분의 2 이상의 투표를 얻어 당선되었다. 1차 투표에서 당선자가 없을 때에는 2차 투표를 행하고, 2차 투표에서도 당선자가 없을 때에는 재적의원 3분의 2 이상의 출석과 출석의원 과반수의 투표를 얻은 자를 당선자로 결정하였다.

헌법 개정에 따라 1950년 8월 12일 제4대 대통령선거가 양원합동회의를 통해 실시되었고, 민주당 윤보선 후보가 제2공화국 초대 대통령에 당선되었다. 그러나 5·16 군사정변으로 제2공화국이 9개월 만에 붕괴되면서 더 이상 내각제에서의 대통령선거는 실시되지 못하였다.

3) 제3공화국 대통령선거제도 : 대통령 직선제 개헌과 3선 개헌

5·16 군사정변 이후 1962년 12월 26일 헌법이 전부개정(시행 1963. 12. 17.)되면서 우리나라 권력구조는 다시 대통령제로 전환되었다. 이 헌법에 따라 대통령은 국민의 보통·평등·직접·비밀선거에 의하여 선출하되, 대통령이 궐위된 경우 잔임 기간이 2년 미만인 때에는 국회에서 선거하도록 했다. 대통령의 임기는 4년이었으며, 1차에 한하여 중임할 수 있었다.

대통령 피선거권 자격은 국회의원의 피선거권이 있고 선거일 현재 계속하여 5년 이상 국내에 거주하는 40세 이상의 국민에게 주어졌다. 단 공무로 외국에 파견된 기간은 국내 거주기간에 포함시켰다. 무엇보다도 큰 변화는 정당추천제를 의무화한 것으로, 대통령후보가 되려는 자는 반드시 소속정당의 추천을 받도록 했다.

선거결과 최다득표를 한 후보자를 당선인으로 결정하였으나, 최고득표자가 2명 이상인 때에는 국회의 재적의원 과반수가 출석한 공개회의에서 다수표를 얻은 자를 당선자로 결정했다. 대통령 후보자가 1명일 때에는 선거권자 총수의 3분의 1 이상을 득표해야 당선자로 결정되었다. 한편, 국회가 대통령을 선거하는 경우에는 재적의원 3분의 2 이상의 출석과 출석의원 3분의 2 이상의 찬성을 얻은 자를 대통령 당선자로 결정하도록 했다.[3]

이러한 헌법 개정에 따라 1963년 2월 1일 「대통령선거법」이 다시 제정되었다. 이 법에 따라 대통령선거에서는 사전선거운동이 금지되었고, 선거운동원제가 폐지되는 한편, 동일한 정당의 당원 중 신고된 사람만 선거운동을 할 수 있도록 제한하였다. 선거비용도 항목을 법정화하고 회계책임자를 두어 선거비용 지출보고서를 해당 선거관리위원회에 보고하도록 했다. 이 선거법은 1963년 8월 6일 일부개정된 후 1963년 10월 15일 실시된 제5대 대통령선거에 적용되었다. 이후 「대통령선거법」은 제6대 대통령선거를 앞두고 1966년 12월 14일 개정되었다. 이 개정에서는 국외체류중인 선거권자로서 선거일에 투표를 할 수 없는 경우 우편으로 투표하는 부재자투표제도가 도입되었다.

이어 1969년 10월 21일 헌법 개정에 따라 제3공화국 대통령선거제도는 또 하나의 중요한 변화를 가져왔다. 이전 대통령의 경우 1차에 한하여 중임이 허용되었으나 헌법 개정으로 대통령의 계속 재임은 3기로 늘어났다(헌법 제69조 3항). 이로 인해 1969년 개헌은 이른바 '3선 개헌'으로 불린다.

4) 유신개헌과 제4공화국 대통령 선거제도 : 대통령 간선제 채택

1972년 12월 27일 개정헌법, 이른바 유신헌법(維新憲法)이 공포되면서 대통령선거제도는 또 다시 간접선거로 전환되었다. 유신의 사전적 의미는 낡은 제도 따위를 고쳐 새롭게 한다는 것으로, 유신체제는 새로이 선진적인 체제를 세운다는 것이 표면적인 목적이었다. 그러나 유신헌법은 외형적으로 표방된 취지와 달리 대통령의 지위와 권한을 강화하고 국회의 권한과 지위를 축소하는 등 대통령의 독재를 가능하게 한 헌법이었다.

---

3) 국회 선출의 경우 이 조건을 충족하는 득표자가 없는 때에는 2차 투표를 하고, 2차 투표에도 전항의 득표자가 없는 때에는 최고득표자가 1명이면 최고득표자와 차점자에 대하여, 최고득표자가 2명 이상이면 최고득표자에 대하여 결선투표를 실시하여 다수득표자를 대통령 당선자로 결정하도록 했다.

유신헌법 하에서 대통령 선거제도의 핵심은 통일주체국민회의라는 수임기관을 두고 이를 통해 대통령을 선출하는 것이었다. 대통령의 임기는 6년이었으며, 중임이나 연임 제한이 없이 장기집권이 가능하도록 했다. 유신헌법 제39조에 따르면 대통령선거는 통일주체국민회의에서 토론 없이 무기명투표로 선거하고, 재적대의원 과반수의 찬성을 얻은 자를 대통령당선자로 결정하도록 했다. 과반수 득표자가 없는 때에는 2차 투표를 하고, 2차 투표에도 과반수 득표자가 없는 때에는 최고득표자가 1명이면 최고득표자와 차점자에 대하여, 최고득표자가 2명 이상이면 최고득표자에 대하여 결선투표를 실시하여 다수득표자를 대통령당선자로 결정하도록 했다.

이에 따라 대통령선거 관련 법 조항은 1972년 12월 6일 제정된 「통일주체국민회의법」을 통해 규정되었으며, 기존 「대통령선거법」은 폐지되었다.4) 「통일주체국민회의법」에 따르면 대통령선거에 입후보하기 위해서는 통일주체국민회의 대의원 200명 이상의 추천을 받도록 했다. 단, 대의원은 후보자 1명에 한해서만 추천할 수 있었고 2명 이상의 후보자를 추천한 경우 그 추천은 모두 무효 처리 하였다. 후보자등록 관련 내용 이외에는 사무총장이 후보자 등록 또는 사퇴, 사망, 등록무효에 관한 내용을 공고해야 한다는 조항만이 규정되었다.

5) 제5공화국 대통령선거제도 : 대통령선거인단 간선제 채택

1980년 10월 27일 헌법이 전부개정(제5공화국 헌법)되면서 대통령선거제도는 대통령선거인단 간선제로 전환되었고, 이에 따라 폐지되었던 「대통령선거법」이 1980년 12월 31일 다시 제정되었다. 이 법은 1981년 2월 25일 실시된 제12대 대통령선거를 앞두고 1월 24일 일부 개정되었다.

제5공화국 헌법에 따르면 대통령은 대통령선거인단에서 무기명투표로 선거하며, 임기는 7년으로 중임할 수 없었다. 대통령에 입후보기 위해서는 정당의 추천을 받거나 대통령선거인 300명 이상 500명 이하의 추천을 받아야 했

---

4) 유신헌법은 12월 27일 공포되었으나 앞서 11월 21일 국민투표를 통해 이미 확정되었고, 대통령선거에 관한 조항이 포함된 「통일주체국민회의법」이 12월 6일 제정되면서 개정헌법 공포 전 「대통령선거법」이 폐지되었다.

다. 재적 대통령선거인 과반수의 찬성을 얻으면 대통령당선자로 결정하였으며, 과반수 득표자가 없을 경우에는 2차 투표를 실시하도록 했다. 2차 투표에도 과반수 득표자가 없을 경우 최고득표자가 1명이면 최고득표자와 차점자에 대하여, 최고득표자가 2명 이상이면 최고득표자에 대하여 결선투표를 실시하여 다수득표자를 대통령당선자로 결정했다. 대통령선거인단은 국민의 보통·평등·직접·비밀선거에 의하여 선출했다.[5]

선거운동은 「대통령선거법」에 따라 선거공보, 신문광고, 방송연설 등 세 가지 방법만으로 할 수 있었고, 선거운동에 소요되는 비용은 후보자 또는 정당에 부담시키지 않고 모두 국고에서 부담하도록 하여 완전한 선거공영제를 실시하였다.

〈표 4-1〉 민주화 이전 대통령 선거제도 주요내용(제1~5공화국)

구분		선거 유형	주요내용
제 1 공 화 국	1대 (48. 7. 20)	간접 선거 (국회)	○ 임기: 4년 ○ 국회에서 무기명투표로 선거 ○ 국회 재적의원 2/3 이상 출석, 출석의원 2/3 이상 찬성투표로 당선 결정 ○ 2/3 이상의 득표자가 없을 경우 최고득표자 2명에 대하여 결선투표를 실시하여 다수득표자를 당선자로 결정
	2대 (52. 8. 5) 3대 (56. 5. 15)	직접 선거	○ 임기: 4년 ○ 국민 직접선거 ○ 선거권은 21세 이상, 피선거권은 40세 이상 ○ 선거인명부 : 구·시·읍·면의 장이 선거를 실시하는 때마다 작성(수시직권작성제) ○ 후보자 등록: 선거권자 후보자추천제 채택(500명 이상 추천서 첨부) ○ 선거운동 　- 인적 범위와 공영 선거운동 방법만을 제한, 그 이외는 자유 　- 선거사무장 또는 선거운동원이 아니면 누구도 선거운동을 할 수 없음 　- 후보자들은 선거운동을 위한 문서를 1회에 한하여 무료 우편 발송 가능 ○ 투표용지

---

5) 대통령선거인의 수는 5,000명 이상으로 하되 그 수는 법률로 정하도록 하였는데, 제12대 대통령선거에서는 5,278명의 선거인을 선출하였다.

			– 인쇄순위: 후보자등록마감 후 2일 이내에 추첨에 의하여 결정 – 막대기호(Ⅰ,Ⅱ,Ⅲ 등) 사용 – 후보자의 성명은 국문과 한문으로 병기 ○ 당선인 결정: 최다득표자 당선 ○ 후보가 1명인 경우 선거인총수 1/3 이상 득표해야 당선
제2공화국	4대 (60. 8. 12)	〃	○ 임기: 5년, 재선에 의하여 1차 중임 가능 ○ 부통령제도 폐지 ○ 민의원·참의원 합동회의 간접선거 ○ 재적국회의원 2/3 이상 득표로 당선자 결정 ○ 1차 투표 당선자가 없을 경우 2차 투표 실시 ○ 2차 투표 당선자가 없을 경우 재적의원 2/3 출석, 출석의원 과반수 득표자 당선자 결정
제3공화국	5대 (63. 10. 15)	〃	○ 임기: 4년, 재선에 의하여 1차 중임 가능 ○ 선출방식: 국민 직접선거 ○ 선거권: 20세 이상으로 조정 ○ 피선거권: 선거일 현재 계속하여 5년 이상 국내에 거주한 40세 이상인 자 ○ 선거인명부: 선거를 실시하는 때마다 작성(수시명부제) ○ 후보자등록: 정당추천만 허용 ○ 선거운동 – 사전선거운동 금지, 선거운동원제 폐지 – 동일한 정당의 당원 중 신고 된 사람만 선거운동을 할 수 있도록 한정 – 후보자·선거사무장·선거사무소와 선거연락소의 책임자·정당연설원·국회의원·지방의회의원이 아닌 자의 선거운동을 금지 – 선거사무소·선거연락소 외에 후보자를 위하여 유사기관 설치를 금지 ○ 선거비용 – 선거비용의 항목을 법정화, 선거비용제한액은 중앙선관위 결정·공시 – 후보자를 추천한 정당은 선거사무소와 선거연락소마다 회계책임자를 선임하여 해당 선거관리위원회에 신고 – 회계책임자는 선거비용 지출보고서를 해당 선거관리위원회에 보고
	6대 (67. 5. 3)	〃	○ 임기: 4년, 재선에 의하여 1차 중임 가능 ○ 선거인명부 사본 교부: 개표구선거연락소 책임자의 신청 시 1통 교부 ○ 국외부재자투표제도 도입

7대
(71. 4. 27)
	〃	○ 임기: 4년, 계속 재임은 3기에 한함
		○ 임기만료일전 70일로부터 40일까지에 대통령선거를 실시
		○ 선거인명부
		  - 기본선거인명부와 선거공고일 기준으로 보충하는 보충
		    선거인명부 병용
		  - 선거인명부 분철작성제
		  - 선거인명부 작성에 대한 선거관리위원회 감독권한 부여
		○ 선거운동
		  - 선거일을 선거일 전 35일에 공고하도록 함으로써 선거
		    운동기간 단축
		  - 정부가 주식의 과반수를 가지는 기업체의 임직원과 향
		    토예비군의 소대장급 이상의 간부 및 통·리·반장은 대
		    통령의 임기만료일 3개월 전에 그 직을 사임하지 않고
		    는 선거사무원·연설원·투표소참관인 등이 될 수 없음

제
4
공
화
국
	8대
	(72. 12. 23)
	
	9대
	(78. 7. 6)
	
	10대
	(79. 12. 6)
	
	11대
	(80. 8. 27)
		간접
		선거
		(통일
		주체
		국민
		회의)
			○ 임기: 6년, 연임제한 철폐
			○ 선출방식: 통일주체국민회의 간접선거
			○ 후보자등록: 통일주체국민회의 대의원 200명 이상의 추
			  천, 본인 승낙서 첨부
			○ 당선인 결정
			  - 통일주체국민회의 재적대의원 과반수 찬성으로 당선인
			    결정
			  - 1차 투표 당선자가 없을 경우 2차 투표 실시
			  - 2차 투표 당선자 없을 경우 결선 투표 실시 최고득표자
			    당선
			○ 통일주체국민회의대의원선거
			  - 소선거구제와 중선거구제를 혼용
			  - 국회의원·당원 등 정치인은 통일주체국민회의대의원
			    선거 입후보 금지
			  - 선거인명부는 수시선거인명부제도 채택
			  - 선거운동은 합동연설회 개최, 선전벽보 첩부 및 선거공
			    보 발송으로 제한
			  - 완전공영제 실시: 선거운동 경비 일체는 국고에서 부담

공화국	대수(일자)	선출방식	주요 내용

	7대
	(71. 4. 27)
		〃	○ 임기: 4년, 계속 재임은 3기에 한함
			○ 임기만료일전 70일로부터 40일까지에 대통령선거를 실시
			○ 선거인명부
			  - 기본선거인명부와 선거공고일 기준으로 보충하는 보충
			    선거인명부 병용
			  - 선거인명부 분철작성제
			  - 선거인명부 작성에 대한 선거관리위원회 감독권한 부여
			○ 선거운동
			  - 선거일을 선거일 전 35일에 공고하도록 함으로써 선거
			    운동기간 단축
			  - 정부가 주식의 과반수를 가지는 기업체의 임직원과 향
			    토예비군의 소대장급 이상의 간부 및 통·리·반장은 대
			    통령의 임기만료일 3개월 전에 그 직을 사임하지 않고
			    는 선거사무원·연설원·투표소참관인 등이 될 수 없음

제
4
공
화
국
	8대
	(72. 12. 23)
	
	9대
	(78. 7. 6)
	
	10대
	(79. 12. 6)
	
	11대
	(80. 8. 27)
		간접
		선거
		(통일
		주체
		국민
		회의)
			○ 임기: 6년, 연임제한 철폐
			○ 선출방식: 통일주체국민회의 간접선거
			○ 후보자등록: 통일주체국민회의 대의원 200명 이상의 추
			  천, 본인 승낙서 첨부
			○ 당선인 결정
			  - 통일주체국민회의 재적대의원 과반수 찬성으로 당선인
			    결정
			  - 1차 투표 당선자가 없을 경우 2차 투표 실시
			  - 2차 투표 당선자 없을 경우 결선 투표 실시 최고득표자
			    당선
			○ 통일주체국민회의대의원선거
			  - 소선거구제와 중선거구제를 혼용
			  - 국회의원·당원 등 정치인은 통일주체국민회의대의원
			    선거 입후보 금지
			  - 선거인명부는 수시선거인명부제도 채택
			  - 선거운동은 합동연설회 개최, 선전벽보 첩부 및 선거공
			    보 발송으로 제한
			  - 완전공영제 실시: 선거운동 경비 일체는 국고에서 부담

제
5
공
화
국
	12대
	(81. 2. 25)
		간접
		선거
		(대통령
		선거
		인단)
			○ 임기: 7년, 단임제
			○ 선출방식: 대통령선거인단 간접선거, 무기명투표
			○ 후보자등록: 정당 또는 대통령선거인 추천(300명 이상
			  500명 이하)
			○ 선거운동
			  - 선거공보, 신문광고, 방송연설(유신체제에서 폐지 후
			    재도입)만 허용

| | | - 선거운동 중 특정후보자를 반대하는 내용, 공연히 사실을 적시하거나 허위의 사실을 들어 후보자를 비방하는 내용, 「국가보안법」이나 기타 법령에 위반하는 내용은 게재하거나 공표 금지
○ 선거공영제 실시
○ 당선인 결정
  - 대통령선거인단 재적과반수 찬성으로 결정
  - 1차 투표 당선자가 없을 경우 2차 투표 실시
  - 2차 투표 당선자가 없을 경우 최고득표자가 1명이면 최고득표자와 차점자에 대하여, 최고득표자가 2명 이상이면 최고득표자에 대하여 결선투표 실시, 다수득표자 당선 |

3 국회의원 선거제도

1) 최초의 민주선거 : 제헌국회의원 선거제도

1948년 5월 10일 실시된 최초의 근대적 민주선거였던 제헌국회의원선거에서는 우리나라 국회가 구성되어 있지 않아 1948년 3월 17일 제정된 미군정 법령 제175호 「국회의원선거법」이 적용되었다. 이 법령에 따라 제헌국회의원 선거에서 선거권은 만 21세, 피선거권은 만 25세에 달한 국민들에게 성별, 재산, 교육, 종교의 구별이 없이 주어졌고, 보통·평등·직접·비밀선거의 원칙이 적용되었다. 국회의원의 임기는 2년, 의석수는 200석이었고 선거구제는 1구 1인의 소선거구제를 적용하였다.

선거관리는 미군정 법령에 근거하여 행정청에 부설한 각급 선거위원회가 주관하였다. 선거인명부는 선거인의 직접 등록에 의하여 작성하는 자진신고등록제를 채택하여 작성하였는데, 신고등록은 선거구선거위원회 위원장이 지정한 선거인등록소에 가서 등록표용지에 자서하거나 문자를 해득할 수 있는 증인 2명 앞에서 지문을 찍도록 했다. 후보자로 등록을 하려면 선거권자의 추천을 받도록 했는데, 등록기준은 선거인명부에 등록한 사람 중 200명 이상이었다. 선거운동은 각급 선거위원회 위원·공무원을 제외하고는 누구든지 자유롭게 할 수 있도록 했다.

투표는 단기무기명투표로 투표용지의 후보자란에 기표하도록 하였으며, 투표용지에는 문맹자를 위해 후보자 기호를 막대기호(Ⅰ·ⅠⅠ·ⅠⅠⅠ 등)로 표시하였다. 투표시간은 오전 7시부터 오후 7시까지였으며, 투표마감 시간에 투표소에서 대기하고 있는 선거인은 오후 8시까지 투표할 수 있도록 하였다.

당선인은 최다득표자 1명으로 결정하며, 최다득표자가 2명 이상인 경우에는 해당 선거구선거위원회 위원장이 후보자 또는 대리인 입회하에 공개추첨으로 당선인을 결정하였다. 한편, 선거구 내에 후보자가 1명뿐인 경우에는 투표를 하지 않고 그 후보자를 당선인으로 결정하였다.

2) 국회가 제정한 최초의 선거법 : 제2대 국회의원 선거제도

제헌국회는 개원한 이후 1948년 12월 28일 한 차례 「국회의원선거법」을 개정한 이후 1950년 제2대 국회의원선거를 앞두고 4월 12일 기존의 「국회의원선거법」을 폐지하고 새로운 「국회의원선거법」을 제정하였다. 우리나라 국회가 자력에 의해 직접 제정한 선거법으로 새 국가이념에 입각해서 민주선거의 공정성을 유지·육성하여 선거의 명랑화를 기하고 선거비용을 최소로 축소시키는 것이 목적이었다.

이에 따라 제2대 국회의원선거에서 의원임기는 4년으로 변경되었고, 의원정수도 210명으로 늘어났다. 투표시간이 오전 7시에서 오후 5시까지로 축소되었으며, 또한 최다득표수가 동일한 후보자가 2명 이상인 때에는 추첨을 통해 당선자를 결정하던 방식에서 연장자를 당선인으로 결정하는 방식으로 변경되었다. 또한 선거사무를 관리하기 위하여 중앙선거위원회, 도선거위원회, 선거구선거위원회 및 투표구선거위원회를 각각 두도록 함으로써 선거위원회가 직접 주관하여 선거를 치르도록 했다.

선거인명부는 기존의 자진신고등록제를 폐지하고 정기·직권작성제도를 도입하여 구·시·읍·면의 장이 매년 3월 1일을 기준으로 작성하도록 했고, 선거인명부 열람 및 이의신청제도도 도입되었다. 선거운동에도 제한규정을 마련하여 벽보, 간판, 현수막, 선전문 등 선전시설 규격 및 매수를 제한했고, 선전문을 배부하는 경우 사전 검인을 받도록 했다. 그러나 단순한 연설회는 누구든지 자유롭게 개최할 수 있었다. 한편, 선거구선거위원회는 구·시·읍·면마다 합동연설회를 개최하도록 했고, 후보자의 성명, 부호, 소속정당, 경력, 정견 등을 게재한 선거공보도 발행하여 매 세대에 배부하도록 했다.

3) 양원제 선거법의 도입 : 제3~4대 국회의원 선거제도

1952년 7월 7일 제1차 헌법 개정 결과 국회는 이전과 달리 민의원과 참의원 양원으로 구성하도록 변경되었다(제31조). 양원의 의원은 국민의 보통, 평등, 직접, 비밀투표로 선거하며 민의원의원의 임기는 4년이었으며, 참의원의원의 임기는 6년으로 하되 2년마다 의원의 3분의 1을 개선(改選)하도록 했다. 그러나 개헌 후 처음 실시된 1954년 제3대 국회의원선거에서는 전후 정치적 혼란과 복잡한 국내외 정세로 인하여 참의원을 구성하지 못하고 민의원만 구성하였다. 의원정수는 이전과 같이 210명이었으나, 전쟁 후 미수복지역이 있어 203개 선거구에서만 선거를 실시하였다. 선거법의 변화가 없어 선거절차, 선거운동 방식 등 선거제도는 제2대 국회의원선거와 동일하였다.

이후 1958년 5월 실시된 제4대 국회의원선거를 앞두고 국회는 개정헌법에 따라 「국회의원선거법」을 폐지하고 1958년 1월 25일 「민의원의원선거법」과 「참의원의원선거법」을 제정하였다.[6] 이 법은 3월 11일 일부 개정되어 제4대 국회의원선거에 적용되었으나 이 선거에서 또한 참의원의원선거는 실시되지 못하였다. 민의원의원선거법에 따라 실시된 민의원의원선거에서 의원정수는 233명이었다

선거인명부와 관련하여서는 사본 교부제도가 도입되었고, 후보자등록을 위한 기탁금제도도 도입되었다. 기탁금은 후보자 1인당 50만환이었으며, 당선 또는 유효투표수의 6분의 1 이상을 득표하지 못하면 이 기탁금은 국가에 귀속하였다. 선거운동에 있어서는 제한규정이 늘어났다. 선거운동 기간을 후보자 등록 후부터 선거일 전까지로 설정하여 사전선거운동을 금지하였고, 호별방문도

---

6) 선거를 앞두고 여당과 야당의 법안이 제출된 가운데 여야 간에는 현격한 의견 차이를 보였으나, 두 법률의 제정은 우리나라 헌정사상 처음으로 국회의원선거법 여야협상위원회를 구성하고 80여회의 협상 끝에 단일 법안을 완성한 사례였다.

금지하였다. 선거구선거위원회에 신고된 선거사무장이나 선거운동원이 아닌 사람은 선거운동을 할 수 없도록 했고, 선거공보도 폐지되었다. 한편, 선거비용 제한 및 회계보고제도를 도입하여 선거구선거위원회가 공시한 선거비용제한액을 초과하여 지출할 수 없도록 하고, 출납책임자를 선임하여 선거운동 등에 관한 지출보고서를 선거일 후 7일까지 제출하도록 했다. 또한 선거비용 부정지출죄 등 벌칙조항을 두어 선거비용 부정사용을 막고자 했다. 투표의 공정성 확보를 위해서는 정당추천위원이 투표용지에 도장을 찍도록 하는 제도를 도입하는 한편, 투표참관인에게 투표함 검사 및 위법행위 시정요구권 등을 부여하여 그 권한을 강화하였다.

4) 첫 양원 국회 구성 : 제5대 국회의원 선거제도

제2공화국 출범 이후 1960년 7월 29일 실시된 제5대 국회의원선거에서는 처음으로 민의원의원과 참의원의원 모두를 선출하였다. 이 선거에서는 1960년 6월 23일 「참의원의원선거법」과 「민의원의원선거법」 폐지와 함께 같은 날 새롭게 제정된 「국회의원선거법」이 적용되었다. 민의원의원의 임기는 4년이었으며, 참의원의원은 득표수에 따라 6년과 3년으로 구분하여 3년마다 선거를 치르도록 했다. 의원정수는 민의원의원 233명, 참의원의원 58명이었다. 한편, 1960년 6월 15일 개정된 제2공화국 헌법에 따라 공직선거는 헌법기관으로 창설된 중앙선거위원회가 관리하게 되었다.

이 선거에서부터는 선거권 연령이 21세에서 20세로 하향 조정되었고, 피선거권 연령도 참의원의원의 경우 35세에서 30세로 조정되었다. 민의원의원선거의 경우에는 소선거구제와 1인 1표의 단순다수제를 채택하였으나, 참의원의원선거의 경우에는 1개 선거구에서 2~8명을 선출하는 중선거구제와 선거구 의원정수의 반수 이하를 선택하는 제한연기제를 채택하였다.

한편, 투표에서는 부재자 우편투표제도를 도입하여 거소에서 기표 후 무료등기우편으로 투표지를 송부하도록 하고, 개표 시에는 비밀보장을 위해 일반투표와 혼합하여 개표하도록 했다. 후보자 등록과 관련하여서는 기존의 선거권자 추천제도를 폐지하였고, 기탁금은 민의원의원후보자 30만환, 참의원의원후보자 50만환으로 하향 조정되었다.

투표시간은 오전 7시부터 오후 4시까지로 1시간 단축된 반면 3·15 부정선거의 교훈으로 인하여 투표의 공정성을 강화하는 제도들이 많이 도입되었다. 우선 투표용지에는 정당추천위원 2명의 가인뿐만 아니라 일련번호를 인쇄하도록 했다. 이전 선거에서 나타난 릴레이식 투표를 방지하기 위한 목적이었다. 또한 투표함 바꿔치기를 방지하기 위해 투표함 수를 투표구마다 1개로 제한하였고,7) 투표참관인 수는 후보자 1명마다 4명으로 늘려 대리투표 행위를 방지할 수 있도록 2명씩 교대 참관하게 했다. 또한 후보자나 참관인에게는 투표소 내 사고 발생 시 촬영할 수 있는 권한을 부여하였다. 선거운동과 관련하여서는 후보자 등이 선거운동기간 중 행하는 기부행위를 금지하는 한편, 방송시설을 이용한 후보자 경력방송 제도를 도입하였다.

5) 3공화국 정당 중심주의 선거제도 : 제6~8대 국회의원 선거제도

제3공화국 들어 국회의원선거제도 중 가장 큰 변화는 정당중심주의를 채택하였다는 점이다. 1962년 12월 26일 전부 개정된 제3공화국 헌법(시행 1963. 12. 17.)은 제7조를 통해 정당 설립의 자유 및 복수정당제 보장과 함께 국가의 정당 보호의 가치를 담았다. 이에 따라 1963년 11월 1월 16일 「국회의원선거법」이 새롭게 폐지제정되었다. 이 법은 8월 6일 일부 개정을 거쳐 11월 26일 실시된 제6대 국회의원선거에 적용되었다.

제6대 국회의원선거에서 나타난 가장 큰 변화는 헌정사상 처음으로 비례대표제도가 도입되어 전국구국회의원을 선출하게 된 것이다. 그 결과 국회의원 정수는 총 175명이었고 이 가운데 지역구는 131명, 전국구는 44명으로 결정되었다. 후보자 등록에서는 정당중심주의에 따라 정당추천제(정당공천 의무화)가 도입되어 무소속의 출마는 금지되었다. 전국구의 경우에는 각 정당이 정수 내에서 후보자 순위를 정하여 명부를 제출하도록 했다.

전국구 의석은 지역구선거에서 3석 이상의 의석을 차지하지 못하였거나

---

7) 참의원의원선거에서는 투표함 2개를 둘 수 있도록 했다.

그 유효투표총수의 100분의 5 이상을 득표하지 못한 정당을 제외한 정당을 대상으로 배분하였다. 구체적으로는 제1위로 득표한 정당(이하 제1당)의 득표비율이 100분의 50 이상일 때에는 각 정당의 득표비율에 따라 전국구의석을 배분하되, 제1당에 배분되는 의석수는 전국구의원정수의 3분의 2를 초과하지 못하도록 했다. 그러나 제1당의 득표비율이 100분의 50 미만일 때에는 제1당에 전국구의석 중 2분의 1을 우선 배분하고 잔여의석을 제2당 이하의 정당에 득표비율로 배분하도록 했다.[8]

한편, 「정치활동정화법」에 의한 부적격자는 후보자로 등록할 수 없었다. 또한 정당중심주의에 따라 소속정당이 해산되거나 당적을 이탈 또는 변경할 경우 후보자등록은 무효가 되었다. 후보자의 기호는 추첨으로 결정하였다. 선거운동의 주체 또한 정당이었다. 선거운동 방법은 벽보, 선거공보, 후보자 성명 게시, 현수막, 신문광고, 연설, 경력방송만 허용하였다. 선거운동기간 중 후보자 등의 기부행위는 제한되었으며, 병영 내에 투표소 설치가 금지되었다.

제6대 국회의원선거 이후 「국회의원선거법」은 제3공화국 기간 동안 1966년 12월 14일, 1969년 1월 23일, 1970년 12월 22일 등 세 차례에 걸쳐 일부 개정되었다. 그러한 변화에 따라 1967년 실시된 제7대 국회의원선거에서는 해외부재자투표제도가 도입되었고, 선거운동 제한이 완화되었다. 선거사무원 수가 전국구는 30명에서 35명으로, 지역구는 7명에서 12명으로 증원되었고, 연설회 고지벽보 매수도 1회 30매에서 50매로 늘어났으며 선거공보도 1회에서 2회 발행할 수 있도록 횟수가 증가되었다.

1971년 실시된 제8대 국회의원선거에서는 의원정수가 204명(지역구 153명, 전국구 51명)으로 늘어났으며, 반면 전국구 배분대상 정당 기준은 강화되어 지역구 5석 이상 또는 유효투표총수의 5% 이상 득표한 정당에 대해 전국구 의석을 배분하였다.

한편, 이 선거에서부터는 후보자의 기호를 추첨이 아니라 원내 정당의 국회 다수의석 순으로 우선 부여하고, 나머지 정당은 정당 명칭의 가나다순에 따

---

8) 그 이외에 제2당의 득표가 제3당 이하 정당의 득표총수의 2배를 초과하지 못 할 때에는 제2당에게 잔여의석의 3분의 2를 배분하고 그 잔여의석을 제3당 이하 정당에 그 득표비율에 따라 배분하도록 했다.

라 후순위로 배분하였다. 또한 후보자 기호도 "1·2·3" 등 아라비아 숫자로 표시하였다.

선거운동에 있어서는 후보자 및 그 소속정당을 제외하고는 선거운동기간 중 신문, 도서, 방송, 영화, 벽보 기타의 방법으로 정부의 업적을 찬양 또는 비방하거나 유료광고를 하지 못하도록 했다. 또한 선거기간 중 선거에 영향을 미치게 할 목적으로 정당활동을 제외한 단합대회, 향민회, 야유회, 종친회 등도 금지되었다. 한정된 구역에 이익을 주는 사업 공약을 게재하거나 방송하지 못하게 하는 특수사업공약 제한 규정도 신설되었으며, 선거운동기간 중에는 국·공의 예산으로 행하는 공사의 기공식 또는 선거에 영향을 줄 목적으로 행하는 집회를 개최할 수 없도록 하였다. 한편 투표시간은 오전 7시부터 오후 6시까지로 1시간 연장되었다.

6) 중선거구제의 도입과 유신정우회 : 제9~10대 국회의원 선거제도

1972년 12월 27일 유신헌법의 공포와 함께 출범한 제4공화국 유신체제는 국회의원 선거제도에 있어서도 많은 변화를 불러왔다. 「국회의원선거법」은 유신헌법에 따라 1972년 12월 30일 폐지제정 되었고, 이후 제4공화국 기간 동안 1973년 3월 12일(시행 1973. 7. 1.)과 1977년 12월 31일(시행 1978. 2. 15.) 두 차례 개정되어 각각 제9·10대 국회의원선거에 적용되었다.

1973년 2월 실시된 제9대 국회의원선거에서 의원정수는 219명이었으며, 이 가운데 지역구는 146명이고 나머지 73명은 유신정우회 의원이었다. 지역구 국회의원은 국민의 보통·평등·직접·비밀선거에 의하여 선출하였으며, 유신정우회 국회의원은 대통령이 일괄 추천하여 통일주체국민회의가 선출하였다. 대신 이전 전국구 국회의원제도는 폐지되었다.

통일주체국민회의가 실시하는 선거는 후보자명부에 등재된 후보자 전체에 대한 찬반을 무기명투표에 부쳐 재적대의원 과반수의 출석과 출석대의원 과반수의 찬성으로 당선을 결정하였다. 지역구 국회의원의 임기는 6년이었으며, 통일주체국민회의가 선거한 국회의원(유신정우회 국회의원)의 임기는 3년이었다.

한편, 지역구 국회의원선거는 선거구마다 2명의 의원을 선출하는 중선거구제도를 도입하였으며, 정당중심주의에 입각하여 정당공천만 허용했던 제3공화국과 달리 무소속의 입후보를 허용하였다. 정당 추천의 경우에는 선거구별로 그 선거구에서 선거할 의원 수의 범위 안에서 소속당원을 후보자로 추천할 수 있도록 했다. 또한 이 선거에서부터 다시 기탁금제도를 부활하여 정당 추천 후보자의 경우 200만원, 무소속후보자의 경우 300만원을 기탁하도록 했다.

그 이외에 선거운동은 제한을 엄격히 하여 선전벽보, 선거공보, 합동연설회만 허용하였다. 투표에서는 부재자투표의 경우 국내부재자만 인정하였고, 무투표당선제도가 도입되었다. 또한 벌칙을 강화하여 법 위반행위와 관련하여 선거관리위원회에 고발의무를 부여하였다.

1978년 제10대 국회의원선거에서는 의원정수가 231명으로 늘어났고, 이 가운데 지역구 국회의원이 154명, 유신정우회 국회의원이 77명이었다. 기탁금도 인상되어 후보자등록 시 정당추천 후보자의 경우 300만원, 무소속 후보자의 경우 500만원을 기탁해야 했다. 선거운동에서는 제한규정이 일부 완화되어 현수막 게시가 허용되었고, 합동연설회 횟수를 인구 30만이상의 구·시와 읍·면수가 12개 이상의 군은 1회에 한하여 추가하여 개최할 수 있도록 늘렸다.9)

7) 전국구 제도의 부활 : 제11~12대 국회의원 선거제도

1980년 10월 22일 헌법개정(제5공화국 헌법)을 통해 나타난 가장 큰 변화는 유신체제 하의 국회의원 선거제도 중 가장 핵심적인 특징이었던 유신정우회 제도를 폐지한 것이었다. 유신정우회 제도는 국회의원 정수 3분의 1을 대통령이 추천하게 하여 극도로 불공정한 경쟁을 이끄는 제도로 비난을 받았다. 이를 폐지하면서 이전의 전국구제도가 다시 부활하게 된 것이다.

헌법 개정에 따른 제5공화국 「국회의원선거법」은 1981년 1월 29일 폐지 제정 되어 1981년 3월 실시된 제11대 국회의원선거에 적용되었고, 이후 제5공화국 기간 동안에는 1984년 7월 25일 한 차례만 일부 개정되어 1985년 2월 실시된 제12대 국회의원선거에 적용되었다.

---

9) 제3공화국에서 국회의원선거 합동연설회 개최 횟수는 구·시 2회, 군 3회였다.

제11대 국회의원선거에서는 의원정수가 276명이었으며, 이 가운데 지역구 국회의원은 184명이었고 부활한 전국구 국회의원이 92명이었다. 지역구 국회의원 선거구제는 이전과 같이 1구 2인의 중선거구제를 채택하였다. 그러나 후보자 등록에 있어서는 일부 변화가 있었다. 무소속 후보자의 경우 선거권자 추천제가 다시 부활하여 출마하고자 하는 지역구 안에 주민등록이 된 선거권자 500명 이상 700명 이하의 기명·날인(무인은 허용하지 않았음)이 된 추천장을 제출해야 했다. 또한 기탁금도 인상되어 정당추천 후보자의 경우 700만원, 무소속후보자의 경우 1,500만원을 기탁해야 했다.

부활한 전국구 국회의원선거에서 의석배분 방식은 집권당에 유리하게 변화되었다. 그 기본 원칙은 지역구 국회의원선거에서 5석 이상을 획득한 정당을 배분대상으로 하고, 지역구 국회의원선거에서 1위를 차지한 정당에게 3분의 2를 우선 배분한 후 잔여의석은 제2당 이하의 정당에 의석비율로 배분하도록 했다. 그 이외에 선거운동에 있어서는 정당의 선거운동을 허용(선거운동을 할 수 있는 자에 정당 포함) 했고, 전국구후보자의 선전벽보제도가 도입되었다.

이후 1985년 제12대 국회의원선거에서는 전국구후보자 기탁금제도를 도입하여 전국구 입후보자도 700만원의 기탁금을 내도록 한 것이 눈에 띄는 변화였다. 그 이외에는 대체로 제11대 국회의원 선거제도와 크게 달라지지 않았다. 다만, 합동연설회 개최 횟수, 고지벽보 첩부 매수, 현수막 게시 매수, 선거운동에 사용하는 자동차와 선박 수 등 선거운동의 제한이 다소 완화되었다.

4 　지방선거제도

민주화 이전 지방선거는 제1공화국에서 1952년과 1956년에, 그리고 제2공화국에서 1958년에 실시되었다. 1948년 제정헌법에는 지방의회의 조직, 권한과 의원의 선거는 법률로써 정한다(97조)고 명시하여 선거에 관한 부분을 법률에 위임했고, 이에 따라 지방선거제도는 1949년 7월 4일 제정(시행 1949. 8. 15.)된 「지방자치법」을 통해 규정되었다. 이 법은 1949년 12월 15일 일부 개정(시행 1950. 1. 5.)된 후 1952년 선거에 처음 적용되었다.

1) 중선거구제 지방의회의원 선거제도 : 제1공화국 지방선거

「지방자치법」에서는 지방의회 의원만을 국민의 직접선거를 통하여 선출하도록 했다. 의원 정수는 도와 서울특별시의회의 경우 인구 50만 미만인 때에는 20명, 50만 이상 100만 미만인 때에는 25명으로 규정하였다. 그리고 100만 이상 200만 미만일 때에는 100만을 초과하는 인구 매 5만에 대하여 1명씩을 증가하고, 200만 이상일 때에는 200만을 초과하는 인구 매 8만에 대하여 1명을 증가하도록 했다. 시의회의원 정수는 인구 10만 미만일 때에는 20명을 정원으로 하고 10만 이상 20만 미만일 때에는 10만을 초과하는 인구 매 2만에 대하여 1명을, 20만 이상일 때에는 20만을 초과하는 인구 매 3만에 대하여 1명을 증가하도록 했다.

한편, 읍의회의원의 경우에는 인구 3만 미만인 때에는 15명으로 하고, 3만 이상일 때에는 3만을 초과하는 인구 매 4,000명당 1명씩 의원정수를 늘이도록 했다. 면의회의원 정수는 인구 5천 미만인 때에는 10명, 5천 이상 1만 미만일 때에는 5천을 초과하는 인구 매 2,500명당 1명씩을 증원하고 1만 이상일 때에는 1만을 초과하는 인구 매 5,000명당 1명씩을 증원하도록 했다. 이에 따라 1952년 실시된 지방선거에서 기초의회의원 정수는 17,559명, 광역의회의원 정수는 306명으로 결정되었다. 의원의 임기는 4년이었으며, 1선거구 다수선출의 중선거구제를 채택하였다.

선거권은 21세 이상의 국민으로 6개월 이상 동일 자치단체의 구역 내에 주소를 가진 자에게 주어졌으며, 피선거권은 선거권이 있는 자 중 특정한 공직에 있는 자를 제외한 만 25세 이상의 자에게 주어졌다. 선거인명부는 선거일 전 60일 현재 그 구역 내에 4개월 이상 거주하는 유권자를 대상으로 투표구선거위원회가 작성하였다.

의원후보자로 입후보하려면 도와 서울특별시의 경우 선거구 내의 등록된 선거권자 50명 이상, 시·읍·면에서는 10명 이상의 추천을 받아야 했다. 또한 한사람이 2개 선거구 이상에서 후보자등록을 하면 그 등록은 모두 무효처리하였다. 선거운동은 공무원을 제외하고는 누구든지 자유롭게 선거에 관한 선전활동을 할 수 있도록 했다. 투표방법은 단기무기명투표를 채택하였고, 개표결과 유효투표의 다점자 순위에 따라 해당 선거구의 의원정수까지 당선인을 결정하였다. 그 이외 선거절차 등은 국회의원선거법을 따랐다.

이후 지방자치법은 1955년 12월 12일, 1956년 2월 13일, 그리고 1956년 7월 8일 일부개정 과정을 거쳤다. 그 결과 1956년 지방선거에서는 몇몇 제도 변화를 가져왔다. 가장 중요한 변화는 시·읍·면장의 주민직선제가 도입된 것이었다. 또한 지방의회의원의 정원은 감축되었고, 임기는 4년에서 3년으로 단축되었다. 한편, 자치단체의 구역변경 또는 폐치·분합의 경우 의원정수 조정에 관한 규정이 마련되었으며 선거권의 요건도 거주기간이 60일에서 90일로 늘어났다.

2) 광역단체장 직선제 도입 : 제2공화국 지방선거

제1공화국 말 1958년 12월 26일 「지방자치법」이 일부 개정되면서 지방선거는 위축될 상황을 맞았다. 시·읍·면장의 선거제를 폐지하고 임명제로 전환했기 때문이었다. 그러나 1960년 3·15 부정선거와 4·19 혁명으로 제1공화국이 붕괴되고 제2공화국이 들어서면서 1960년 11월 1일 「지방자치법」이 다시 개정되어 1960년 12월 지방선거는 오히려 범위가 확대되었다.

1960년 실시된 지방선거제도에서 가장 큰 변화는 임명제로 전환했던 시·읍·면장 선출방법을 다시 직선제로 환원한 것과 함께 도지사 및 서울특별시장도 주민 직선을 통해 선출하는 제도를 채택했다는 것이다. 선거제도를 통해 지방자치의 확대를 의미하는 변화였다. 또한 선거권자의 연령도 21세에서 20세로 낮추었으며, 도지사·서울특별시장·시장·읍면장의 임기는 4년으로 조정되었다. 투표에서도 부재자선거제도를 채택하는 변화를 보였다. 이러한 제도변화를 통해 지방선거의 확장을 가져왔으나 지방선거는 1960년 선거를 끝으로 제3공화국이 들어서면서 긴 시간 실시되지 못하였다.

5 민주화 이전 선거제도의 특징[10]

1948년 근대적 민주선거제도를 처음 도입한 이후 민주화 이전까지의 권위
주의시대를 거치는 동안 우리나라 선거제도는 진보보다는 후퇴의 양상을 보였
다. 집약하면 민주화 이전 한국 선거제도는 집권자 중심의 제도 전환, 선거제
도의 비민주성을 중요한 특징으로 하는 집권당에게 유리한 선거제도로의 퇴행
양상을 보여왔다.

1) 집권자(집권당) 중심의 제도전환

대의제민주주의에서 주권을 보유하고 있는 국민은 선거라는 제도적 장치를
통해 일정기간 권력을 위임하고 있으며, 선거제도에 의해 권력위임의 방식이
결정된다. 그러나 민주화 이전 권위주의 시대에서는 국민의 권력 위임방법, 즉
선거제도가 민주성 또는 효율성을 발전시키기 위해서가 아니라 집권자의 필요
에 의해 변화되면서 국민의 반발과 야권의 저항을 야기해 왔다. 이는 때때로
공정성과 신뢰성 문제로 인하여 선거 자체를 부정하는 결과를 가져오기도 했다.

집권당을 중심으로 선거제도가 전환된 가장 대표적 영역은 대통령선거와 관
련되어 있다. 1948년 민주적 선거제도가 도입된 이후 1987년 제9차 개헌이 이루
어지기 전까지 한국은 고작 40년의 시간 동안 권력구조와 대표자 선택방식에 있
어 많은 변화를 경험했다. 제헌헌법을 통해 대통령 간선제를 도입했던 제1공화국
에서는 1952년 이승만 대통령의 집권연장을 위해 발췌개헌이라는 불법적 과정을
통해 대통령직선제로 전환되었고,[11] 1954년 또다시 초대 대통령의 연임제한 규정
을 삭제하는 개헌이 이어졌다. 이 또한 '4사5입'이라는 불법적 과정을 통해 이루

---

10) 이 부분은 이종우. 2014. "한국 선거의 변화와 지속가능성: 선거제도 및 선거관리 모델 변
화를 중심으로"「의정논총」제9권 제1호. 45~48 내용을 수정 보완하였음.
11) 당시 대통령직선제 개헌은 한국전쟁이 진행되는 상황에서 이른바 '부산정치 파동'이라는
불법적 과정을 통해 이루어졌다. 이승만 대통령은 개헌에 대한 국회의 반대를 계엄령 선
포와 국회의원 체포 및 구금으로 탄압하고, 경찰과 군대를 동원한 폭력적인 과정으로 개
헌안을 통과 시켰다. 한국선거학회(편). 2011.「한국 선거 60년」. 오름 43.

어졌다. 모두 국민의 뜻과는 무관한 집권자의 재집권을 위한 제도 변화였다.[12]

　　제3공화국에서는 1969년 대통령의 3선을 허용하는 헌법 개정이 시도되었고, 민주공화당은 단독으로 개헌안을 국회에 제출하여 야당 의원들이 불참한 가운데 개헌안을 처리하였다. 이어 1972년에는 대통령의 연임제한을 철폐하고 통일주체국민회의를 통해 대통령을 간접선출 하는 이른바 '유신헌법안'이 국민투표를 통해 확정되었다. 그 결과 박정희 대통령은 8·9대 대통령선거에서 단일후보로 출마·당선되었다.

　　제5공화국에서는 7년 단임의 대통령제로 변화되었다. 장기집권에 대한 국민의 분노를 피하고자 한 제도 변화였다.[13] 그러나 대통령 선출방법으로 도입된 대통령선거인단선거제도는 역시 집권자의 집권을 수월하게 하기 위해 이전 통일주체국민회의를 탈바꿈시킨 형식적 변화에 지나지 않았다.

　　이처럼 민주화 이전 한국 선거의 흐름은 집권자에 의한 반복된 제도 전환으로 점철되었으며, 이로 인하여 민주적 경쟁이 보장되지 않는 민주성 훼손의 과정을 겪어야 했다.

2) 선거제도의 비민주성

　　제3공화국 이후 한국 선거는 많은 부분에서 공정한 경쟁 자체를 제도적으로 제약하는 비민주성을 보이기 시작했다. 제3공화국 들어 처음 도입된 전국구 비례대표제도는 그 대표적 사례이다. 당시 이 제도를 도입한 명분은 직능 대표 발굴이나 사표 방지 등이었다. 그러나 의석 배분방식은 제1당에게 실제 득표율과 관계없이 절반을 배분하도록 하고, 제1당의 득표율이 50%를 넘는 경우에는 전국구 의석의 2/3까지 배분하도록 하였다. 이는 명분과 달리 오히려 비(非)비례적인 배분방식에 의해 집권당에 안정 의석을 제공하기 위한 것이었다.[14]

---

12) 1960년 4·19 시민 혁명 이후 성립된 제2공화국에서는 제1공화국 개헌과 달리 집권자에 의한 제도전환이 아니라 국회와 국민의 의사를 집약하여 의원내각제로의 제도변화가 이루어졌다. 그러나 제2공화국은 1961년 군사정변으로 인하여 제대로 운영되지 못한 채 9개월여 만에 막을 내렸다.

13) 최한수. 1996. 『한국선거정치론』. 대왕사. 201.

14) 강원택. 2011. "제3공화국 선거" 한국선거학회(편). 『한국 선거 60년: 이론과 실제』. 오름. 95.

전국구제도는 제4공화국에서 유신정우회제도가 생기면서 폐지되었으나 제5공화국 들어 제11대 국회의원선거에서 다시 부활되었으며, 이전 지역구의석의 3분의 1이었던 전국구 비율이 2분의 1로 늘어났다. 특히 이 선거에서는 안정적 정국운영이라는 취지 아래 제1당에게 전국구의석의 절반을 배분하는 방식을 채택하여 여전히 집권당 중심의 불공정성은 유지되었다.[15)]

선거제도의 불공정성은 실제 선거결과에도 그대로 반영되었다. 1963년 제6대 국회의원선거에서 민주공화당이 차지한 전체 의석비율은 62.9%였으나 실제 지역구 유효득표율은 33.5%에 불과했다. 이어 제7대 국회의원선거에서도 50.6% 득표율로 전체의석 중 73.7%를 차지했다. 제11대 국회의원선거에서는 민주정의당이 35.6%의 지역구 득표율로 전체 54.7%의 의석을 차지했고, 제12대 국회의원선거에서는 35.3%의 득표율로 전체의석의 53.6%를 차지했다. 이러한 득표율과 의석율 간의 불비례성은 선거제도의 비민주성이 현실적 결과로 이어진 단적인 사례들이다.

제2절 | 민주화와 과도기적 선거제도(1987~1994)

1987년 한국 사회를 휩쓴 민주화 물결은 6·29 선언과 함께 절차적 민주주의를 회복하는 헌법 개정을 이루었고, 그 결과 선거제도에 있어서도 많은 변화를 가져왔다. 우선 대통령선거와 관련하여서는 직선제가 부활하였다. 국회의원선거에서는 1구 1인의 소선거구제가 도입되었고, 지방선거도 부활되었다. 전반적으로는 선거운동 방법이 이전에 비해 확대되었다. 민주화의 과도기적 상황에서의 선거제도는 이러한 큰 범위에서의 변화 이외에도 각 선거법 제·개정에 따라 다양한 변화를 수반하였다.

---

15) 제11대 국회의원선거에서 부활된 전국구제도는 지역구선거의 득표비율에 따라 배분하던 이전의 배분기준과 달리 지역구 의석을 배분기준으로 삼았다.

1 대통령 선거제도 : 직선제와 선거운동의 확대

1987년 전면 개정된 제6공화국 헌법에 따라 대통령은 국민의 보통·평등·직접·비밀선거에 의하여 선출하게 되었으며, 임기도 7년 단임제에서 5년 단임제로 변경되었다. 이에 개헌 이후 실시될 제13대 대통령선거를 위한 「대통령선거법」이 1987년 11월 7일 폐지제정되었다. 이는 개정 헌법에서 대통령직선제를 채택함으로써 대통령선거인단에 의한 간선제를 채택하고 있던 기존 「대통령선거법」을 폐지하고 새로운 대통령선거제도를 마련하기 위한 것이었다.

선거권 연령을 20세로, 피선거권 연령을 40세로 규정하였으며 5년 이상 국내거주 요건은 삭제되었다. 후보자로 등록하기 위해서는 정당의 추천을 받거나 서울특별시·직할시·도 가운데 5개 지역 이상에서 선거권자 5천명 이상 7천명 이하의 추천을 받도록 했다. 한편, 기탁금제도를 부활시켜 정당추천 후보자의 경우 5,000만원을, 무소속 후보자의 경우 1억원을 기탁하도록 했다. 후보자의 기호는 후보자등록 마감일 현재 국회의석이 있는 정당추천후보자를 대상으로 의석 순에 따라 우선 부여하고, 그 다음에 국회의석이 없는 정당추천 후보자를 대상으로 소속정당 명칭의 가, 나, 다 순에 따라 기호를 부여한 후 마지막으로 무소속 후보자에게 성명의 가, 나, 다 순으로 기호를 부여하였다.

제13대 대통령선거에 적용된 선거법의 가장 큰 변화는 선거운동 방법의 확대였다. 기존 간접선거에서는 선거공보, 신문광고, 방송연설 등 세 가지 방법으로만 선거운동을 할 수 있었다. 그러나 새 선거법에서는 이를 아홉 가지로 확대하여 선전벽보, 방송연설, 방송대담·토론, 경력방송, 신문광고, 연설회, 기호표, 표지판, 현수막 등의 방법을 이용하여 선거운동을 할 수 있도록 하였다.

투표의 투명성 확보를 위한 장치도 마련되어 투표용지 가인제도와 투표통지표 교부 입회인제도가 도입되었다. 또한 군인 등의 투표참여를 보장하기 위하여 시설 안에 설치된 기표소에서 투표할 수 있도록 하는 부재자투표방식을 도입하였다.[16] 당선인 결정 방식에 있어서는 선거인단 간접선거에서 과반 이

---

16) 여야 간 정치회담을 통한 선거법 협상과정에서 통일민주당은 군인들의 경우 부대 밖에 설치된 기표소에서 투표하게 하자고 주장하였다. 그러나 군인들이 부대 밖으로 일시에 나와

상을 획득해야 하는 절대다수제에서 유효투표의 다수를 얻은 후보자가 당선되는 단순다수제로 변경되었다. 한편, 선거비용은 국가부담의 공영제에서 정당 또는 후보자가 부담하는 방식으로 변경되었다.

제13대 대통령선거 이후 1992년 12월 실시된 제14대 대통령선거를 앞두고 1992년 11월 11일 「대통령선거법」이 개정되었다. 그 결과 제14대 대통령선거에서는 후보자의 기탁금이 정당추천후보자와 무소속후보자 사이에 차별 없이 3억원으로 균등화되었다.[17] 무엇보다도 큰 변화는 방송시설을 이용한 선거운동을 확대한 것이다. 이를 위해 방송시설을 이용한 연설비용 중 국가에서 부담하는 횟수를 텔레비전과 라디오 각각 후보자 연설을 1회에서 3회로, 연설원 연설을 1회에서 2회로 늘려 선거공영제를 확대하였다. 또한 방송시설을 이용한 대담·토론 시간을 40분 이내에서 2시간 이내로 연장하고, 정당 또는 후보자는 선거운동기간 중 텔레비전 및 라디오방송 시설별로 각 5회 이내에서 후보자의 경력·정견 또는 정당의 정강·정책 등을 1분 이내에서 광고할 수 있도록 확대하였다.

대통령당선자는 단순다수제로 최고득표자 1인을 당선자로 결정하였다. 그러나 선거결과 최고득표자가 2명 이상인 경우 국회의 재적의원 과반수가 출석한 공개회의에서 당선자를 결정하도록 하였다. 또한 대통령후보자가 1인일 때에는 선거권자 총수의 3분의 1 이상 득표하여야 당선되도록 하였다(헌법 제67조제1항·제2항 및 제3항).

2 국회의원 선거제도: 소선거구제와 전국구 배분제도의 변화

제6공화국 헌법에서는 국회의원을 국민의 보통·평등·직접·비밀선거에 의하여 선출하되 임기는 4년, 정수는 200명 이상으로 하여 법률로 정하도록 했다. 또한 국회의원의 선거구와 비례대표제 및 기타 선거에 관한 사항도 법률에

투표하게 되면 주둔 부대의 병력수가 공개된다는 점을 들어 여당이 반대하여 받아들여지지 않았다. 중앙선거관리위원회. 2009. 『대한민국선거사』 4집. 에스아이케이알. 494~495.
17) 이전 선거에서 기탁금은 정당추천후보자의 경우 5,000만원, 무소속후보자의 경우 1억 원이었다.

위임했다. 이에 따라 1988년 제13대 국회의원선거를 위한 「국회의원선거법」이 1988년 3월 17일 전부개정되었다. 개정 선거법은 새 헌법의 취지에 부합할 수 있도록 많은 부분에서 선거제도의 변화를 가져왔다.

가장 큰 변화는 기존 1구 2인의 중선거구제를 1구 1인의 소선거구제로 변경한 것이다. 이에 따라 지역구 수가 92개[18]에서 224개로 대폭 늘어났다. 기존의 전국구는 그대로 유지되었으나 그 정수는 지역구 2분의 1(92석)에서 3분의 1(75석)로 줄었다. 이러한 변화에 따라 제13대 국회의원 정수는 기존 276석에서 299석으로 늘어났다.

후보자 등록에 있어서는 기탁금 액수가 상향 조정되었다. 700만원이었던 지역구 입후보자의 기탁금은 1,000만원으로 인상되었고 1,500만원이었던 무소속은 2,000만원을, 700만원이었던 전국구후보자는 1,000만원을 기탁하도록 했다. 후보자의 기호는 이전까지 추첨에 따랐지만, 제13대 국회의원선거에서는 국회의 다수 의석 순으로 우선 기호를 배정하고, 그 다음 국회의석이 없는 정당을 대상으로 정당명 가·나·다 순으로 기호를 배정한 후 나머지 무소속 후보자들을 대상으로 성명의 가·나·다 순에 따라 기호를 배정하였다.

또 다른 주요 제도변화 중 하나는 전국구 의석배분 방식이다. 지역구에서 5석 이상을 차지한 정당에게 지역구 의석비율에 따라 배분하는 기본원칙은 변하지 않았다. 그러나 기존 「국회의원선거법」에서 채택하고 있던 제1당에게 전국구 의석의 3분의 2를 우선 배분하는 매우 불공정한 제도를 제1당의 의석비율이 50% 미만일 때 제1당에게 전국구 의석의 2분의 1을 우선 배분하도록 다소 완화한 것이 제도변화의 핵심이다.

선거운동 방법에 있어서는 다섯 가지로 같았으나, 기존 선거법에서 허용하던 후보자 성명게시를 없애고 대신 소형인쇄물 제도를 도입하였다. 소형인쇄물은 후보자, 선거사무장 및 선거사무원 등이 유권자에게 직접 배부할 수 있도록 하였는데 그 수량에는 제한이 없어 사실상 무제한으로 제작·배부가 가능했다. 그러나 허위사실이나 정당 또는 후보자를 비방하는 내용을 게재하는 것은 금지하였다.

---

18) 제5공화국 당시에는 선거구제가 1구 2인의 중선거구제였으므로 지역구는 92개이지만 지역의원 수는 184명이었다.

이후 「국회의원선거법」은 1992년 3월 실시된 제14대 국회의원선거를 앞두고 1991년 12월 31일 일부 개정되었다. 그 결과 우선 의원의 정수를 현행의 지역구 및 전국구의원 정수를 합한 299명으로 정수화함으로써 전국구 의원정수를 지역구의원정수의 증감에 비례하지 않도록 하였다. 이에 따라 제14대 국회의원선거에서 국회의원 정수는 299명으로 이전과 변화가 없었으나 지역구가 13명 늘어났고, 대신 전국구 의원정수가 13명 줄어들었다. 정당추천 후보와 무소속 후보자 간 차이를 두었던 기탁금은 모두 1,000만원으로 통일되었다.[19] 기탁금의 반환요건은 지역구 후보자가 당선된 때와 유효투표총수를 후보자 수로 나눈 수의 2분의 1 이상을 득표한 때로 변경하고 선전벽보의 작성·첩부·철거비용, 선거공보의 작성비용 및 합동연설회의 개최비용을 국고에서 부담하도록 하여 선거공영제를 확대하였다.

선거운동 방법은 정당연설회와 경력방송 등 두 가지가 늘어났다. 종수 및 수량의 제한이 없던 소형인쇄물의 경우 후보자용 4종, 정당용 2종 등으로 제한되었고 그 수량도 지역구 유권자의 수에 상당하는 매수로 제한되었다. 한편, 특정 선거구에서 투표할 목적으로 위장전입한 자에 대한 벌칙조항을 신설하고 선거사범의 공소시효를 3월에서 6월로 연장하는 등 선거법 위반자에 대한 벌칙을 강화하였다.

3 지방선거
: 정당참여 배제의 기초의원선거와 정당공천의 광역의원선거

지방자치는 제3공화국 헌법 제110조, 제4공화국 헌법 제115조, 제5공화국 헌법 제119조, 제6공화국 헌법 제118조 등 매 공화국마다 헌법에 명시된 헌법 규정이었다.[20] 그러나 제3공화국 출범과 함께 중단된 지방선거는 제6공화국이 들어설 때까지 한 번도 실시되지 않았고, 그에 따라 「지방자치법」도 1973년 1

---

19) 기탁금 차등과 관련하여 헌법재판소는 1989년 9월 8일 평등선거 원칙에 위배된다며 헌법불합치 결정(88헌가6)을 내렸고, 이에 따라 선거법 개정으로 관련 제도가 수정되었다.
20) 제3공화국 이후 헌법이 규정한 지방자치 관련 조항은 같거나 유사하였다. ① 지방자치단체에는 의회를 둔다. ② 지방의회의 조직·권한·의원선거와 지방자치단체의 장의 선임방법 기타 지방자치단체의 조직과 운영에 관한 사항은 법률로 정한다.

월 15일 타법 개정을 제외하면 한 번도 개정된 적이 없었다. 그러나 민주화와 함께 지방자치가 부활되면서 관련 법안도 제·개정되기 시작하였다.

민주화 이후 지방선거제도는 1988년 4월 6일 처음으로 「지방자치법」이 전부개정(시행 1988. 5. 1.)되면서 새롭게 제도화되었다. 이 법에 따라 지방의회 의원의 정수는 특별시·직할시·도는 25명 내지 7명, 시·구는 15명 내지 25명, 군은 10명 내지 20명이었으며 의원의 임기와 지위는 4년의 명예직이었다. 한편, 지방자치단체의 장은 선거에 의하여 선출하되 따로 법률로 정할 때까지 는 정부에서 임명하도록 했다.

「지방자치법」과 같은 날 제정된 「지방의회의원선거법」(시행 1988. 5. 1.)은 지방의회의원 선거제도를 더욱 구체화하였다. 이 법은 1991년 3월 기초의회의 원선거가 실시되기 직전인 1990년 12월 31일 전부 개정되었다. 이 법에 따르 면 우선 선거권이 20세, 피선거권이 25세 성인에게 주어졌다. 후보자로 등록하 기 위해서는 시·도의회의원 후보자는 200명 이상 300명 이하, 구·시·군의회 의원 후보자는 50명 이상 100명 이하의 선거권자 추천을 받도록 했다. 그러나 정당의 공천은 허용하지 않았다. 후보자 등록을 위해서는 200만원의 기탁금을 납부해야 했고, 의원 선출방식은 1구 1인의 소선거구제를 채택하였다.

선거운동은 국회의원선거와 같이 선전벽보, 선거공보, 합동연설회, 소형인 쇄물, 현수막 등 다섯 가지로 제한되었다. 다만 작성방법이나 첨부·발송·게시 수량 등은 국회의원선거와 달리하였고, 특히 소형인쇄물의 경우 국회의원선거 에서 수량 등의 제한이 없었던 것과 달리 제한범위를 명문화하였다.

한편, 정당의 공천이 배제됨으로써 정당은 선거운동을 할 수 없도록 하였 다. 또한 정당공천 배제에 따라 후보자 기호 역시 모두 추첨에 의하여 결정하 였다. 개표에 있어서는 부재자우편투표를 일반투표함과 분리하여 별도 개표한 것이 국회의원선거와의 차이점이었다.

1991년 3월 구·시·군의회의원선거 이후 같은 해 6월 시·도의회의원선거 가 예정되면서 1991년 5월 23일 「지방의회의원선거법」은 다시 한 차례 개정 되었다. 개정 선거법은 선거제도에 있어 많은 변화를 가져오지는 않았다. 그러 나 구·시·군의회의원선거제도와 달리 정당의 공천을 허용함으로써 후보자등 록 및 선거운동에 있어 근본적인 변화를 불러왔다.

선거구제는 구·시·군의회의원선거와 같이 1구 1인의 소선거구제를 채택하였으며, 의원정수는 총 866명이었다. 후보자 등록을 위해서는 400만원의 기탁금을 납부해야 했고,[21] 농협·수협·축협·산림조합 등의 조합장은 사직 없이 출마가 허용되었다.[22]

선거운동에 있어서는 정당이 선거운동의 주체가 될 수 있다는 점이 가장 큰 변화였다. 선거운동 방법은 구·시·군의회의원선거와 동일하였으나 그 수량 등에서만 차이를 보였다. 한편, 정당공천이 허용되면서 후보자의 기호는 국회의석을 가지고 있는 정당추천후보자에게 의석 순에 따라 우선 부여하고, 그 다음은 의석이 없는 정당추천 후보자를 정당명 가·나·다 순에 따라 부여한 후 무소속 후보자를 대상으로 후보자 성명의 가·나·다 순에 따라 기호를 부여하였다.

제3절 | 통합선거법 제정(1994)

1994년 3월 16일 대통령선거법, 국회의원선거법, 지방의회의원선거법, 지방자치단체의장 선거법 등을 하나로 통합한 「공직선거 및 선거부정방지법」, 이른바 통합선거법이 제정·공포되었다. 새롭게 제정·공포된 통합선거법은 공명선거의 제도적 기틀을 마련한 법제로서, 모든 공직선거에 관련된 내용을 하나의 법으로 통합하여 구성한 것이 가장 큰 외형적 변화였다.

1 「공직선거 및 선거부정방지법」 체계

통합선거법은 깨끗하고 돈 안드는 선거를 구현하기 위하여 선거에 있어서

---

21) 당초 기탁금은 700만원이었으나, 이에 대한 헌법소헌 결과 헌법재판소가 1991년 3월 11일 위헌결정(91헌마21)을 내림으로써 「지방의회의원선거법」 개정에서 400만원으로 조정되었다.

22) 기존 선거법에서는 "농협·수협·축협·산림조합·엽연초생산협동조합·인삼협동조합의 조합장이 지방의회의원선거에 출마하기 위해서는 선거일 전 90일까지 해직되어야 한다"고 출마를 제한하고 있었다. 그러나 이에 대해 헌법재판소가 1991년 3월 11일 위헌결정을 내림으로써 이 조항 또한 선거법 개정과정에서 제한을 해제하는 것으로 변경되었다.

부정 및 부패의 소지를 근원적으로 제거하고, 국민의 자유롭고 민주적인 의사표현과 선거의 공정성을 보장하며, 각종 선거법을 단일법으로 통합함으로써 선거관리의 효율성을 제고하는 등 선거제도의 일대 개혁을 통하여 새로운 선거문화의 정착과 민주정치의 실현을 도모하기 위해 제정되었다. 따라서 통합선거법은 대통령선거·국회의원선거·지방의회의원선거 및 지방자치단체장선거 등 모든 공직선거에 적용되었다. 통합선거법의 내용은 선거에 관하여 헌법에서 위임한 사항을 규정한 것으로 제정 당시 총 17장, 277개의 조항으로 구성되었다.

제1장 총칙(제1조~제14조)에서는 법의 목적, 적용범위, 선거인 및 인구의 기준, 선거관리 및 선거의 공정성을 확보하기 위한 제도 등을 규정하고 있다. 제2장 선거권과 피선거권(제15조~제19조)에서는 선거권, 피선거권, 연령산정기준 등을 정하고 있다. 제3장 선거구역과 의원정수(제20조~제32조)에서는 선거구, 투표구, 국회의원 및 지방의원의 정수조정, 선거구획정에 관한 사항을, 제4장 선거기간과 선거일(제33조~제36조)에서는 선거기간과 선거일에 관한 사항을 규정하고 있다. 제5장 선거인명부(제37조~제46조)에서는 선거인명부 작성, 부재자 신고, 이의신청 등에 관한 사항을 규정하고 있으며, 제6장 후보자(제47조~제57조)에서는 후보자 추천, 등록, 등록무효, 기탁금 등에 관한 사항을 규정하고 있다.

제7장 선거운동(제58조~제118조)은 조문수가 가장 많은 장으로서 선거운동의 정의, 기간, 주체, 선거운동의 방법과 제한금지행위 등을 규정하고 있다. 제8장 선거비용(제119조~제136조)에서는 선거비용의 정의, 선거비용제한액 등을 규정하고 있다. 제9장 선거와 관련있는 정당활동 규제(제137조~제145조)에서는 선거에 영향을 미칠 수 있는 정강·정책 신문광고, 방송연설, 정당기관지, 당원집회, 당사게시 선전물 등과 관련된 제한사항을 규정하고 있다. 제10장 투표(제146조~제171조)는 선거방법, 투표소, 투표용지, 투표시간, 부재자투표, 투표참관, 투표함의 관리 등에 관한 사항을 규정하고 있다. 제11장 개표(제172조~제186조)에서는 개표관리, 개표소, 개표사무원, 개표절차와 방법, 무효투표 등에 관하여 규정하고 있다. 제12장 당선인(제187조~제194조)에서는 선거별로 당선인의 결정·공고·통지방법과 당선인 결정의 착오시정 등에 대하여 규정하고 있다.

제13장 재선거와 보궐선거(제195조~제201조)에서는 재선거, 보궐선거, 선거

의 연기 등에 대하여 규정하고 있으며, 제14장 동시선거에 관한 특례(제202조~
제218조)에서는 동시선거의 정의, 동시선거와 관련된 선거일, 선거기간, 선거운
동, 투·개표 절차의 특례에 대하여 규정하고 있다. 제15장 선거에 관한 쟁송
(제219조~제229조)에서는 선거소청, 선거소송, 당선소송과 소송절차에 대하여
규정하고 있다. 제16장 벌칙(제230조~제262조)에서는 선거의 공정성을 확보하기
위한 벌칙규정들에 대하여 규정하고 있으며, 제17장 보칙(제263조~제277조)에서
는 선거범죄로 인한 당선무효, 공무담임권의 제한, 공소시효, 선거범의 재판
기간, 재정신청 등 선거관리와 관련된 기타의 사항을 규정하고 있다.

통합선거법의 체계를 분류하자면 선거제도의 일반, 선거절차, 선거의 사후
처리, 벌칙과 보칙 등 네 가지 부분으로 나눌 수 있다. 첫째, 선거제도 일반은
선거의 기본적인 제도와 개념에 대하여 규정한 것으로 총칙(제1장), 선거권과
피선거권(제2장), 선거구역과 의원정수(제3장), 선거기간과 선거일(제4장)이 여기
에 해당한다.

둘째, 선거절차 부분은 일반적으로 선거관리가 이루어지는 시간적 순서에
따라 절차사무를 규정한 것으로 선거인명부(제5장) 작성, 후보자(제6장) 추천 및
등록, 선거운동(제7장), 선거비용(제8장), 정당활동규제(제9장), 투표(제10장), 개
표(제11장), 당선인(제12장) 결정, 동시선거의 특례(제14장) 등이 포함된다. 선거
운동, 선거비용, 정당활동규제는 전체적으로 선거운동과 관련된 내용으로 볼
수 있으므로 함께 분류할 수 있다.

셋째, 선거의 사후처리 부분은 선거에 흠이 있어 이를 다투고 그 결과 재
선거 및 보궐선거의 처리에 대하여 규정한 것으로서 재선거와 보궐선거(제13
장), 선거에 관한 쟁송(제15장) 등이 포함된다.

넷째, 벌칙(제16장)과 보칙(제17장) 부분은 선거의 공정성을 확보하기 위하
여 선거범죄의 종류와 형벌에 대하여 규정하고 있으며 기타 선거범죄 등으로
인한 당선무효, 공소시효, 대집행, 재정신청, 선거범죄 조사 등 다른 부분에 속
하지 않는 사항에 대하여 규정하고 있다.

한편, 통합선거법의 하위법령으로는 헌법 제114조 제6항에 따라 중앙선거
관리위원회가 선거관리에 관하여 제정한 「공직선거관리규칙」을 두었다. 「공직
선거관리규칙」은 법률의 시행을 위한 법규명령으로서 효력을 가졌다. 별도로

통합선거법의 시행을 위하여 대통령령으로 제정된 「공직선거 및 선거부정방지법시행령」도 제정되었다. 시행령에는 주로 통합선거법에서 위임한 자치구·시·군의원의원의 선거구별 의원정수(제2조), 현직을 가지고 입후보할 수 없는 언론인의 범위(제4조) 등의 내용을 규정하였다. 통합선거법은 1994년 「공직선거 및 선거부정방지법」으로 제정된 이후 2005년 8월 「공직선거법」으로 법제명이 변경된 것을 포함하여 총 58번의 개정과정을 거쳐 현재에 이르고 있다.[23] 공직선거법의 체계를 도표로 작성하면 다음 <그림 4-2>와 같다.

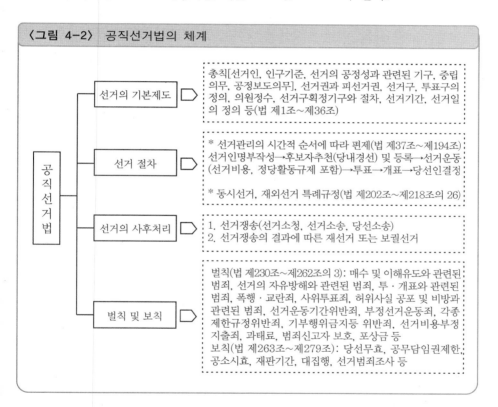

〈그림 4-2〉 공직선거법의 체계

선거의 기본제도 ▷ 총칙[선거인, 인구기준, 선거의 공정성과 관련된 기구, 중립의무, 공정보도의무], 선거권과 피선거권, 선거구, 투표구의 정의, 의원정수, 선거구획정기구와 절차, 선거기간, 선거일의 정의 등(법 제1조~제36조)

선거 절차 ▷ * 선거관리의 시간적 순서에 따라 편제(법 제37조~제194조) 선거인명부작성→후보자추천(당내경선) 및 등록→선거운동(선거비용, 정당활동규제 포함)→투표→개표→당선인결정
* 동시선거, 재외선거 특례규정(법 제202조~제218조의 26)

선거의 사후처리 ▷ 1. 선거쟁송(선거소청, 선거소송, 당선소송)
2. 선거쟁송의 결과에 따른 재선거 또는 보궐선거

벌칙 및 보칙 ▷ 벌칙(법 제230조~제262조의 3): 매수 및 이해유도와 관련된 범죄, 선거의 자유방해와 관련된 범죄, 투·개표와 관련된 범죄, 폭행·교란죄, 사위투표죄, 허위사실 공포 및 비방과 관련된 범죄, 선거운동기간위반죄, 부정선거운동죄, 각종 제한규정위반죄, 기부행위금지등 위반죄, 선거비용부정지출죄, 과태료, 범죄신고자 보호, 포상금 등
보칙(법 제263조~제279조): 당선무효, 공무담임권제한, 공소시효, 재판기간, 대집행, 선거범죄조사 등

---

23) 총 58번의 공직선거법 개정 중 타법 개정에 의한 일부개정은 23번이었으며, 이를 제외한 순수 공직선거법 개정은 35번 이루어졌다.

2 통합선거법 주요내용 및 특징

통합선거법은 지금까지 개별적이었던 대통령선거·국회의원선거·지방의회의원선거·지방자치단체장선거 관련 법규를 하나의 법에서 모두 규정하고 있다. 이에 따라 선거별 특성을 고려한 일부 내용을 제외하고는 통일된 기준이 마련된 것이다. 그 주요 특징을 정리하면 선거운동의 자유 확대, 선거공영제 확대, 선거비용 불법지출 규제, 선거사범 처벌 강화, 선거관리체제 합리화 등으로 정리할 수 있다.

통합선거법의 세부적인 내용을 살펴보면 우선 모든 공직선거일이 법정화되었다. 대통령선거는 그 임기만료일 전 70일 이후 첫 번째 목요일, 국회의원선거는 그 임기만료일 전 50일 이후 첫 번째 목요일, 지방자치단체의 의원 및 장의 선거는 그 임기만료일 전 60일 이후 첫 번째 목요일에 하도록 하되, 선거일이 공휴일이거나 선거일 전일 또는 그 다음 날이 공휴일인 때에는 각각 그 다음 주의 목요일이 선거일로 규정되었다.[24] 한편, 피선거권 연령 또한 국민의 참정권 확대를 위하여 대통령선거(만40세)를 제외하고는 모두 25세로 통일하였다.

선거운동의 자유 확대를 위해서는 선거운동 규제 방법을 포괄적 제한·금지 방식에서 개별적 제한·금지 방식으로 전환하고, 선거운동원 등록제를 폐지하여 선거법과 그 외 다른 법률에서 선거운동 또는 정치활동이 금지된 경우를 제외하고는 누구든지 선거운동을 할 수 있도록 했다. 또한 언론매체를 이용한 현대적 선거운동 방법을 확대하기 위해 대통령선거와 시·도지사선거의 경우 일정 횟수의 범위에서 일간신문 흑백광고와 TV·라디오 방송광고를 할 수 있도록 하고, 언론기관 등의 후보자 초청 대담·토론회 제도를 도입하였다.

한편, 합동연설회는 과열·타락을 방지하기 위하여 종전보다 그 횟수를 줄였다. 그러나 후보자 및 그 배우자와 연설원은 선거운동기간 중에 각각 자동차와 확성장치를 사용하여 도로변, 시장 등 다수인이 왕래하는 공개된 장소에서 횟수에 제한 없이 연설·대담을 할 수 있도록 하였다.

---

24) 이후 선거일은 2004년 법 개정으로 수요일로 변경되었다.

선거공영제 확대를 위해서는 우선 기탁금 반환요건을 충족한 경우 후보자가 부담한 선거비용 중 선전벽보·선거공보·소형인쇄물의 작성비용과 방송연설비용을 국가 또는 지방자치단체가 보전하도록 하였다. 또한 선전벽보 첩부·철거비용, 선거공보·소형인쇄물 발송비용, 합동연설회 개최비용, 투·개표참관인 수당 등은 국가 또는 지방자치단체가 부담하도록 하여 후보자의 부담을 최소화하였다.

한편, 선거비용 불법지출을 규제하고 돈이 적게 드는 선거풍토를 조성하기 위해 선거비용의 투명성을 확보하기 위한 통제장치를 강화하였다. 우선 선거비용의 지출을 최소화하여 평균제한비용을 대통령선거 193억원, 시·도지사선거 7억2,000만원, 지역구국회의원선거 5,700만원, 구·시·군의장선거 5,600만원, 시·도의회의원선거 1,800만원, 구·시·군의회의원선거 1,100만원으로 제한하였다. 선거비용은 총액의 범위 내에서 비목과 상관없이 지출하되, 제한액의 200분의 1 이상 초과하여 지출한 죄로 회계책임자가 징역형 이상의 형을 받은 경우 그 후보자의 당선을 무효가 되도록 하였다. 또한 선거비용의 수입과 지출은 반드시 예금계좌를 통해서 지출하도록 하고, 회계책임자는 선거비용의 수입·지출내역을 보고하도록 하였다. 선거관리위원회는 회계보고 내역의 진실성 여부를 실사할 수 있게 되었다.

선거사범에 대한 처벌도 강화하였다. 이를 위해 우선 기부행위 제한을 강화하였고, 매수 및 이해유도죄에 금품살포에 대한 처벌조항도 신설하였다. 또한 유권자 매수죄나 이해유도죄 또는 공무원의 선거범죄에 대하여 고발한 경우 검사가 공소를 제기하지 아니하는 때에는 고등법원에 그 당부에 관한 재정신청을 할 수 있도록 하는 재정신청제도를 도입하였다. 한편, 선거비용제한액의 200분의 1 이상을 초과 지출한 이유로 선거사무장 또는 선거사무소의 회계책임자가 징역형을 선고받은 때 또는 후보자의 직계존·비속 및 배우자, 선거사무장, 선거사무소의 회계책임자가 매수 및 이해유도죄, 당선무효유도죄 또는 기부행위의 금지제한 등의 죄를 범하고 징역형의 선고를 받은 때에는 그 후보자의 당선이 무효가 되게 하였다.

선거관리체제의 합리화를 위해서는 해마다 치러지는 각종 선거로 인한 국력의 낭비를 막기 위한 동시선거 특례규정을 마련하여 이 법 시행 후 최초로 실시하는 지방자치단체의 장선거와 지방의회의원선거는 1995년 6월 27일 동시에 실시하도록 하고, 그 임기를 1998년 6월 30일에 만료되도록 하였다. 그 이외에도 선거인의 투표편의를 위하여 투표개시시각을 오전 6시로 1시간 앞당기고, 부재자투표의 공정성을 높이기 위하여 거동불능자 등 거소투표자 외의 부재자는 선거일 전 7일부터 3일간 부재자투표소에서 투표하도록 하였다.

제4절 │ 통합선거법 이후 선거제도 선진화(1994~현재)

통합선거법은 1994년 제정된 이후 2015년 3월 31일 현재까지 58차례의 개정과정을 거쳤다. 이 가운데에는 타법의 개정에 따른 일부 내용의 변경을 위한 개정도 있었지만 대부분은 지속적인 선거법제의 선진화를 위한 노력의 과정이었다. 한편, 2005년 8월 4일 개정에서는 법제명이 「공직선거 및 선거부정방지법」

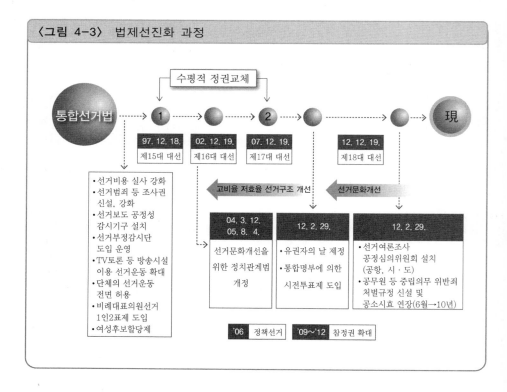

〈그림 4-3〉 법제선진화 과정

에서 「공직선거법」으로 변경되어 현재에 이르고 있다. <그림 4-3>은 통합선
거법 제정 이후 법제선진화 과정을 개관한 것이다. 이를 바탕으로 이 절에서는
통합선거법 제정 이후 지속적인 법제 변화와 그에 따른 선거제도 선진화 과정
을 주요 변화의 흐름을 중심으로 정리해 보고자 한다.[25]

1 선거 공정성 확대를 위한 선거법제 개선

   1994년 통합선거법의 제정으로 공명선거의 제도적 기틀이 마련되면서
1995년 이후에는 선거의 공정성을 확대하기 위한 선거법제의 개선이 꾸준히
지속되었다. 1995년에는 허위학력 게재 시비를 없애기 위해 「교육법」에서 인
정하는 정규학력 이외의 교육과정을 경력 등으로 게재하는 경우 그 과정명과
수학기간을 기재하도록 하고 이를 위반할 경우 허위사실공표로 처벌하도록 하
였다.
   1997년에는 선거구내의 각종 행사에 금품 등을 제공할 수 없도록 하고,
축·부의금도 일정 금액 이내로 제한하였다. 아울러 선거법의 실효성을 확보하
기 위하여 선거관리위원회에 선거범죄조사권이 주어졌다.
   2000년 이루어진 제도개선은 그 영역이 이전에 비해 더욱 확대되었다. 선
거기사심의위원회 설치와 반론보도 청구권이 도입되었고, 선거관리위원회의 재
정신청권과 선거범죄 혐의자에 대한 동행·출석 요구권, 선거법 위반자에 대한
선거비용 보전제한 등도 새롭게 도입되었다. 또한 전과기록 등 후보자 관련 정
보를 누구든지 열람할 수 있도록 하였다. 특히, 선거부정감시단제도를 도입하
여 불법행위에 대한 단속을 강화할 수 있도록 하였다.
   이어 2002년에는 후보자 정보공개를 제도화하였고, 헌법재판소가 평등권·
피선거권·유권자 선택의 자유 침해를 이유로 기탁금 조항에 대해 위헌결정을
내림에 따라 기탁금과 기탁금 반환 기준을 완화하여 공평성을 확대하였다.

---

25) 선거법제의 주요변화와 흐름은 이종우. 2014. "한국 선거의 변화와 지속가능성: 선거제도
   및 선거관리 모델 변화를 중심으로" 「의정논총」 제9권 제1호. 53~57의 내용을 수정·보완
   하였다.

2 고비용·저효율 선거제도 개선

2002년 제16대 대통령선거는 우리나라 선거제도가 획기적으로 개선되는 또 한 번의 계기가 되었다. 2004년 제17대 국회의원선거를 앞두고 제16대 대통령선거 당시 조성된 음성적인 불법선거자금의 실상이 드러나면서 금권선거의 고질적 병폐를 해소하는 것이 중요한 과제로 부상한 것이다. 이에 정치권과 선거관리위원회는 2004년부터 제도개선의 초점을 고비용 선거구조 개선에 집중하였다. 이를 위해 선거자유는 확대하는 한편 고비용 선거를 가져오는 원인은 제거하고자 했고, 이와 관련된 다양한 제도들이 새로이 도입되거나 수정되었다.

우선 돈 선거를 차단하기 위한 제도적 장치의 하나로 금품·향응을 제공받은 사람에 대해 50배의 과태료를 부과하는 한편 선거범죄 신고자에 대해서는 포상금을 지급하는 제도가 도입되었다. 이와 더불어 합동연설회·정당 집회 등을 폐지하여 고비용 저효율의 대표적 원인 중 하나였던 동원선거를 제도적으로 근절하고자 했다.

공직선거법과 더불어 정당법·정치자금법 등 관계법도 고비용 저효율의 선거구조를 해소하기 위해 많은 부분 개정되었다. 우선 금권선거를 차단하기 위해 선거일 전 180일부터 제한하던 각종 기부행위는 상시 제한으로 강화되었다. 또한 돈 먹는 하마로 불리던 지구당이 폐지되고 법인·단체의 후원도 금지되었다. 정치자금의 투명성을 확보하기 위해 1회 20만원 이상의 선거비용을 지출할 경우 신용카드 또는 수표를 사용하도록 의무화하였고, 선거비용의 수입과 지출에 관한 선거관리위원회의 상시 자료제출 요구권 및 금융거래 자료제출 요구권을 제도화하였다. 한편, 정치자금 부정수수죄를 범한 사람 또는 선출직 공직자로서 그 재임 중의 직무와 관련하여 수뢰죄 등을 범한 사람에 대해서는 선거범과 마찬가지로 선거권과 피선거권을 제한하도록 하여 금권선거 차단을 위한 제도적 장치의 실효성을 높이고자 했다.[26]

---

26) 이종우. 2009. "정치발전을 위한 선거관리위원회의 역할과 과제 – 정치관계 법제 중심으로." 「의총논총」 제4권 제1호. 70.

이러한 제도개선은 불법자금을 차단하고 정치자금의 원활한 조달과 투명성을 제고하여 저비용·고효율 선거구조로 개선하기 위한 적극적인 노력의 결과물이었다. 그러나 일방적인 제한이 아니라 다른 한편으로 소액다수 기부문화를 확대하여 더욱 투명하고 깨끗하게 정치자금이 조달될 수 있도록 노력하였다.

한편, 동원선거·금권선거의 고비용 저효율을 제도적 제한으로 억제하는 것과는 달리 자유롭고 공정한 선거운동은 확대하는 것이 저비용 고효율의 선거구조를 만들어가는 또 다른 제도개선 방향이었다. 우선 방송을 통한 후보자 토론회를 제도화하는 등[27] 미디어를 이용한 선거운동을 확대하였다. 또한 인터넷 홈페이지를 이용한 선거운동을 상시 허용하였다. 예비후보자제도를 도입하여 선거에 참여하고자 하는 사람들의 선거운동의 형평성을 강화하고자 하는 제도개선도 이루어졌다.

3 정책선거 기반조성

2006년 제4회 전국동시지방선거는 정책선거의 확대라는 변화를 가져온 선거였다. 2004년부터 시작된 돈 안 드는 선거, 깨끗한 선거풍토를 위한 제도적 개선에 이어 올바른 선택을 통한 공명선거의 정착을 위한 또 다른 변화가 시도되기 시작한 것이다. 우리나라 선거에서 고질적으로 이어져 온 혈연·학연·지연에 의한 선거 구조를 개선하고 후보자의 자질, 성품, 능력, 정책 등에 대한 비교·판단에 근거한 올바른 선택이 선거문화로 정착될 수 있도록 하기 위한 노력이었다.

1차적으로는 2006년 후보자에 대한 유권자의 알권리를 강화하기 위해 후보자 정보공개자료 제출을 의무화하고, 이를 선거공보에 게재하도록 제도화하였다. 이어 2007년에는 정당 또는 후보자가 정책과 선거공약을 게재한 도서

27) 2004년 선거방송토론위원회 주관 대담·토론회가 신설된 이후 그해 제17대 국회의원선거에서는 비례대표후보자 초청 대담·토론회 2회, 지역구선거에서는 대담·토론회 161회, 합동방송연설회 89회 등 총250회가 실시되었다. 중앙선거관리위원회, 2013. 『선거관리위원회 50년사』. 박영사. 668.

형태의 정책공약집을 발간·판매할 수 있는 제도를 도입하여 정책선거를 위한
여건을 조성하였다. 선거공약에 목표, 우선순위, 이행절차, 이행기간, 재원조달
방안 등을 기재할 수 있도록 하여 정책으로 경쟁하는 선거풍토를 조성하고 책
임정치를 구현할 수 있도록 하자는 취지였다.

4 참정권 확대와 선거문화 개선

　2008년 제18대 국회의원선거에서는 우리나라 국회의원선거 사상 가장 낮
은 46.1%의 투표율을 보였다. 이로 인하여 대의제민주주의의 위기라는 문제의
식이 부상하였고, 이를 계기로 2009년 이후 선거제도 개선은 참정권 확대에
초점이 맞춰지기 시작했다.

　유권자의 참정권 확대는 선거권의 제도적 확대와 투표편의 확대라는 두
가지 방향으로 진행되었다. 우선 2009년에는 재외선거제도가 도입되어[28] 그동
안 선거권을 갖지 못한 재외국민들에게 참정권이 주어졌고, 2012년 제19대 국
회의원선거에서 처음으로 실시되었다. 선거결과 국외부재자 신고인 10만 3,635
명과 재외선거인 등록신청자 1만 9,936명 등 12만 3,571명이 선거인으로 등록·
신청하였고, 그 가운데 5만 6,456명이 투표권을 행사하였다.[29]

　이어 같은 해 실시된 제18대 대통령선거에서는 처음으로 선상투표제도가
도입되어 그동안 조업 등으로 인하여 투표권을 행사하지 못했던 선원 등에게
도 현실적으로 참정권이 보장되도록 하였다. 이 선거에서는 선상투표 대상자
7,057명(1,080척) 중 6,617명(1,016척)이 투표에 참여하였다.

　2013년에는 유권자들의 투표편의 확대를 통해 실질적이고 현실적으로 참
정권을 보장하기 위해 사전투표제를 도입하는 제도적 개선이 이루어졌다. 사전

---

28) 재외선거제도의 도입은 선거관리위원회가 재외국민들의 참정권을 보장하기 위해 국외부
　재자투표제도 도입를 위한 공직선거법 개정의견을 지속적으로 제출한 것과 함께 2007년
　헌법재판소가 주민등록 여부에 따라 선거권의 행사 여부가 결정되도록 하는 공직선거법
　의 관련 규정에 대해 헌법불합치를 결정한 것이 전기가 되었다.
29) 첫 재외선거에서는 재외선거인 신고·신청방법 등의 문제로 참여율이 저조하여 참정권 확
　대라는 민주적 가치와 고비용 대비 실효성 문제라는 현실적 가치가 대립하기도 했다.

투표는 본 선거일 전 5일부터 이틀간 설치된 사전투표소에서 미리 투표할 수 있도록 한 제도로, 통합선거인명부를 이용하여 자신의 선거구뿐만 아니라 전국 어디에서나 투표할 수 있도록 하였다. 이는 선거일에 불가피하게 선거에 참여할 수 없는 유권자들의 참정권을 현실적 방법을 통해 제도적으로 보장할 수 있는 제도적 발전이다. 전국단위 선거로는 2014년 제6회 전국동시지방선거에서 처음 실시되었다.

제5절 | 선거제도 개선과 논점

모든 경쟁에는 규칙이 존재한다. 다만, 모든 참가자들이 자유롭고 평등하게 경쟁할 수 있을 만큼 공정한가 하는 정도에 있어 차이가 있을 뿐이다. 선거에도 경쟁을 위한 규칙이 존재하며, 우리나라 또한 선거의 공정성을 확대하기 위해 지속적으로 선거제도를 개선해 왔다.

그러나 현재의 공직선거법은 여전히 효능감과 만족감에 있어 '규제 중심적'이라는 비판을 받고 있다. 규제 중심적인 공직선거법은 부정과 부패가 만연하였던 과거의 그릇된 선거문화가 만들어낸 산물이다. 엄격한 규제를 둔 현재의 공직선거법은 그동안 선거의 부정을 방지하고 선거과정과 절차의 공정성에 있어 큰 역할을 해왔고, 또한 높은 평가를 받아 왔다. 그러나 이제는 많은 것이 달라졌다. 국민의식은 보다 성숙해 졌고, 유권자와 후보자간 직접적인 쌍방향 의사소통이 이루어지는 등 선거환경도 많이 변화하였다. 자유가 무질서와 혼란을 야기하는 시대는 끝났다. 이러한 측면에서 현재의 공직선거법은 유권자와 후보자의 정치적 표현의 자유 보장이 미흡하며 선거운동 방법에 대한 정교한 규제 때문에 선거법이 너무 복잡하고 어렵다는 비판이 제기되고 있다.

이제는 공정성이 담보되는 가운데 자유를 지향하는 제도적 개선을 고민해야 한다. 민주선거의 핵심이 되는 자유, 공정, 참여가 조화를 이룰 수 있는 선진화된 정치관계법제로의 개선이 필요하다. 유권자와 후보자 모두에게 충분한 정치적 표현의 기회가 주어져야 하며, 상호간 활발한 의사소통을 통해 유권자가 합리적인 선택을 할 수 있도록 정치·선거제도의 변화를 모색해야 한다. 복잡하고 세세한 규제들로 인해서 선거의 당사자인 정당·후보자도 이해하기 어려운 선거운동 규제를 과감히 개선하여 자유롭고 창의적인 선거운동으로 경쟁할 수 있도록 해야 한다.

이를 위해 우선 국민의 법 감정에 부합하는 단순하고 명확한 정치관계법의 정비가 필요하다. 「공직선거 및 선거부정방지법」이 현재의 「공직선거법」으로 명칭이 바뀐 것도 '선거부정방지'를 위한 선거운동 규제 중심에서 선거운동의 자유를 폭넓게 보장하는 패러다임의 전환이 반영된 결과라고 할 수 있다.[30]

---

30) 성승환. 2013. "선거관리기구에 관한 헌법학적 연구." 서울대대학원 박사학위논문. 249.

제 5 장

선거관리의 모델 변화와 발전

제5장

선거관리의 모델 변화와 발전

　선거관리는 선거과정을 관리하거나 운영하는 활동을 통칭하는 용어로 민주적 선거를 위한 가장 현실적 분야이다. 각 나라는 국민주권의 원리와 민주주의를 실현시키기 위한 다양한 공직선거제도를 가지고 있으며, 이러한 제도가 본래의 취지대로 작동하기 위해서는 그 과정에서 민주주의의 기본 가치인 자유와 평등이 구현되고 공정성이 담보되어야 한다. 이를 현실적으로 담보해 내는 것이 바로 선거관리 분야이다. 그러나 직면하는 현실적 문제는 선거가 갖는 복잡성으로 인하여 선거관리를 간단하게 규정하고 평가할 수 없다는 것이다.

　선거관리의 형식과 양상 그리고 중요성은 나라별로 시대적·정치적 상황에 따라 차이를 보여 왔고, 또한 변화되어 왔다. 선거관리는 역할 양식에 따라서도 상이한 과정과 결과를 나타내기도 한다. 우리나라 또한 시대에 따라 선거관리의 역할, 형식, 양상을 달리해 왔고 지금도 지속적인 변화의 과정을 겪고 있다.

　이 장에서는 우리나라 선거관리 모델의 변화와 그에 따른 선거변화의 특징을 고찰할 것이다. 이를 통해 우리는 현실적이고 실질적인 선거 양상과 변화의 방향을 개괄적으로 이해할 수 있을 것이다.

제1절 | 선거관리의 의미와 중요성

1 선거관리의 의미

선거관리의 사전적 의미는 "공시(公示), 투표소 설치, 개표, 결과발표 등 선거의 실시와 운영에 관한 일련의 사무·감독"을 뜻하며,[1] 영어로는 대개 'electoral administration' 또는 'electoral management'로 불린다.[2] 이를 보다 구체화 하면 선거관리란 선거운영, 선거운동, 정치자금 등에 관한 선거법의 조항들과 선거관리위원회의 해석, 결정, 처분 등의 행위로 정의된다.[3] 이처럼 일반적 의미의 선거관리는 대개 행정적 차원에서 이루어지는 선거절차에 대한 관리, 이른바 선거행정에 중심을 두고 있다. 즉 일반적 의미의 선거관리는 선거관리기관이 입후보부터 당선자 결정까지의 일련의 과정에서 수행하는 법적인 선거업무를 통칭한다.

그러나 선거관리를 선거행정의 영역으로 제한하는 것은 선거라는 민주적 정치행위를 제대로 포괄하지 못하는 매우 지엽적 해석이 될 수 있다. 선거는 단순하게 법적으로 정해져 있는 선거절차를 통해서만 이루어지는 것은 아니다. 선거는 투표행위 그 이상의 과정과 절차를 수반하며, 정당 및 후보자 그리고 유권자뿐만 아니라 미디어, 사회단체, 선거관리기관 등 성격이 상이한 다수의 행위자들이 참여하는 복잡한 정치과정을 동반한다.[4] 또한 선거는 법적으로 정

---

1) 정치학대사전편찬위원회. 2002. 『21세기 정치학대사전』. 아카데미리서치. 1254.
2) 성승환은 'electoral administration'을 국가나 행정부가 주도한다는 의미로, 'electoral management'를 민간을 포함한 다양한 주체의 활동을 포섭할 수 있다는 의미로 해석하여 후자가 더욱 적합한 용어라고 지적한다. 이는 선거관리라는 명칭부터가 정책적 방향성을 담고 있으며, 선거를 단순하게 감독하는 것이냐, 선거과정을 전반적으로 직접 담당하는 것이냐는 용어의 사용에서부터 특정 의미로 인도하는 의도가 들어가 있다고 보이기 때문이라고 설명하고 있다. 성승환. 2013. "선거관리기구에 관한 헌법학적 연구." 서울대학교 대학원 박사학위논문. 48.
3) 홍재우. 2010. "민주주의와 선거관리: 원칙과 평가-제5회 전국동시지방선거를 중심으로-." 「의정연구」 제16권 제3호. 129.
4) 김용철. 2011. "한국 선거운동의 민주적 품질: 자유와 공정의 관점에서." 「의정연구」 제17권 제3호. 85.

해져 있는 직접적인 선거 행정 과정과 절차를 전후한 사전·사후적 행위와도 연결되어 있다. 선거를 지배하는 정치·문화적 환경도 선거관리에 영향을 미치는 중요한 요소이다.

따라서 선거관리는 단순한 대표자 선출의 절차적 관리의 문제뿐만 아니라 공정한 경쟁이 이루어질 수 있도록 하는 제도와 환경의 조성 등을 포함하는 포괄적 행위로 규정하는 것이 더욱 적합할 것이다. 이러한 측면에서 보면 선거관리는 공정한 경쟁이 실현되는 선거를 위해 행해지는 체계적이고 통일적인 국가작용이다. 따라서 선거관리는 선거의 절차성을 뛰어 넘는 실질적 민주주의의 내용적인 완성을 보좌하는 역할을 해야 한다. 결국 선거관리는 단순한 선거 행정보다 더 넓은 의미의 "선거를 완성시키는 포괄적 과정"으로 정의되어 질 수 있다.[5]

2 선거관리의 중요성

선거는 대의제민주주의를 작동하게 하는 출발이자 근간이다. 선거를 통해 유권자는 공직자를 선출하고, 선출된 공직자는 일정 임기 동안 국민을 대표하여 국정에 참여하며, 임기 만료일에 이르러 유권자는 다시 자신을 대표할 공직자를 선출한다. 즉 선거는 일반시민들에게 정책적 견해 및 선호의 표현, 공직자 및 정부를 창출하는 정치적 선택과정에의 참여, 공직자 및 정부의 책임성을 묻는 정치참여의 기회를 제공한다.

그러나 선거라는 제도가 존재하고 대표자 선출 행위가 이루어진다고 하여 모든 나라를 대의제민주주의 국가라고 분류하지는 않는다. 그 근본적 문제는 대의제민주주의의 핵심기제가 되는 선거가 민주적으로 이루어지지 않기 때문이다. 선거가 민주적이지 않다는 것은 제도적, 절차적, 문화적 차원 등 다양한 측면에서 논의될 수 있겠으나, 앞서 정의한 포괄적 의미에서 보면 모두 선거관리의 범주에 속하는 문제이다.

---

5) 홍재우. 2010. "민주주의와 선거관리: 원칙과 평가－제5회 전국동시지방선거를 중심으로
　－."「의정연구」제16권 제3호. 131.

선거관리는 시대의 변화와 상관없이 공명선거의 실현이 근본이며 목표이다. 공명선거란 선거의 모든 과정에서 민주주의의 가치가 실현되는 것이며, 결국은 국민주권의 원리를 구현하는 것이다. 공명선거는 선거의 전 과정이 법적으로 인정되고, 선거과정에 참여하는 행위자 즉 후보자와 유권자가 자유롭고 평등한 경쟁 및 의사결정이 이루어졌음을 수용할 때 가능하다. 이것은 곧 선거후 선출된 대표자에게 민주적 정통성을 부여할 수 있는 근거가 된다.

그러나 이 과정에서 선거제도, 경쟁과정과 결과의 왜곡을 야기하는 외부적 힘이 개입될 수 있고, 이러한 왜곡에 절대적 영향을 미칠 수 있는 분야가 바로 선거관리이다. 따라서 국민주권의 원리와 민주주의를 실현시키는 중추적인 제도로서의 선거가 본래의 취지대로 작동하기 위해서는 이를 관리하는 기구가 제대로 작동해야 하고, 이 기구와 제도가 제대로 작동할 수 있는 매뉴얼, 즉 선거관계법이나 정당법 등의 법제도가 잘 정비되어 있어야 한다.[6]

선거관리는 다른 선거 관련 제도들 못지않게 혹은 보다 직접적인 의미에서 민주주의의 가치를 보전하고 대의제민주주의의 실질적인 운영을 담보하는 중요한 제도적 작용이다.[7] 이러한 측면에서 선거관리는 단순한 행정 집행을 넘어서는 중요한 선거제도 중 하나로 간주되어야 한다고 주장된다.[8] 그 이유는 다음과 같다.

첫째, 선거관리가 제대로 되지 않는다면 선거관련 다른 제도의 정치적 영향력과 그 결과가 쉽게 왜곡되기 때문에 공정한 선거관리는 다른 선거 관련 제도들이 의미를 갖기 위한 필요조건이다.

둘째, 선거관리의 질적 수준에 따라 선거와 대의제민주주의 그 자체의 의미가 달라지기 때문이다. 다른 선거제도와는 달리 선거관리는 투표 이전부터 개표 이후까지 전 과정에 걸쳐 영향을 끼친다. 절차적 민주주의(procedural democracy)의 작동이 실질적 민주주의(substantial democracy)의 내용을 갖추기 위해서는 정치적 측면에서 선거 과정 자체에 대한 질적 변화가 수반되어야 하는

---

6) 이형건. 2012. "선거관리위원회의 입법기능에 관한 연구: 선거관리위원회의 의견제출권을 중심으로." 울산대 대학원 박사학위논문. 3~4.
7) 홍재우. 2010. "민주주의와 선거관리: 원칙과 평가 – 제5회 전국동시지방선거를 중심으로 – ." 「의정연구」 제16권 제3호. 127.
8) 홍재우. 위의 글. 129~130.

데 선거관리의 형식과 내용은 그런 변화를 보조한다.

셋째, 다른 선거 관련 제도들의 정치적 결과와 마찬가지로 법 조항의 개정 등을 통해 일정한 성과를 예측할 수 있다는 특징이 있기 때문이다.

우리나라의 경우에도 공명선거의 실현을 위해 헌법을 비롯하여 공직선거법 등 선거관련 법률에서 이를 위한 요건들을 규정하고 있다. 이 가운데 헌법 제114조와 선거관리위원회법 제3조에서는 선거관리기관에 대한 엄정관리 의무를 규정하고 있다. 헌법을 통해 엄정한 선거관리의 의무를 규정하고 있는 것은 그만큼 공명선거 실현에 있어 선거관리의 역할이 중요함을 의미한다.

과거 많은 신생민주주의 국가에서 선거과정에의 간섭과 위협 등으로 공명선거가 침해당한 사례들이 있었으며, 선진민주주의 국가라는 미국의 경우에도 선거관리의 잘못으로 인하여 공정성 논란이 빈번하게 발생하는 것이 현실이다.[9] 특히, 우리나라의 경우에는 1960년 실시된 제4대 대통령·제5대 부통령선거에서 선거관리의 총체적 부정으로 시민혁명이 일어나고 선거 자체가 무효처리되는 뼈아픈 역사적 경험을 갖고 있다. 이러한 사례들은 현대 대의제민주주의에서 선거관리가 민주주의를 위해 얼마나 중요한지를 일깨워 주는 소중한 교훈들이다.

제2절 | 선거관리 및 선거관리기구의 유형

1 선거관리 모델

대의제민주주의에서 선거관리는 자유와 공정의 구현이라는 공통된 지향점을 갖고 있다. 그러나 각 나라마다 나타나는 선거관리의 유형은 그 형식과 수

---

9) 그 대표적 사례가 2000년 미국 대통령 선거과정에서 발생한 플로리다 재검표 사건이다. 이른바 '나비투표용지'(butterfly ballot)의 디자인 잘못으로 인해 민주당 고어(Al Gore) 후보 지지자들이 개혁당의 뷰캐넌(Patrick J. Buchanan) 후보 란에 기표한 사실을 뒤늦게 알고 소송을 제기하는 일이 발생하였다.

준에서 차이를 보인다. 그럼에도 불구하고 포괄적 양상을 통해 선거관리의 유형을 일반화하면 그 지향점 내지는 목표를 기준으로 선거관리의 범위를 제한적으로 보는 행정관리형 모델과 선거관리의 범위를 포괄적으로 보는 정치발전형 모델로 구분할 수 있다.10)

행정관리형 모델은 주어진 실정법의 테두리 내에서 가장 공정하고 원활하게 선거과정을 진행시키는 것을 목표로 한다. 중립적 입장과 적법한 관리를 절대적 가치로 추구하므로 정치적 여파가 크고 법적 논란의 여지가 있는 사안에 대한 개입을 최대한 자제한다. 따라서 행정관리형 모델은 선거행정 즉, 선거절차사무의 흠결 없는 관리가 선거관리기관의 주요한 역할로 인식된다. 이 유형은 선거관리의 역할이 실질적 민주주의까지 고려할 때 법정 논쟁과 정치적 논란을 야기하여 공정성 시비 등 공명선거의 본질이 훼손될 수 있다는 우려를 주요 논거로 한다. 우리 헌법이 중앙선거관리위원회 위원의 정당가입 및 정치관여를 금지하는 규정을 두고 있는 것도 이러한 논거를 뒷받침하고 있다.

반면 정치발전형 선거관리는 선거관리기구도 민주주의의 중요한 정치행위자라는 전제 하에 민주주의와 정치발전을 위해 보다 적극적인 역할을 수행하는 유형이다. 이는 단순한 선거절차사무 관리를 넘어 실질적 민주주의의 증진을 핵심적 목표로 한다. 이를 위해 실질적 민주주의와 정치발전의 관점에서 기존 실정법에 대한 법적 논쟁과 제도적 개선을 주도하기도 한다. 이는 정치적 논란에도 불구하고 적극적으로 그 시정을 제안함으로써 민주주의 발전에 기여하여야 한다는 당위적 의무를 그 논거로 한다. 한국의 경우 선거관리위원회가 국회, 행정부, 법원, 헌법재판소와 더불어 헌법상의 독립기구로서의 위상을 가져야 한다는 주장도 이러한 논거에 근거를 두고 있다.

그러나 이 두 가지 선거관리 모델이 완전히 독립적으로 양립하는 것은 아니다. 그 근본에는 자유와 공정이라는 기본원칙이 전제되어 있다. 선거관리기관은 어떠한 유형의 관리모델을 채택하든 유권자와 정당 및 후보자들의 자유로운 선거운동이 보장될 수 있도록 해야 하며, 선거운동 과정에서 모든 참여자들이 공정하게 경쟁할 수 있도록 해야 한다. 다만 선거행정과 정치발전이라는

---

10) 임성호. 2008. "정치발전을 위한 선관위의 역할과 발전방향: 17대 대선의 평가." 중앙선거관리위원회. 『제17대 대통령선거외부평가』. 432~433.

두 가지 가치를 모두 추구하지만 그 핵심적 목표를 어디에 두고 있는가에 따라 차이를 보이는 것이다.

이러한 점에서 보면 두 가지 모델 중 어느 것이 더 바람직한지는 일반화해서 평가하기 어렵다. 공적 권위체의 개입에 대한 선호 또는 거부감의 근본적 가치관, 절차적 민주주의에 대한 선호, 시민사회의 자율성을 포함한 정치전통의 특징, 정당과 정치인에 대한 불신 등의 가변적 정치상황이나 사회조건 등에 따라 두 모델에 대한 선호나 평가가 달라질 수 있다.[11] 따라서 두 가지 모델에 대한 옳고 그름의 문제가 아니라 어떠한 선호에 따라 어떠한 수준으로 두 가지 양식을 병합해 가는가 하는 것이 민주적 선거관리를 위한 논쟁점이 되어야 할 것이다.

2 선거관리기구의 유형

선거관리의 목표는 크게 두 가지, 민주적 통치의 정당성(legitimacy)을 높이는 것과 참여의 평등성(equality)을 보장하는 것이라 할 수 있다.[12] 현실적인 선거과정에서 이러한 목표를 달성하는 데 핵심적인 영향을 미치는 요인 중 하나가 선거관리기구이다. 이는 앞서 살펴본 선거관리 모델과도 연관성을 가진다. 각 나라는 선거관리기구의 역할과 위상에 대해 헌법 또는 법률을 통하여 각기 상이한 가치를 부여하고 있으며, 그에 따라 선거관리기구의 명칭과 유형도 차이를 보인다.[13]

그러나 세계 각국에서 취하고 있는 선거관리기구를 종합적으로 분석해 보면 그 유형은 크게 세 가지, 즉 독립형(the Independent Model),[14] 정부형

---

11) 임성호. 2008. "선거관리와 대의민주주의 거버넌스: 그 관계의 양면성."「국정관리연구」 제3권 제1호. 9.
12) 홍재우. 2010. "민주주의와 선거관리: 원칙과 평가-제5회 전국동시지방선거를 중심으로 -."「의정연구」제16권 제3호. 131.
13) 각 나라의 선거관리기구의 명칭은 Election Commission, Department of Elections, Election Council, Election Unit, Electoral Board 등 다양하게 사용된다. 우리나라 선거관리위원회의 영문 명칭은 NEC(National Election Commission)이다.
14) 독립형 모델은 우리나라가 대표적이며, 그 이외에 필리핀이 1941년 이래로 헌법상 독립기

(Governmental Model), 혼합형(the Mixed Model)으로 구분할 수 있다.[15] 정부형 모델은 '내무부(Ministry of Interior)'[16]에서, 독립형 모델은 '선거위원회(Election Commission)' 혹은 '선거재판소(Electoral Tribunal)'에서 선거관리를 담당하고 있다. 그러나 일반화된 유형 분류에도 불구하고 각 나라가 가지는 선거관리기구 모델의 구체적 형태에 있어서는 각기 차이를 보인다.

독립형 모델의 일반적 특징은 제도적으로 행정부로부터 독립되어 조직되고 운영된다는 점이다. 따라서 행정부처에 대해 책임을 지지 않으며, 재정의 편성 및 운영에 있어서도 자율성을 가진다. 위원 및 사무기구의 구성원은 정치적으로 중립성이 요구되는 반면, 임기 등 그 지위가 보장된다. 우리나라의 경우와 같이 국회 또는 대통령에 의해 위원이 선출되고 지명되는 경우에도 헌법적으로 선거관리위원회 위원의 중립성 의무가 부여되는 것이 일반적이다. 행정부 또는 입법부로부터 독립성을 가지는 독립형 모델은 다시 사법부인 선거재판소를 두는 경우와 별도로 중앙선거위원회를 두는 경우로 구분된다. 어떤 국가에서는 선거관리를 위해 두 기구를 모두 설치하는 경우도 있다.[17]

정부형 모델은 선거관리기구가 행정부 또는 지방자치단체를 통해 조직되고 운영되며, 예산 또한 정부기구 예산으로 편성되는 것이 일반적이다. 따라서 대부분의 경우 선거관리기구의 조직은 행정부처 장관이나 공무원의 지휘를 받는다. 이러한 모델의 경우 선거관리기구는 법적으로 규정된 선거절차 사무를 관장하는 것이 주요 업무이며 독립형 모델과 같은 정책결정 권한은 갖지 않는 것이 일반적이다. 즉, 앞서 살펴본 선거관리 모델에서 행정관리형 모델과 그 맥을 같이 한다.

혼합형 모델은 독립형 모델과 정부형 모델의 요소 중 일부가 조합된 형태의 선거관리기구이다. 따라서 그 결합 요인에 따라 다양한 형태로 나타나며, 이를 범주화 하면 행정형 혼합모델과 독립형 혼합모델로 구분할 수 있다. 일반

관인 커멀렉(Rhe Commsission on Election, COMELEC)을 두고 있다.

15) 선거담당기구의 유형에 관해서는 중앙선거관리위원회. 1999. 『국가기구로서의 선거관리기관』. 현대문화사 참조.

16) 일본의 경우 총무성(總務省) 산하의 합의제 기관인 중앙선거관리위원회를 두고 있다. 총무성의 선거관련 업무는 총무성 자치행정국 선거부에서 관할한다.

17) 성승환. 2013. "선거관리기구에 관한 헌법학적 연구." 서울대학교 대학원 박사학위논문. 48. 117.

적으로 정부형 혼합모델은 사법기관의 통합적 감독 아래 행정부가 선거를 관
리하는 유형이며, 독립형 혼합모델은 전문가에 의해 구성되고 의회에 대해 직
접 책임을 지는 독립된 위원회의 형태를 띤다.[18]

제3절 | 한국의 선거관리 모델 변화

우리나라의 경우 1948년 근대적 민주선거가 도입된 이후 시대적 흐름과
정치 상황의 변화에 따라 선거관리 행태 및 선거관리기구의 성격도 변화를 겪
어 왔다. 특히, 3·15 부정선거와 4·19 혁명 그리고 1987년 민주화 및 1994년
통합선거법 제정 등은 주요한 변화를 가져온 변곡점이었다. 이러한 과정을 거
치면서 우리나라 선거관리 모델은 민주화 이전 선거의 공정한 관리라는 행정
관리형에서 실질적 민주주의 정착에 기여하는 적극적 정치발전형으로 변화되
어 왔으며, 이를 도식화 하면 <그림 5-1>과 같다. 이러한 변화의 주된 축
은 '적극적인 선거관리'와 '정치관계법제의 선진화'였다.

<그림 5-1> 선거관리 모델의 전환

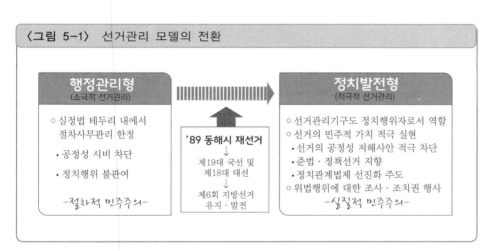

---

18) 성승환. 2013. "선거관리기구에 관한 헌법학적 연구." 서울대학교 대학원 박사학위논문.
    118~121.

1 민주화 이전 선거관리 모델

제1공화국 제정헌법에는 선거관리에 대한 명문 규정이 포함되지 않았다. 다만 각 선거별 선거법을 통해서 선거관리기구의 조직과 역할, 직무에 관해 규정하고 있을 뿐이었다. 당시 국회의원선거법(법률 제17호, 1948. 12. 23)을 보면 제4장을 선거위원회 분야로 구성하면서 제18조에 "행정수반이 법률 제5호 제13조에 의하여 조직한 국회선거위원회는 본법에 의한 국회선거위원회로 함. 국회선거위원회는 위원 15인으로 조직하고 대법원 대법관이 그 위원장이 됨"이라고 규정하고 있다. 한편, 제25조에서는 "국회선거위원회의 위원장 또는 위원으로서 법령에 의하여 행동하지 아니한 자는 행정수반이 차를 해임하고 그 후임을 임명할 수 있음"이라는 내용의 규정도 포함되어 있다. 이러한 법률 규정은 선거관리기구의 조직권이 행정수반에게 있다는 것을 의미한다.

이에 따라 초기 선거관리 기구였던 선거위원회는 독립기관이 아니라 행정부 소속 기관으로 구성되었다. 선거관리를 위한 사무조직에 대한 명확한 법률 규정도 없었으며, 다만 각급 선거위원회에 간사 또는 서기 약간 명을 둘 수 있도록 하였다. 이 또한 선거관리를 위한 독립된 기구의 공무원이 아니라 행정부 소속 공무원의 지원을 의미하는 것이었다. 이러한 형태의 선거관리기구는 앞서 살펴본 선거관리기구 모델 분류에 따르면 전형적인 정부형 모델의 범주에 속하는 것이었다.

선거관리기구의 조직과 역할 자체가 정부형 모델의 형식을 취하면서 우리나라 초기 선거관리 행태는 완전한 행정관리형 모델로 출발하게 된다. 이는 민주적 선거의 경험이 부재한 상황에서 선거관리의 전문성 강화를 이끌어 낼 수 없었고, 오히려 공무원들의 선거 개입 또는 부정선거 동원으로 이어지는 병폐를 가져왔다. 그 극단적 양상이 한국 선거사의 최대 오점으로 기록되고 있는 3·15 부정선거를 야기했고,[19] 선거무효 및 제1공화국의 붕괴라는 역사적 과오

---

19) 1960년 실시된 정·부통령선거에서 자유당 정권은 내무부 주도 하에 사전투표 등 온갖 부정선거 방법을 동원한 관권선거를 공공연히 자행하였다. 중앙선거관리위원회. 2013. 『선거관리위원회 50년사』. 박영사. 3~4.

를 남겼다.

그러나 이러한 역사적 아픔과 교훈은 다른 측면에서 보면 선거관리 분야의 변화를 가져오는 중요한 계기를 제공하였다. 제2공화국 출범과 함께 공정한 선거관리의 필요성에 대한 공감대가 확산되고, 그 결과 개정 헌법에서 처음으로 선거관리기구를 헌법기관으로 명문화하게 된 것이다. 당시 개정 헌법에서는 제6장을 통해 중앙선거위원회 조항을 신설하였고, 제75조의2에서 "선거의 관리를 공정하게 하기 위하여 중앙선거위원회를 둔다. 중앙선거위원회는 대법관 중에서 호선한 3인과 정당에서 추천한 6인의 위원으로 조직하고 위원장은 대법관인 위원 중에서 호선한다. 중앙선거위원회의 조직, 권한 기타 필요한 사항은 법률로써 정한다."고 규정하였다. 이로써 법률 규정에 의하여 내무부 산하에 구성되었던 선거위원회가 행정부로부터 독립하여 공명선거를 위한 법적·제도적 기반을 마련하게 된 것이다.

제2공화국이 5·16 군사정변으로 9개월의 단명으로 끝나고 제3공화국이 출범하면서 선거위원회는 선거관리위원회로 재탄생하게 된다. 제3공화국 헌법에서도 선거관리 기구에 대한 명문 규정은 이어졌다. 당시 개정헌법에서는 제4절을 선거관리 분야로 구성했다. 그 세부 내용을 규정한 제107조의 내용을 보면 다음과 같다.

① 선거관리의 공정을 기하기 위하여 선거관리위원회를 둔다.
② 중앙선거관리위원회는 대통령이 임명하는 2인, 국회에서 선출하는 2인과 대법원 판사회의에서 선출하는 5인의 위원으로 구성한다. 위원장은 위원 중에서 호선한다.
③ 위원의 임기는 5년으로 하며 연임될 수 있다.
④ 위원은 정당에 가입하거나 정치에 관여할 수 없다.
⑤ 위원은 탄핵 또는 형벌에 의하지 아니하고는 파면되지 아니한다.
⑥ 중앙선거관리위원회는 법령의 범위 안에서 선거의 관리에 관한 규칙을 제정할 수 있다.
⑦ 각급선거관리위원회의 조직·직무범위 기타 필요한 사항은 법률로 정한다.

이러한 헌법 규정은 형식적 측면에서 선거관리위원회의 독립성을 보장하고 있다. 삼권분립이라는 민주적 원칙에 부합되는 위원 구성, 위원장의 호선, 임기의 보장, 정치적 중립성 의무화, 선거관리에 관한 규칙 제정권 부여, 조직구성권 등 독립성과 중립성을 위한 다양한 내용을 담았다. 이러한 기본 원칙은 제3공화국 이후 현재까지 이어져 오고 있다. 이로써 선거관리위원회는 선거사무를 관장하는 헌법기관으로서의 체제를 갖추는 기반을 마련하게 되었다.

제2공화국 헌법과 제3공화국 헌법에서 명문화한 선거관리기구에 대한 규정을 기준으로 보면 우리나라 선거관리 모델은 외형적으로 정부형 모델을 탈피한 것으로 보인다. 이에 따라 외형적 기준에서만 보면 제1공화국 선거위원회만이 행정관리형 모델로 규정될 수 있다. 그렇다면 제2공화국 이후 선거관리모델은 정치발전형으로 변화된 것일까? 외형적 행정관리 모델의 탈피가 곧 정치발전형으로의 변화를 의미하는 것은 아니었다. 그 이유는 내용적 측면을 살펴보면 우리나라 선거관리 모델은 민주화 이전까지도 정치발전형 모델로 규정하기는 어렵기 때문이다.

민주화 이전 선거관리위원회는 헌법기구였음에도 불구하고 선거관리 행태가 법적 테두리 안에서 주어진 단순히 중립적 절차사무 관리에 집중하는 경향을 보였고, 정부 권력으로부터의 독립성 또한 엄격히 구현되지 못하였다. 이러한 상황 속에 선거관리는 절차사무 관리로 한정되었고, 정치행위에는 간여하지 않는 것이 일반적 양상이었다.

한편, 제3공화국이 출범한 이후 일정 기간 동안 중앙선거관리위원회 위원을 모두 대통령이 위촉하도록 되어 있어 선거관리기관의 독립성 훼손에 대한 지적이 이어졌다. 특히, 제4공화국의 경우에는 대통령 선거제도가 간접선거로 바뀌고 통일주체국민회의에서 대통령선거를 주관하게 되면서 선거관리라는 선거관리위원회의 고유한 직무가 다른 국가기관에 의해 침해당하기도 했다.

이러한 측면에서 민주화 이전 선거관리는 협의적 정의 즉, "공시, 투표소 설치, 개표, 결과 발표 등 선거의 실시, 운영에 관한 일련의 사무, 감독"(21세기 정치학대사전)에 집중되었다. 이른바 선거행정에 치중하는 반면 부정선거 근절, 민주적 선거제도의 개선, 민주시민교육 등 적극적인 선거관리의 역할은 제한적이었다는 것이 일반적 평가다. 전반적으로 선거법 위반행위가 보편적 현상으로 나타나고 있었음에도 불구하고 선거관리위원회는 이를 근절할 수 있는 실질적인 법적 권한을 갖지 못하였고, 뿐만 아니라 단속 업무 자체를 사직당국의 일로 치부하는 경향이 강하였다.

이로 인해 민주화 이전 선거관리는 늘 부정선거 시비, 관권선거 논란으로부터 자유롭지 못하였다. 동원·조직·폭력·금권선거 등 부정적 행태가 선거과정에서 일상적 현상으로 인식되는 한편 이에 대한 선거관리위원회의 적극적 대응 또한 미미했다. 선거관리위원회의 독립성에 대한 근본적인 침해도 경험했다. 이처럼 우리나라 선거관리 행태는 형식적 독립성에도 불구하고 민주화 이전까지 긴 시간 동안 소극적인 행정관리형 모델을 지속해야 했다.

2 민주화와 선거관리 모델의 전환

1987년 민주화 물결이 우리나라를 휩쓸면서 한국의 정치, 민주주의는 큰 변화를 맞게 된다. 이른바 절차적 민주주의가 회복되고 민주적 제도의 개선이 활발하게 전개되기 시작한 것이다. 그러나 이러한 긍정적 변화에도 불구하고 선거분야에서는 민주화 물결에 전혀 어울리지 않는 불법선거의 구태가 만연하는 양면성을 보였다.

민주화 이후 직접선거로 전환된 1987년 대통령선거, 1988년 국회의원선거를 실시하면서 나타난 불법·탈법 선거의 구태는 선거관리 분야에 있어 변화가 필요하다는 목소리와 함께 선거관리위원회의 내부적 성찰을 자극하였다. 그 영향으로 한국의 선거관리 행태는 선거과정과 불법선거 양상에 대한 적극적 관여로 전환하는 변화를 보이기 시작한다. 그 전환의 출발이 1989년 실시된 동시 국회의원재선거였다.

선거관리위원회는 1987년 제13대 대통령선거와 1988년 제13대 국회의원선거 이후 '선거절차 사무의 공정한 관리'에 중점을 두어왔던 선거관리 행태를 전환하여야 할 필요성을 절감하게 되었다. 즉, 헌법상 공정한 선거관리의 책무를 맡고 있던 선거관리위원회가 불법 선거운동을 도외시한 채 절차사무 관리의 공정성을 추구하는 것만으로는 실질적인 공명선거를 실현할 수 없음을 절실히 느끼게 된 것이다. 이에 따라 선거관리위원회는 1989년 동해시 국회의원 재선거를 시작으로 위법행위에 대해 적극적으로 대처하기 시작하였다.[20] 선거 관리적 차원에서 공명선거를 실현하고자 하는 강력한 의지와 행위를 강화하기 시작한 것이다.

동해시 재선거에서 선거관리위원회는 이전과 달리 최초로 불법 및 탈법 선거운동 제지를 위한 단속반을 편성·운영하였고, 위법행위에 대해 고발, 경고, 주의·시정 등의 조치를 취하였다. 특히, 반복되는 불법행위가 이어지자 재선 거에 출마한 5명의 후보자 전원과 선거사무장 5명 전원을 두 차례에 걸쳐 검찰에 고발하였다. 선거절차 사무에 집중하던 이전의 선거관리위원회 관리양상과 비교하 면 놀랄 만큼 적극적 관리행태로 전환하는 모습을 보였다.

이러한 변화의 배경에는 정치에 대한 국민의 기대수준 만큼 정치가 이를 충족시키지 못한 데 따른 정치권에 대한 불신의 확대, 민주화를 거치면서 형성 된 공명선거 실현에 대한 인식 변화, 그리고 이를 위한 선거관리위원회의 적극 적 역할의 필요성 등이 복합적으로 작용하였다. 질적 민주주의의 심화를 위해 서는 선거관리가 단순한 선거집행 및 감독업무의 공정성을 넘어 현실적으로 새로운 대의민주주의를 실현하기 위한 입법 통제적 의미를 포함하는 전향적 선거관리 개념으로 수용되어야 한다는 필요성이 제기되기도 했다.[21]

선거절차 사무의 공정성 확보라는 소극적 관리행태를 위법행위 단속이라 는 적극적 행태로 전환한 선거관리위원회는 이후 적극적 선거관리 행태를 확 대해 나갔다. 동해시 재선거 이후 1989년 영등포 국회의원재선거, 1990년 세 차례의 국회의원 보궐선거, 1991년 3월과 6월 지방선거, 1992년 국회의원선거 와 대통령선거 등 일정 간격을 두고 연이어 실시된 공직선거는 변화된 선거관 리 행태를 지속할 수 있었던 요인으로 작용하였다. 즉, 적극적인 선거관리를 통해 선거의 공정성을 확보하려는 선거관리위원회의 의지를 중단 없이 추진할 수 있는 선거상황이 제공된 것이다. 이러한 점에서 1989년 동해시 국회의원재 선거는 우리나라 선거관리 모델을 행정관리형에서 정치발전형으로 전환시키는 중요한 계기가 되었다고 할 수 있다.[22] 민주화 이후 통합선거법이 제정되기까

---

20) 중앙선거관리위원회. 2013. 『선거관리위원회 50년사』. 박영사. 1025.
21) 김종철. 2004. "정치개혁을 위한 선관위의 역할과 과제." 「선거관리」 제50호. 77.

지 실시된 일련의 공직선거와 선거양상의 양면성이 나타난 환경적 흐름을 도식화하면 <그림 5-2>와 같다.

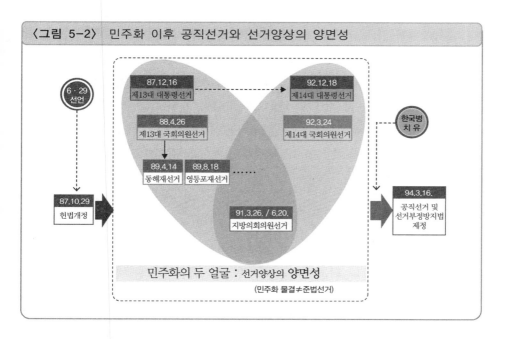

〈그림 5-2〉 민주화 이후 공직선거와 선거양상의 양면성

3 정치발전형 모델로의 진화

동해시 재선거를 기점으로 변화하기 시작한 불법행위에 대한 선거관리위원회의 적극적 대응과 공명선거 실현 의지 강화는 이후 정치발전형 선거관리 모델로의 급속한 진화를 이끌었다. 선거관리위원회는 준법·정책선거를 지향하면서 불법선거 행위에 대한 사전예방활동은 물론 위반행위에 대한 단속과 사후조치에 적극적으로 나서기 시작했다.

이처럼 선거관리 모델이 정치발전형으로 변화하면서 선거관리위원회는 선거관리와 관련된 제도와 행태에 있어서도 급속한 변화를 이끌기 시작하였다.

---

22) 이종우. 2009. "정치발전을 위한 선거관리위원회의 역할과 과제: 정치관계 법제 중심으로."「의정논총」제4권 1호. 66.

선거절차 사무와 관련하여 단순히 불법행위를 단속하는 것을 넘어 정치관계법 개정의견을 적극적으로 개진하여 공정선거를 위한 제도개선의 역할을 주도하기 시작한 것이다. 즉, 소극적 선거관리 행태가 적극적 사무관리로 전환되었고, 무엇보다도 정치관계법 개정의견 국회제출권과 위법행위에 대한 조사·조치권이 제도적으로 보장되면서부터는 실질적 민주주의를 실현해가는 적극적인 노력을 강화해 나갔다. 이후 한국 선거과정과 선거문화는 불법행위 예방·단속을 통한 부정선거 근절, 정치관계법제의 적극적 개선을 통한 법제 선진화, 정책선거 등 성숙한 문화 조성을 중심으로 변화의 과정을 걸어오고 있다.

1) 불법행위에 대한 예방·단속 강화

선거관리 모델의 전환 과정에서 가장 우선적으로 나타난 변화가 불법행위 예방·단속을 통한 부정선거 근절이었으며, 1989년 동해시 국회의원재선거는 이러한 변화를 시작한 단초가 되었다. 이 선거에서 선거관리위원회는 이전과 달리 처음으로 선거법 위반행위에 대한 단속활동을 시작했고, 그 결과 처음으로 후보자와 선거사무장 전원을 검찰에 고발하였다. 이것이 정치발전형 모델로 전환하는 신호탄이었다.

이후 1991년 실시된 지방선거에서는 전국단위 선거로는 최초로 단속반을 운영하였고, 선거법 위반행위 신고센터 또한 처음으로 운영하기 시작하였다. 1992년[23] 제14대 국회의원선거에서는 기동단속반과 특별단속반을 처음으로 편성·운영하였다. 이러한 과정을 거치면서 불법·부정행위에 대한 선거관리위원회의 적극적인 통제가 시작되었고, 결국 1992년 제14대 대통령선거를 앞두고 선거관리위원회에 선거법 위반행위에 대한 중지, 경고, 시정명령이나 수사의뢰 또는 고발 권한이 부여되었다.

이후 선거관리위원회는 불법·위법행위에 대한 사전예방뿐만 아니라 단속 및 제재에 있어서도 적극적인 모습을 보이기 시작했다. 그 결과 1997년 제15

---

23) 중앙선거관리위원회는 1992년 양대 선거(제14대 국회의원선거와 제14대 대통령선거)를 앞두고 '공명선거 원년의 해'로 만들겠다는 의지를 공표하고 선거 초동 단계부터 적극적인 단속활동을 전개하였다. 중앙선거관리위원회 의결 50년사 편찬위원회. 2014. 『공명선거의 발자취』. 박영사. 685.

대 대통령선거부터 2014년 제6회 전국동시지방선거에 이르기까지 12차례 실시
된 전국단위의 공직선거에서 선거법 등 위반행위에 대해 38,581건의 조치를
취하였다. 불법·부정선거에 대한 선거관리위원회의 적극적 대응은 과거 만성
화된 선거의 흐름을 전환하고 정당, 후보자, 유권자의 불법선거에 대한 인식을
바꾸어 놓기 시작했다. 1997년 이후 선거법 위반행위에 대한 선거관리위원회
의 조치상황은 <표 5-1>과 같다.

〈표 5-1〉 선거관리위원회의 위반행위 조치현황

(2015. 10. 현재, 단위: 건)

선거별 \ 조치별		계	고 발	수사의뢰	경고 등	이 첩
대통령선거	제18대('12. 12. 19.)	509	104	97	303	5
	제17대('07. 12. 19.)	673	104	100	464	5
	제16대('02. 12. 19.)	1,321	124	226	958	13
	제15대('97. 12. 18.)	209	8	52	140	9
국회의원선거	제19대('12. 04. 11.)	1,595	264	174	1,077	80
	제18대('08. 04. 9.)	1,975	222	144	1,559	50
	제17대('04. 04. 15.)	6,402	453	401	5,447	101
	제16대('00. 04. 13.)	3,017	248	408	2,241	120
지방선거	제6회('14. 06. 04)	3,731	451	124	2,921	235
	제5회('10. 06. 02.)	4,370	441	288	3,465	176
	제4회('06. 05. 31.)	6,094	785	506	4,687	116
	제3회('02. 06. 13.)	8,685	769	553	7,206	157

출처 : 중앙선거관리위원회 내부자료

　불법행위에 대한 선거관리위원회의 적극적이고 엄격한 단속이 가져온 또
다른 결과는 불법 행위에 대한 후보자들의 책임성 강화였다. 1994년 통합선거
법이 제정된 이후 다섯 번의 국회의원선거에서 총 50명이 사법부로부터 당선
무효 결정을 받았다. 1996년 제15대 국회의원선거에서는 당선무효가 6명이었

던 반면 2008년 제18대 국회의원선거에서 무려 15명에 대해 당선무효 판결이 내려졌다. 다섯 차례의 전국동시지방선거의 단체장선거에서도 이와 유사한 경향을 보였다. 1995년 제1회 전국동시지방선거에서 1명이었던 당선무효는 2010년 제5회 전국동시지방선거에서 18명으로 늘어났다. 다섯 차례의 지방자치단체장선거에서 당선무효건수는 총 52건이었다. 각 선거별 선거사범에 대한 당선무효 건수는 <그림 5-3>과 같다.

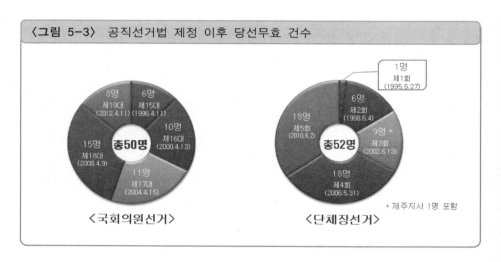

〈그림 5-3〉 공직선거법 제정 이후 당선무효 건수

이러한 결과는 선거사범이 더 이상 용서되지 않으며, 선거과정에서 불법을 저지르면 엄격한 법적 처벌을 받는다는 것을 의미한다. 한편 당선무효 시 선거사범에 대한 신분상·재산상 불이익도 강화되었다. 당선무효를 선고받은 사람에 대해서는 선거권과 피선거권은 물론 공무담임권을 제한하였고, 기탁금과 보전비용을 반환하도록 했다. 이러한 불법 행위에 대한 엄격한 처벌은 우리나라 선거에서 정치적 책임성이 한층 높아졌음을 의미한다.

2) 적극적인 정치관계법제 개선

정치발전형 모델로의 전환이 가져온 가장 큰 변화는 선거관리위원회가 본질적 업무인 선거절차 사무관리 이외에 정치발전의 질적 개선을 위해 선거법

등 정치관계 법률의 제·개정 의견 제출을 통한 법제 선진화에 적극적으로 나
서기 시작했다는 것이다. 정치발전을 위한 질적 개선의 대표적 사례를 간략히
살펴보면 <표 5-2>와 같다.

〈표 5-2〉 정치발전 질적 개선 업무 사례

○ 선거관리에 관한 규칙 제정 (대통령령 → 선거관리규칙으로 변경)
○ 선거 등 정치관계법률의 제·개정의견 제출
○ 선거·정당관계자 등 민주시민교육
○ 선거범죄에 대한 예방·단속 및 조치권 행사
 • 선거법위반행위에 대한 중지·경고 및 고발   • 선거 및 정치자금범죄 조사
 • 불법시설물 대집행권   (증거물품수거/동행·출석요구권/
 • 불법우편물 우송중지 요청권   소명자료 요구권)
 • 선거 및 정치자금범죄 관련 과태료부과   • 불법선거 광고 중지 요청권
 • 금융거래 자료제출 요구권
○ 주요 선거범죄에 대한 재정신청권
○ 선거·정치자금범죄 신고자에 대한 포상금(최고 5억원) 지급

선거관리위원회가 이러한 변화를 모색한 것은 관권·금권선거 등 불법선거
행태가 고질적으로 반복되는 상황에서 단속 의지와 조치만으로는 그 병폐를
뿌리 뽑는 데 한계가 있었기 때문이다. 특히, 지킬 수 없는 선거법 때문에 불
법·탈법이 조장된다는 문제점이 지속적으로 제기되면서 적극적인 정치·선거제
도의 개선이 필요했다. 이러한 이유에서 중앙선거관리위원회는 1989년 이후부
터 정치관계법 제정·개정의견을 국회에 제출하기 시작하였다. 선거관리위원회
는 선거를 주관하는 헌법기관으로 실제 선거과정에서 나타나는 문제점을 가장
잘 파악하고 현실성 있는 대안을 제시할 수 있는 주체였다.

그러나 당시에는 법적으로 제정·개정 의견을 제출할 수 있는 권한을 갖
지 못하였다. 다만, 1987년 헌법 개정과 함께 그해 11월 7일 「선거관리위원회
법」도 개정되면서 제17조(법령에 관한 의견표시 등)를 통해 "행정기관이 선거(위
탁선거를 포함한다)·국민투표 및 정당관계법령을 제정·개정 또는 폐지하고자
할 때는 미리 당해 법령안을 중앙선거관리위원회에 송부하여 그 의견을 구하
여야 한다"라는 의견조회 의무규정이 신설되었다. 당시 중앙선거관리위원회는

이 규정에 근거하여 소극적으로 개정의견을 제시할 수 있었다.

정치관계법 개정의견 제출권이 법적으로 보장된 것은 1992년 「선거관리위원회법」이 개정되면서부터였다. 이 개정에서 제17조 제2항에 "중앙선거관리위원회는 선거·국민투표 및 정당관계법률의 제정·개정 등이 필요하다고 인정하는 경우에는 국회에 그 의견을 서면으로 제출할 수 있다"라는 규정을 추가로 신설한 것이다.[24] 이를 계기로 중앙선거관리위원회는 선거과정에서 나타난 문제점에 대한 개선안뿐만 아니라 정치·선거제도의 발전과 선진화를 이끌 제도 개선방안을 적극적으로 제안하기 시작하였다. 특히, 1993년에는 기존에 개별법으로 있던 「대통령선거법」, 「국회의원선거법」, 「지방자치단체의 장 선거법」, 「지방의회의원선거법」을 단일화하여 모든 공직선거법에 적용할 수 있는 통합선거법 제정의견을 제출하였고, 이 개정의견이 입법과정에 대부분 반영되면서 1994년 「공직선거 및 선거부정방지법」이 제정되는 중요한 밑거름이 되었다. 이 법은 우리나라 공명선거 구현을 위한 제도적 토대가 되었고, 이후 「공직선거법」으로 개명되어 현재까지 이어져오고 있다.

통합선거법 제정 이후 중앙선거관리위원회는 보다 적극적으로 개정의견을 제출하여 법제 개선을 이끌었다. 개정의견 제출권이 보장된 이후 1993년부터 2015년까지 무려 26차에 걸쳐 개정의견을 국회에 제출해 왔고, 이 가운데 다수의 의견이 실제 정치관계법 개정에 반영되었다. 1993년부터 2015년까지 중앙선거관리위원회의 정치관계법 제·개정의견 제출 현황은 <표 5-3>과 같다.

---

24) 이형건은 선거관리위원회에 개정의견 제출권을 법적으로 보장하는 제도를 신설한 것과 관련하여 "선관위가 선거관리 등의 분야에 관해서는 누구보다도 전문적인 지식과 풍부한 경험 그리고 많은 자료들을 축적하고 있고, 또 자신의 분야에 대해서는 전문가로서 선거 관계 법률의 제·개정의 필요성 등을 잘 알고 있기 때문에 국회나 정부가 미처 생각하지 못한 부분들까지도 살펴서 제도의 보완이나 신설 등을 요청할 수 있기 때문이다"라고 평가하였다. 이형건. 2012. "선거관리위원회의 입법기능에 관한 연구: 선거관리위원회의 의견제출권을 중심으로." 울산대학원 박사학위논문. 117.

〈표 5-3〉 선관위의 정치관계법 제·개정의견 국회제출 현황(1993~2015)

차수	연 /월 /일	국회 제출 제·개정 의견 주요내용
1	1995. 04. 10	• 4개 동시선거에서 과다한 선거관리 업무를 효율적으로 관리하기 위함.
2	1995. 11. 21	• 선거비용 규제 강화, 공명선거 보장 장치 강화 외
3	1997. 06. 07	• 1997년 11월 정치개혁입법특별위원장 발의 개정법률안(대안)
4	1998. 02. 16	• 돈 적게 드는 선거의 구현 외
5	1998. 09. 09	• 정치개혁 방안에 대한 의견 외
6	1999. 03. 19	• 국회의원선거구제·대표제의 개선 외
7	1999. 10. 21	• 재·보궐선거 과정의 문제점 보완 외
8	2000. 01. 20	• 「공직선거법」 제87조 등 개정의견
9	2000. 01. 26	• 임기만료 선거와 보궐선거 등을 분리 실시
10	2001. 05. 30	• 지역연고 등을 이용하는 선거풍토 쇄신 외
11	2001. 09. 03	• 기탁금 관련 규정 개정의견
12	2002. 09. 07	• 헌재 결정에 따른 기탁금의 조정 외
13	2003. 08. 27	• 선거운동에 대한 규제의 과감한 철폐 외
14	2005. 03. 10	• 선거운동의 자유 확대 외
15	2006. 12. 12	• 당내경선의 자유와 지원 확대 외
16	2006. 12. 28	• 언론기관의 대담 상시 허용
17	2008. 10. 15	• 재외국민의 선거법 조장 등 선거참여 확대 외
18	2009. 04. 28	• 50배 과태료 부과기준의 획일성 해소
19	2009. 07. 26	• 선거에 관한 일상적 규제의 완화 외
20	2011. 04. 10	• 지역구 결합 비례대표후보자 추천제도, 국민경선제도, 재외선거 공정성 등
21	2012. 07. 02	• 재외선거제도 보완 개정의견
22	2012. 07. 05	• 선거비용 허위보전청구 문제 해소 등을 위한 개정의견
23	2012. 08. 29	• 인터넷언론사의 실명확인제 폐지 의견
24	2013. 06. 05	• 선거관련 표현의 자유 규제 완화, 후보자정보 제공 다양화, 재외선거 편의 증진
25	2014. 10. 08	• 재외국민의 참정권 보장
26	2015. 02. 25	• 권역별 비례대표제, 석패율제, 오픈프라이머리, 지구당 허용 등

자료: 이형건. 2012. "선거관리위원회의 입법기능에 관한 연구: 선거관리위원회의 의견제출권을 중심으로." 울산대대학원 박사학위논문. 127; 중앙선거관리위원회 정치제도연구 홈페이지(http://research.nec.go.kr/user/main.jsp).

세부적인 제도개선 결과를 보면 1995년부터 2012년까지를 기준으로[25) 공

---

25) 2013년~2015년의 경우 현재 법 개정이 진행 중에 있어 대상에서 제외하였음. 참고로 2013년 공직선거법 개정의견은 42개 항목이었고 이 가운데 4개 항이 입법 반영되었으며,

직선거법과 관련하여 중앙선거관리위원회가 제출한 782개 항목 중 539개 항목
이 반영되었다.26) 이러한 결과는 선거관리위원회가 선거제도 개선에 얼마나 적
극적이며 큰 영향력을 발휘하고 있는지를 보여주는 경험적 지표가 될 수 있다.
물론 2015년 현재에도 중앙선거관리위원회가 제출한 정치관계법 개정의견에 대
한 국회 논의가 한창 진행 중에 있다.

선거관리위원회는 선거의 공정성 확보 및 선거운동의 자유 확대 등을 위
한 선거제도의 합리적 개선에 많은 입법적 노력을 기울여 왔다. 선거관리위원
회가 제출한 정치관계법 개정의견 중 입법에 반영된 의견이 많았다는 것은 법
적으로 보장된 의견제출권의 기능을 적절하게 그리고 발전적으로 사용하고 있
음을 방증하는 것이다.27)

3) 정책선거 중심의 선거문화 개선

정치발전형 선거관리모델은 단지 절차사무의 공정성을 넘어 선거의 민주
적 가치를 적극적으로 실현하기 위해 노력하는 것이다. 이는 선거의 본질인 좋
은 대표자 선출과 이를 위한 올바른 선택의 문화와 직결되어 있다. 즉, 유권자
의 선택이 학연·지연 등 인간적 관계나 향응이나 돈에 의해서 좌지우지되는
것이 아니라 어떠한 자질을 가진 후보가 어떠한 정책을 내세우며, 또한 그 실
현 가능성과 능력은 갖추고 있는가 등을 합리적으로 비교하여 이루어질 때 선
거의 민주적 가치가 실현될 수 있음을 의미한다.

넓은 의미에서 보면 정치발전형 선거관리 모델은 이러한 선거문화를 적극
적으로 만들어 가는 데 궁극적인 목표를 두고 있다. 이러한 측면에서 선거관리

2014년의 경우 41개 항목 중 19개 항목이 입법 반영되었다. 현재 2013년 개정의견 중 6
건이, 2014년 개정의견 중 8건이 국회 법제사법위원회에 계류중이다.

26) 정치관계법 개정의견 제출에 대한 자세한 내용은 중앙선거관리위원회 의결50년사 편찬위
원회. 2014.『공명선거의 발자취』. 박영사. 685~783 참조. 개정의견 항목 수는 선거법이
개정된 시점을 기준으로 하여 각 시기별 제출된 개정의견의 누적통계이며, 반영된 항목 수
는 제도개선 노력의 영향력 추이를 이해하기 위한 것이므로 일부 자구 등이 수정되었다 하
더라도 그 내용이 유사한 경우는 포함하여 필자가 재정리한 것임.

27) 이형건. 2012. "선거관리위원회의 입법기능에 관한 연구: 선거관리위원회의 의견제출권을
중심으로." 울산대대학원 박사학위논문. 228.

위원회가 정치발전형 선거관리모델로 전환한 이후 현재 가장 중점을 두고 있
는 것이 바로 선거문화 개선이며, 이러한 변화를 위한 구체적 실천이 매니페스
토 정책선거운동의 도입이다.[28]

매니페스토(Manifesto)는 책임 있는 공약 제시와 공약에 기반한 선택을 이
끌어내기 위한 운동이다.[29] 따라서 선거의 주체가 되는 후보자와 정당, 유권자
가 중심에 있다. 정당과 후보자는 선거에서 추진하고자 하는 정책의 구체적인
목표, 실시기한, 이행방법, 재원조달 방안, 추진 우선순위를 명시하여 공약을
제시한다. 한편, 유권자는 정당·후보자의 공약들을 비교하여 실현가능성이 가
장 높은 공약을 많이 제시한 정당이나 후보자를 선택하고 선거 후 당선자의
공약이행 상황을 지속적으로 평가하여 다음 선거에서의 지지여부를 결정한다.
이러한 매니페스토의 순환과정을 간략히 하면 <그림 5-4>와 같다.

〈그림 5-4〉 매니페스토 순환주기[30]

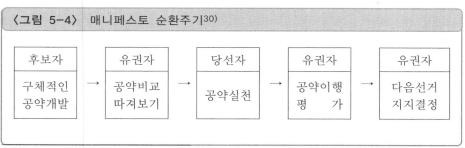

28) 매니페스토는 각종 공약사업의 우선순위, 사업목표와 방향, 구체적 추진 일정 계획, 재원
　　마련 방안 등을 명확히 기입하여 유권자에게 제시하는 정책선거운동을 말한다. 이와 관련
　　하여 김미경은 2006년 지방선거에서 도입된 매니페스토는 선거의 새로운 기원을 연 출발
　　점으로 과거 어느 선거보다 정책선거에 대한 관심이 높았던 선거라고 평가하였다. 김미
　　경, 2006. "매니페스토가 5.31 지방선거에 미친 영향과 향후 과제." 중앙선거관리위원회.
　　「선거관리」제52호. 41.
29) 매니페스토 운동은 1834년 영국보수당 당수인 로버트 필이 유권자의 환심을 사기 위한
　　공약은 실패하기 마련이라면서 구체화된 공약의 필요성을 강조하면서 시작된 운동으로,
　　영국에서 시작한 이 운동이 미국, 독일, 호주, 일본 등으로 전파되었다. 매니페스토의 어
　　원은 '증거' 또는 '증거물'이라는 의미의 라틴어 마니페스투(manifestus)이며, 이 말이 이탈
　　리아어 마니페스또(manifesto)로 변형 되어 '과거 행적을 설명하고, 미래 행동의 동기를 밝
　　히는 공적인 선언'이라는 의미로 사용되었다. 우리나라에서는 매니페스토 도입 당시 우리말
　　공모를 통해 '참공약 선택하기'라는 용어가 선정되어 사용되기도 하였지만, 이 말에는 실천,
　　검증, 평가라는 의미를 담지 못한다는 지적이 있어 아직까지 '매니페스토'라는 용어를 계속
　　사용하고 있다. 중앙선거관리위원회 자주 찾는 선거정보(http://www.nec.go.kr/portal
　　/knowLaw/view.do?menuNo=200084&contId=201202140091&contSid=0001(검색일
　　2015. 6. 9).
30) 중앙선거관리위원회. 2013. 『선거관리위원회 50년사』. 박영사. 1036.

우리나라 매니페스토 정책선거는 선거관리위원회의 주도로 2006년 제4회 전국동시지방선거에서 처음 도입되었다. 중앙선거관리위원회는 지방선거를 앞두고 정책선거를 장려하기 위해 '정책선거 정착과 매니페스토운동 확산방안 모색'이라는 주제로 국민대토론회를 개최하는 한편, 5개 정당 대표자와 531 매니페스토추진본부 대표자가 참석한 가운데 '매니페스토 정책선거 실천 협약식'을 개최하였다. 또한 시·도 및 구·시·군선거관리위원회를 통해 정책선거 실천 협약식 및 캠페인을 실시하는 등 정책중심의 선거운동을 확산시켜 나갔다.[31] 지방선거 이후에도 당선자 공약 홈페이지 공개, 재·보궐선거 및 2007년 제17대 대통령선거에서의 정책선거 실천 협약 등 정책선거 문화 확산을 위한 노력을 이어 갔다.

한편, 중앙선거관리위원회는 정책선거를 위한 법적 기반을 마련하기 위한 입법 개선 노력도 병행해 갔다. 그 결과 2008년 2월 29일 「공직선거법」 개정에서는 정책선거 구현을 위하여 예비후보자의 정책공약집 작성·배부, 언론·단체 등의 정책비교·평가·공표가 가능하도록 하는 조항과 함께 선거관리위원회가 정책중심의 선거문화 조성과 정책선거 촉진을 위하여 적극적으로 홍보하도록 하는 의무규정이 신설되었다.

「공직선거법」에 규정된 정책홍보에 의한 선거운동의 세부 내용은 크게 예비후보자 홍보물, 예비후보자 공약집, 선거공약서 등 세 가지로 정리된다. 우선, 대통령선거 및 지방자치단체장선거의 예비후보자는 선거구 안에 있는 세대수의 10% 이내에서 예비후보자홍보물을 우편발송 할 수 있도록 하였다. 이 경우 표지를 포함한 전체 면수의 100분의 50 이상의 면수에 선거공약 및 이에 대한 추진계획으로 각 사업의 목표·우선순위·이행절차·이행기한·재원조달방안을 게재하여야 한다. 예비후보자공약집은 대통령선거 및 지방자치단체장선거 예비후보자가 선거공약 및 이에 대한 추진계획으로 각 사업의 목표·우선순위·이행절차·이행기한·재원조달방안을 게재한 공약집으로 1종을 발간하여 판매할 수 있도록 했다. 선거공약서는 대통령선거 및 지방자치단체장선거의 후보자는 선거운동을 위하여 선거공약 및 그 추진계획을 게재한 인쇄물로서 이 또한 1종을 작성할 수

---

31) 중앙선거관리위원회. 2013. 『국민과 함께 하는 선거관리위원회 50년사』. 박영사. 174.

있도록 했다. 선거공약서에는 선거공약 및 이에 대한 추진계획으로 각 사업의
목표·우선순위·이행절차·이행기한·재원조달방안을 게재하도록 했다.

한편 「공직선거법」에서는 정책공약 비교평가 결과의 공표에 대한 제한규
정을 두고 있다. 관련 규정(제108조의2)에 따르면 언론기관 및 단체(「공직선거법」
제87조에 따라 선거운동이 금지된 단체는 제외함)는 정당·후보자(후보자가 되려는 자
를 포함하며, 이하 '후보자 등'이라 함)의 정책이나 공약에 관하여 비교평가하고
그 결과를 공표할 수 있다. 그러나 특정 후보자 등에게 유리 또는 불리하게
평가단을 구성·운영하거나 정당이나 후보자 별로 점수부여 또는 순위나 등급
을 정하는 등의 방법으로 서열화하는 행위를 하여서는 안 된다. 또한 언론기관
등이 정책이나 공약에 관한 비교평가의 결과를 공표하는 때에는 평가주체, 평
가단 구성·운영, 평가지표·기준·방법 등 평가의 신뢰성·객관성을 입증할 수
있는 내용을 공표하여야 하며, 비교평가와 관련 있는 자료 일체를 해당 선거의
선거일 후 6개월까지 보관하여야 한다. 이 경우 선거운동을 하거나 할 것을
표방한 단체는 지지하는 후보자 등을 함께 공표하여야 한다.

「공직선거법」에서 부여한 정책선거 관련 규정과 선거관리위원회의 정책선
거 촉진 홍보 의무에 따라 선거관리위원회는 정책선거를 정착시키기 위해 매
니페스토를 포함한 다양한 활동을 전개해 오고 있다. 매 선거마다 후보자와 정
당이 참여하는 '정책선거 실천 협약식'은 보편화된 선거문화로 자리 잡았고, 이
를 바탕으로 다각적인 정책선거운동이 개발·추진되고 있다. 또한 매니페스토
정책선거추진센터를 설치·운영하고 있으며, 매니페스토 국민토론회도 매 선거
마다 개최하고 있다. 그리고 공약은행을 설립·운영하여 국민과 후보자가 함께
정책선거문화를 만들어 갈 수 있도록 지원하는 한편, 매니페스토 평가지표를
개발하여 현실적이고 실질적으로 정책선거가 이루어질 수 있도록 노력하고 있
다. 그 이외도 정책의제 개발, 정당·정책비교프로그램 운영, 당선자 공약집 발
간·배부, 매니페스토 유권자 의식조사 등의 사업들이 진행 중이다.

이러한 사례들은 정치발전형 선거관리모델을 채택하고 있는 선거관리위원
회가 정책선거 문화의 정착을 통한 선거의 민주적 가치 실현에 얼마나 적극적
인지를 보여주는 지표가 된다. 이제 정책선거는 거스를 수 없는 핵심 선거문화
가 되어 가고 있다.

제6장

선거문화와 공명선거

제6장

선거문화와 공명선거

제1절 | 선거문화의 의미와 중요성

선거문화는 유권자가 대표를 선택하는 과정에서 파생되는 일체의 문화현상 이다.[1] 문화는 그 사회를 반영하는 가치규범 내지 행위양식을 포함한다. 따라서 선거문화는 선거와 관련된 사회적 가치규범의 종합적 양상이며, 이는 선거과정 에서 표출되는 정당, 후보자, 유권자의 행위를 통해서 집약된다. 좀 더 확대하면 선거문화는 그 나라 선거의 민주성 수준을 가늠하는 지표 중 하나가 된다.

일련의 선거과정은 선거제도를 통해 전개되며, 이 선거제도는 후보자와 유권자 등 참여자의 행위를 규정한다. 따라서 선거제도는 선거문화의 형성에 가장 크고도 근본적인 영향을 미친다. 예를 들어 선거운동과 관련하여 대중집 회에 중심을 둔 선거제도와 미디어에 중심을 두고 있는 선거제도는 선거과정 에서 표출되는 양상을 달리한다. 대중집회 중심의 선거운동에서는 조직선거의 양상이 더 뚜렷하게 나타날 수 있으며, 미디어 중심의 선거운동에서는 이미지 선거의 양상이 상대적으로 더 뚜렷하게 나타날 것이다. 선거운동의 자유와 관 련하여서도 선거제도가 규정하는 제약의 정도와 수준에 따라 상이한 양상을

---

1) 김승환. 1988. "선거문화와 대중문화". 한국언론진흥재단. 「신문과 방송」. 54.

띨 수밖에 없다. 이처럼 선거제도는 선거문화를 지배한다.

그러나 선거제도보다 선거문화를 지배하는 더욱 중요한 요인은 가치와 의식이다. 정도의 차이는 있지만 일정 수준 이상의 민주적 선거제도들을 갖추고 있는 나라에서도 선거과정에서 나타나는 행태와 문화는 차이를 보인다. 왜 그럴까? 그것은 바로 실제 선거과정에서 선거제도를 수용하고 적용하는 가치와 인식의 수준 차이에서 비롯된다. 보다 넓게 표현하면 국민과 정치 행위자들의 정치의식 수준이 만들어 내는 결과이다. 이는 곧 그 나라의 민주주의 수준과도 직결된다.

우선은 법과 원칙을 '반드시 준수해야 하는 규범'으로 인식하는 의식의 존재 유무가 중요한 변인이다. 아무리 좋은 선거제도가 있어도 그 선거제도가 허용하고 불허하는 규범을 반드시 따르고자 하는 의식과 신념이 없다면 제도는 무용지물의 장식품으로 전락하고 만다. 이는 비단 선거에서 뿐만 아니라 국가운영의 근본에 법과 원칙의 준수가 기본가치로 자리 잡고 있어야 한다는 것을 의미한다. 과거 우리나라 선거사에서 쉽게 접해 왔던 '불법·탈법이 만연한 선거문화'는 그러한 가치가 현실적으로 구현되지 못하여 왔던 역사적 단면이 표출된 대표적 사례이다.

가치와 의식은 경험과 교육을 통해 축적된다. 영국을 비롯한 서유럽 국가들의 민주주의 수준은 곧 경험과 교육의 결과이다. 오랜 기간에 걸쳐 서서히 발전하면서 정착되어 온 민주주의의 역사는 국민들이 주권에 대한 인식을 경험적으로 학습하게 되는 소중한 자산이었다. 그러나 민주주의에 대한 역사적 경험과 교육의 부족은 잘못된 선거문화를 잘못된 것이라고 인식하지 못하는 현실적 오류를 야기한다.

이렇듯 선거문화는 선거의 민주성을 좌우한다는 점에서 그 중요성이 매우 크다. 선거문화는 선거제도의 법 취지를 현실적으로 실현되도록 하는 근본적인 가치와 이해의 양식이며, 민주선거의 핵심인 자유롭고 공정한 선택의 근본이 된다. 민주주의의 근본이 되는 법치주의가 현실적으로 자리매김 하는 데 결정적인 영향을 미치며, 나아가서는 선거 정의(正義)를 실현하는 가장 기초적이면서도 근본적인 요소가 바로 올바른 선거문화의 형성이다. 우리가 늘 외치는 '공명선거의 실현'2)이라는 명제도 민주적 선거제도와 절차를 근저로 하되 자유와 공정이 뿌리 깊게 자리한 성숙한 선거문화를 통해 실현될 수 있다.

제2절 | 민주선거 도입 초기 선거문화

1948년 우리나라에 근대적 선거제도가 도입되고 첫 선거를 치르면서 나타난 선거문화는 어떠했을까? 왕조시대와 식민지 시대를 거치면서 국민은 물론 정치인들조차도 근대적 대의제에 대한 경험이 일천했던 상황에서 대표자 선택에 대한 인식과 이해, 그리고 그 과정은 그다지 긍정적인 상상을 불러오지는 못하는 것이 사실이다. 그럼에도 불구하고 우리나라 첫 근대적 선거였던 1948년 제헌국회의원선거는 기대 이상이었다.

선거인 자진등록제였음에도 불구하고 유권자 813만여 명 중 784만여 명이 등록하였고,[3] 이 가운데 95.5%가 투표에 참여하였다. 선거운동은 무척이나 자유로웠고, 선거과정도 질서가 유지되었다. 한국 선거를 참관한 국제연합한국임시위원단(UNTCOK)의 결의문 및 성명서에 의하면[4] 선거과정에서는 자유분위기가 있었고 언론·신문 및 집회의 자유라는 민주적 권리가 인정되고 존중되었으며, 선거절차가 전반적으로 정확히 적용되었고 유권자의 자유의사가 정당하게 표현되었다.

그러나 이러한 첫 선거의 분위기는 제1공화국이 출범한 후 선거가 거듭되고 권력 획득만을 위한 경쟁이 현실화되면서 점차 변질되기 시작하였다. 정당과 후보자는 권력 획득과 당선을 위해 법질서를 경시하기 시작하였고, 유권자들도 민주의식에 대한 경험과 교육 부족에 따른 한계를 드러내기 시작하였다.

---

2) 공명선거 실현은 선거관리기관의 엄정한 관리(헌법 제114조, 선거관리위원회법 제3조), 국가기관과 공무원의 선거중립(공직선거법 제9조), 정당과 후보자 등의 준법선거 및 공정경쟁(공직선거법 제7조), 언론의 공정보도(공직선거법 제8조), 유권자의 자유로운 의사에 따른 정당·후보자 선택과 선거결과의 수용 등을 전제조건으로 한다.

3) 이처럼 높은 등록률과 관련하여서는 당시 경제적 어려움 속에 선거 과정에서 지급되는 쌀 배급을 받기 위해 선거인에 등록했거나 관권이 개입되었다는 주장이 있다(서중석. 2008. 『대한민국선거이야기』. 역사비평사. 36). 그러나 이러한 현실적 문제를 고려하더라도 높은 등록률과 투표율은 무경험 속에 치러진 첫 선거의 결과로는 긍정적으로 평가할 수 있다.

4) 중앙선거관리위원회. 1973. 『대한민국선거사』 제1집. 보진제. 833.

이러한 과정은 우리나라 초기 선거문화의 양상을 부정적 결과로 이끌었고, 그 결과 형성된 선거문화의 병폐 현상은 이후 꽤 오랜 시간 우리나라 선거를 지배해 왔다.

1 금권선거의 지배 : 고무신 선거와 막걸리 선거

우리나라 초기 선거문화를 대표하는 상징적 표현은 '고무신 선거와 막걸리 선거'이다. 이는 유권자의 표심을 물질로 매수하는 이른바 금품선거를 일컫는 희화적 표현이다. 왜 이런 표현이 우리나라 초기 선거문화를 상징하는 표현으로 자리 잡았을까? 이는 우리나라 선거에 있어서 어떤 의미를 가지는 것일까?

대의제에서 선거는 단순히 대표자를 선출하는 과정으로만 그 의미가 국한되지 않는다. 선거는 링컨이 게티스버그(Gettysburg)에서 역설한 '국민의, 국민에 의한, 국민을 위한 정치'를 실현하는 가장 구체적인 방법이다. 따라서 선거는 민주주의의 측면에서 보면 국민의 뜻을 얼마나 잘 반영하는가 하는 결과의 측면도 중요하지만 지도자가 어떤 방법으로 정치권력을 획득하는가, 또는 국민이 어떻게 지도자를 선출하는가 하는 '과정'도 매우 중요한 부분이다.5) 다시 말하면 선거의 과정에서 후보자 또는 정당이 유권자에게 어떠한 가치와 정책을 통해 국민의 뜻을 실현해 갈 것인가를 전하는 자유롭고 공정한 경쟁이 이루어지고, 이를 통해 유권자가 자신의 가치와 이익에 부합되는 후보자를 평등하고 공정하게 선택할 수 있어야 하며, 이것이 권력의 위임이라는 결과로 이어질 때 민주적 선거의 실현을 말할 수 있는 것이다.

그러나 우리나라 초기 선거과정에서는 가치와 정책이 아니라 물질이 대표를 선택하고 권력을 위임하는 중요한 매개가 되었다. 그 대표적 매개물이 고무신과 막걸리였던 것이다. 정당과 후보자들은 선거과정에서 유권자의 환심을 사기 위하여 특정한 구분 없이 고무신을 돌렸고, 유세장은 물론 거리 곳곳에서 막걸리 잔치를 벌였다. 이를 제공하는 정당과 후보자 측도, 이를 받는 유권자

---

5) 고경민. 2005. 『현대정치과정의 동학』. 인간사랑. 70.

도 특별한 거리낌이 없었고, 고무신과 막걸리를 제공하는 것이 선거과정에서 너무나 자연스러운 풍경으로 인식되었다.

유권자에게 전달된 것이 비단 고무신과 막걸리 뿐만은 아니었다. 돈 봉투가 오가기도 했고, 정부미 교환권이 제공되던 시절도 있었다. 그것이 무엇이었던 핵심은 대의제에서 국민의 가장 핵심적인 주권인 선거권이 물질을 매개로 매매될 수 있다는 점이었으며, 그것이 정당과 후보자는 물론 일반 유권자들에게 너무나 일반적인 행태로 인식되어졌다는 것이다. 이는 근대적인 민주주의 선거제도가 도입되었으나 그 가치가 현실적으로 실현될 수 있는 선거문화는 이와 너무나도 동떨어져 있었음을 의미하는 것이다.

경제적으로 어려웠던 시기에 정당과 후보자가 제공하는 막걸리와 고무신은 가난한 국민들에게는 단비와 같은 것이었다. 해방 직후의 상황을 고려한다면 당시에 민주적 가치에 대한 인식을 가지고 이를 거부할 수 있었던 국민이 과연 몇이나 있었을까? 이전까지 계급적 질서에 순응하며 살아왔고, 근대적 민주주의를 경험하지 못했을 뿐만 아니라 그에 대한 교육도 이루어지지 않은 상황에서 성숙한 선거문화 수준을 강요하는 것이 오히려 과도한 요구나 기대였을지도 모른다.

그러나 이러한 현실적 상황을 이유로 시작 단계에서 형성된 후진적 선거문화를 이해하고 수용할 수는 없는 노릇이다. 민주주의를 포기할 요량이 아니라면 민주주의에 대한 경험 및 교육의 부족과 현실적 어려움이 국민의 주권이 매매되는 비민주적 양상을 정당화하는 이유가 될 수는 없기 때문이다. 더 큰 문제는 이렇게 꿰여진 선거문화의 첫 단추가 이후 선거를 장시간 지배해 왔고, 선거문화가 상당히 성숙해졌다는 지금까지도 여전히 그 잔재로 남아 있다는 점이다. 이렇듯 우리나라 초기 선거에서는 선거과정 전반에 금품선거가 만연한 후진적 선거문화가 일반적 현상으로 자리하고 있었다.

2 관권선거의 지배 : 투·개표 부정

후발민주주의 국가에서 일반적으로 나타나는 초기 선거문화 중 하나는 관권선거 현상이다. 이는 대통령중심제 국가 중 권위주의체제가 형성·지속되는 과정에서 특히 많이 나타나는 일반적 현상으로, 대통령의 권력 연장과 행정부를 중심으로 한 국가권력의 지배현상과도 그 맥을 같이 한다. 민주정(民主政)의 도입 이후 민심의 지지를 담보할 수 없었던 권위주의체제 하에서 집권자와 그 정당이 인위적 방법을 통해 민심을 통제하고 조작하기 위한 가장 효율적인 방법이 바로 선거에서 관권을 이용하는 것이었기 때문이다.

우리나라 초기 선거 또한 관권선거의 폐해로부터 예외는 아니었다. 제1공화국 당시 선거절차는 조직적인 관권동원으로 매우 불공정하였는데, 자유당 정권은 정부로 하여금 공무원을 통한 선거운동망을 조직하고 전국의 경찰에 지시하여 감시독찰(監視督察)하도록 하는 등 선거승리를 위해 모든 수단과 방법을 동원하였다.6) 이처럼 우리나라 초기 선거에서 관권선거가 손쉽게 자리 매김할 수 있었던 중요한 이유 중 하나는 제1공화국 당시 선거관리 주무기관이었던 선거위원회가 내무부의 통제 하에 있어 선거과정에서 나타나는 부정·불법에 대한 통제력을 발휘하지 못하였기 때문이다.

우리나라 선거사에서 관권선거의 극치를 보여준 시기는 1960년 실시된 제4대 대통령·제5대 부통령선거, 이른바 3·15 부정선거였다. 당시 선거에서는 민주선거의 4대 원칙인 비밀, 직접, 보통, 평등선거가 모두 훼손되었다. 공개투표와 대리투표가 횡행하였고, 무더기표와 투표함 바꿔치기를 통해 작위적으로 선거결과가 조작되기도 했다. 선거과정의 기본인 투·개표과정 모두에서 극단적인 부정이 자행된 것이다. 이러한 부정선거는 관권동원을 통해 이루어졌고, 더욱 심각했던 것은 그 주도자가 바로 내무부장관이었다는 것이다.7)

관권을 동원한 부정선거는 투표와 개표 과정 모두에서 상상을 넘어서는 극단적인 방법으로 진행되었다. 투표에서는 4할 사전투표와 공개투표가 대표적 유형이다. 4할 사전투표는 자유당 후보의 목표 득표율을 85%로 설정하고 전체

---

6) 중앙선거관리위원회. 1981. 『대한민국선거사』 제1집(재판). 보진제. 743.
7) 당시 내무부장관은 최인규 였으며, 그의 취임사 일부는 당시 공무원을 이용한 관권선거 양상을 명확히 보여주고 있다. 다음 내용은 내무부장관의 취임사 중 관련 내용의 일부이다. "경찰관은 선거에 간섭해서는 안 되나 …… 공무원과 공무원 가족은 대통령과 정부의 업적을 국민에게 찬양 선전하여야 하며 이 같은 일이 싫은 공무원은 그 자리에 있을 필요가 없다 …… 공무원이 집무시간 외에 선거운동을 하는 경우 대통령선거법이나 공무원법에 저촉되지 않는다." 지병문 외. 1997. 『현대 한국정치의 전개와 동학』. 박영사. 149.

유권자 가운데 기권자나 무효표 등의 예상비율 40%에 해당하는 투표지를 자유당 후보 지지표로 만들어 투표 전 미리 집어넣어 두도록 한 것이다. 한편 공개투표는 유권자를 3인조 또는 5인조로 묶어 투표하게 하되 자유당 당원이나 경찰관, 공무원, 매수자 등을 앞세워 자유당 후보자에 공개투표 하도록 하는 방법이었다.8)

관권을 동원하는 부정선거 획책이 계획되면서 선거결과는 선거 전 이미 예정되어 있었다. 그러나 개표과정에서도 부정은 이어졌다. 투표함을 바꿔치기하는 일이 발생하는가 하면, 개표장의 불을 끄고 자신들의 표를 마구 집어넣거나 상대방의 표 묶음을 훔치는 이른바 '올빼미표'를 만들어 내기도 했다. 또한 상대 후보의 표를 무효로 만들기 위해 피아노표(기표가 된 투표지에 인주를 묻혀 무효표로 만드는 것), 빈대표(상대후보를 찍은 투표용지에 일부러 인주나 스탬프 자국을 내 무효표로 만드는 것), 쌍가락지표(상대방을 찍은 투표용지에 붓대롱을 한 번 더 찍어 각각 무효표로 만드는 것)를 만들어 내기도 했다. 상대방의 100장 묶음에 자신들의 표를 앞뒤로 붙여서 계산을 하는 샌드위치표 또한 대표적인 개표부정 사례다.

이후 제2공화국 들어 선거위원회가, 제3공화국 들어 선거관리위원회가 헌법기관으로 독립된 이후 제1공화국과 같은 전면적이고 노골적인 관권선거는 줄어들기 시작했다. 그러나 선거관리위원회가 헌법기관으로 창설되기는 하였지만 그 역할이 법정 선거사무 관리의 행정적 측면으로 제한되면서 관을 이용한 소극적인 부정·불법행위는 민주화 이후까지도 완전히 소멸되지 못하였다. 이로 인하여 관권선거는 민주화 이전 선거에서 계속된 부정선거 논란의 주요한 이유가 되었다.

제3공화국 제7대 국회의원선거에서는 부정선거로 인한 논란이 확산되면서 심지어 집권당이었던 민주공화당에서도 7개 지구당 위원장을 제명하는 사태가 벌어져 만연해 있던 부정행위에 대한 실상을 여실히 보여주었다. 1973년 제9대 국회의원선거에서도 일부 지역구에서 여당에 의한 사전투표가 자행되고 투표함에서

---

8) 사전투표와 공개투표 결과 개표 시작 직후 자유당 후보의 득표가 95~99%까지 나온 지역이 속출했고, 이에 당황한 자유당은 내무부장관을 통해 다시 각 도지사와 경찰국장에게 '이 대통령의 득표는 80% 이내로, 이기붕 후보는 70~80%로 줄여서 보고하라'는 지시를 하달하기도 했다. 지병문 외. 1997. 『현대 한국정치의 전개와 동학』. 박영사. 151.

무더기표가 나오는 양상이 계속되었다.9)

한편, 제4공화국 이후에는 1구 2인 중선거구제 제도, 유신정우회(제5공화국에서는 전국구제도) 등 집권당의 이익을 보장하는 불공정 선거제도가 도입되면서 1978년 실시된 제10대 국회의원선거에서는 관권선거 등 불법·타락선거가 감소하는 양상을 보이기도 했다.10) 그러나 명확히 드러나지는 않았다 하더라도 관권의 선거 개입은 민주화 이후에도 지속적으로 논란이 되어왔고, 우리나라 선거사에서 긴 시간 이어져 온 악습과도 같은 선거문화였다.

제3절 | 민주화와 과도기적 선거문화

1987년 6·29선언을 전후하여 우리나라에서 일었던 민주화 물결은 한국선거사의 큰 전환점이 되었다. 개헌을 통하여 대통령직선제가 다시 부활하였고, 정치활동이 보다 자유로워졌으며, 선거운동 방법의 폭이 넓어지면서 선거운동의 자유도 확대되었다. 국회의원선거에서 소선거구제가 부활하고 전국구비례대표 배분방식도 이전에 비해 일부 개선되는 등 선거제도의 발전도 이루어졌고, 30년 만에 지방선거가 부활하면서 풀뿌리민주주의가 복원되는 계기도 마련하였다. 민주주의 이행과정을 거치면서 이른바 '절차적 민주주의'가 회복된 것이다.

그러나 선거과정에서는 민주화의 이면에 숨겨진 또 다른 모습이 있었다. 금권선거, 동원선거, 조직선거, 폭력선거, 선거법 경시, 선거불신 등 민주라는 이름과 걸맞지 않는 후진적인 선거문화의 양상이 여전히 잔존하고 있었다. 뿐만 아니라 이전에는 명확히 부각되지 않던 '지역주의'라는 새로운 병폐현상도 등장했다. 이처럼 민주주의 이행(transition)과정의 과도기적 상황 속에 선거제도 발전에 상응하는 선거문화의 성숙이 이루어지지 못하는 이른바 선거문화 지체

---

9) 이우진·김성주. 1996. 『현대한국정치론』. 사회비평사. 222. 이 책에서는 이러한 양상이 1990년대 초까지 완전히 없어졌다고 할 수는 없으나 1970년대와 1980년대를 거치면서 점차 감소되었고, 1990년대의 선거에서는 투개표 부정이 여·야당 간의 쟁점에서도 없어지게 되었다고 평가하고 있다.
10) 최한수. 1996. 『한국선거정치론』. 대왕사. 360.

현상, 이것이 우리나라 민주화 물결 속에 나타난 또 다른 얼굴이었다. 민주화와 민주적 선거제도의 발전이 곧 준법선거의 실현을 의미하는 것은 아니었고, 전환기 한국 선거는 후진적 선거문화를 포함하는 양면성을 여실히 드러내고 있었다.

1 고질적 병폐로 자리 잡은 지역주의

민주화 이후 1987년 대통령선거와 1988년 국회의원선거를 치르면서 한국 선거에는 새롭게 '지역주의'라는 선거문화가 고착화되기 시작하였다. 우리나라 선거에서 지역주의는 해당 지역에 연고를 둔 정당과 그 후보자가 선거결과 절대적 패권을 갖는 특이한 양상을 말한다.

특정 지역을 기반으로 하는 대표성의 표출이 무조건적으로 잘못된 투표행태나 선거결과로 평가될 수는 없다. 우리나라에서 지역주의가 병폐 현상으로 평가되는 것은 지역주의가 대표성 부여를 위한 여러 가지 고려 요인, 즉 유권자의 이념과 가치, 후보자의 자질과 정책 등을 전적으로 무의미한 것으로 만들어버리는 데서 비롯된다. 다시 말하면 자질이 부족한 후보도, 실현 가능성이 없는 헛공약을 내 쏟아도 특정 지역에 연고를 둔 정당으로부터 공천을 받으면 무조건적으로 당선되는 몰가치적 투표성향을 보이기 때문이다. 이는 유권자들을 위한 이념과 가치를 담은 정책과 실천 능력을 바탕으로 자유롭고 공정한 경쟁이 이루어지는 민주적 선거의 근본을 훼손할 수 있다는 점에서 중요한 문제점을 가지게 된다.

지역주의 선거문화는 1987년 12월 실시된 제13대 대통령선거에서 노태우, 김영삼, 김대중, 김종필 등 네 명의 주요 후보자 간 경쟁이 만들어 낸 결과물이다. 당시 민주화의 결과물로 대통령 직선제 개헌이 이루어지면서 야권에서는 김영삼과 김대중의 후보단일화를 통해 정권교체를 이룰 수 있을 것이라는 기대가 매우 컸다. 그러나 결국 두 사람은 후보단일화에 실패하고 각자 정당을 창당하여 독자 출마에 나섰다. 이 과정에서 제기된 것이 '4자필승론(四者必勝論)'이었다. 이는 각 후보자들이 네 개의 지역으로 나뉘어 네 명의 후보자가 경쟁한다면 자신의 연고지역에서 확고한 지지를 획득하고 그 이외에 나머지 지역에서 부동층을 흡수하면 승리할 수 있다는 논리였다.[11]

각 정당과 후보자들은 이를 위해 연고지역의 유권자들을 상대로 한 지역감정을 극단적으로 자극하였다. 그 결과 전국의 선거구는 영남, 호남, 충청 그리고 대구·경북으로 찢겨졌고, 각 후보는 의도한 대로 연고지역에서 확고한 지지를 획득할 수 있었다. 그러나 최종적인 선거결과에서는 어느 후보자도 전국에 걸친 절대적 지지를 확보하지 못하였고, 결국 지역대결 구도라는 기이한 선거문화만을 결과물로 남겼다. 당시 당선자였던 노태우 후보의 전국 득표율은 36.6%에 불과했고, 이는 과반도 되지 못하는 대통령이라는 정통성 시비를 불러오기도 했다.

그럼에도 불구하고 제13대 대통령선거 후 이듬해 실시된 제13대 국회의원선거에서 각 정당은 또다시 지역주의를 자극하는 선거전략을 추진하였다. 역시나 전국의 선거구는 네 개의 지역권으로 갈렸고, 선거결과 각 정당은 연고지역에서 큰 승리를 얻었다. 그렇지만 지역주의 투표 결과 어느 정당도 원내 과반수를 얻지 못하였고,[12] 지역정당과 지역대결이라는 선거문화만 더욱 고착화시켰다.

한편에서는 우리나라의 지역주의 선거문화가 시작된 것이 제13대 대통령선거가 아니라 1971년 대통령선거에서부터라는 주장도 있다.[13] 당시 대통령선거에서 경상북도 출신인 민주공화당 박정희 후보와 전라남도 출신인 신민당 김대중 후보는 각기 출신 지역에서 유효투표의 71.9%와 46.8%의 지지를 얻었다. 실제 선거과정에서 지역적 연고를 강조하는 행태가 표출되었고, 결과적으로도 영호남을 중심으로 출신지역 후보에 대한 투표 현상이 나타났다. 그러나 이는 극단적 현상이 아니었으며, 일시적 현상으로 나타났다 선거 후 사라진 것으로 인식되었다.

이와 비교하면 1987년 제13대 대통령선거와 1988년 제13대 국회의원선거

---

11) 1987년 대선과 4자필승론에 대한 분석과 관련하여서는 이영석. 1990. 『야당, 한 시대의 종말』. 성정출판사. 291~292 참조.
12) 부정적으로 평가되는 지역 균열은 다른 한편으로 최초의 여소야대를 형성하여 과도기적 정치상황에서 5공 청산, 국정감사 도입 등의 정치적 성과를 올리는 긍정적 결과를 가져오기도 했다.
13) 윤형섭·신명순 외. 1988. 『한국정치과정론』. 법문사. 508~509.

부터는 지역감정에 대한 후보자와 정당의 자극이 훨씬 심화되었고,[14] 이후 지역주의 투표행태는 현재에 이르기까지 우리나라 선거문화를 지배해 오고 있는 대표적 양상이 되고 있다. 다소 완화되고 있기는 하지만 지역주의의 양극인 영남과 호남에서 "지역연고 정당의 공천을 받는 것이 본 선거에서 당선되는 것보다 어렵다"는 말이 회자되는 것은 지역주의 선거문화의 극단적 폐해를 반증하고 있다.

　　현재에도 지역주의 선거문화는 여전히 우리나라 선거에서 해결해야 할 난제로 남아 있다. 전국단위 선거결과는 지역주의 투표로 인한 지역패권적 선거문화의 양상을 여실히 보여주고 있다. <표 6-1>은 제13대 국회의원선거 이후 지역주의가 형성된 권역별 선거결과이다.

〈표 6-1〉지역주의 권역별 국회의원선거 결과(13~19대)

정당별 당선자 수 / 권역별 의원 정수

대수	영남		호남		충청	
13대	민주정의당 통일민주당	38 / 66 25 / 66	평화민주당	36 / 37	신민주공화당	15 / 27
14대	민주자유당	53 / 71	민주당	37 / 39	민주자유당	14 / 28
15대	신한국당	51 / 76	새정치국민회의	36 / 37	자유민주연합	24 / 28
16대	한나라당	60 / 60	새천년민주당	25 / 29	자유민주연합 새천년민주당	11 / 24 08 / 24
17대	한나라당	57 / 62	열린우리당 새천년민주당	25 / 31 05 / 31	열린우리당 자유민주연합	19 / 24 04 / 24
18대	한나라당	41 / 62	통합민주당	25 / 31	자유선진당	14 / 24
19대	새누리당	57 / 61	민주통합당	25 / 30	새누리당 자유선진당	12 / 24 09 / 24

※ 지역주의 문화의 특징을 살펴보기 위하여 영남은 부산·대구·경남·경북으로, 호남은 광주·전남·전북으로, 충청은 대전·충남·충북으로 묶어 임의적으로 권역화 하였음

---

14) 심지연은 지역구도가 하루아침에 형성된 것은 아니지만 가깝게는 1987년 13대 대선을 앞두고 야당이 분열된 것과 노태우, 김영삼, 김대중, 김종필 등 나름대로 지역기반을 갖고 있던 정치인이 대통령후보로 출마한 데서 본격적으로 나타나기 시작했다고 분석했다. 심지연·김민전. 2006. 『한국 정치제도의 진화경로-선거·정당·정치자금제도-』. 백산서당. 456.

2 금권선거·동원선거·조직선거·폭력선거

우리나라 선거문화를 말하면서 빼 놓을 수 없는 오랜 문화양상은 아마도 조직선거, 금권선거, 동원선거일 것이다. 이러한 선거문화는 초기 선거부터 민주화를 거친 이후까지 오랜 시간 지속되어 온, 따라서 선거과정에서 매우 일상적으로 회자되는 선거양상이다.

앞서 살펴본 것처럼 민주화 이전에도 금권선거는 우리나라 선거의 일상적인 모습이었고, 각 단체를 이용한 조직선거도 보편적 선거문화 중 하나였다. 자의적 참여였든 물질의 유인이었든 간에 과거 선거과정에서 유세장에는 많은 청중들이 몰려들었고, 언제나 막걸리 통이 늘어선 잔치판이 벌어졌다. 고무신 한 짝 씩을 들고 집으로 돌아가는 유권자들의 모습도 흔히 볼 수 있는 선거판의 풍경이었다. 민주적 측면에서는 부정적인 양상이었으나, 기울인 술잔으로 거하게 취한 유권자들이 만드는 춤판을 보면 다른 한편으로 유세장은 배고픔과 고된 삶에 지친 민초들의 안식과 즐김의 자리였을지도 모른다.

그러나 민주화를 거치면서도 이러한 청중동원과 금품제공의 선거문화는 쉽게 사라지지 않았다. 오히려 이전보다 더 조직적이고 인위적인 청중동원을 통한 이른바 '세(勢)대결' 문화가 심화되고 고착되는 양상을 보였다. 이러한 과정에는 여러 가지 요인들이 작용했겠지만 무엇보다도 대통령선거는 물론 국회의원선거에서도 한 사람의 당선자만이 모든 것을 취하는 승자독식의 소선거구제가 도입되면서 정당과 후보자들이 극도로 치열한 경쟁을 벌여야 하는 선거환경이 중요한 요인이었다. 이러한 선거환경은 선거과정에서 법질서와는 무관한 당선 제일주의 문화를 형성하게 되고, 그 결과 조직·금품·동원·폭력선거로 연결되는 부정적 선거문화의 악순환이 반복되었다.

제13대 대통령선거와 제13대 국회의원선거 과정을 살펴보면 선거를 위한 각종 조직들이 등장하는 것을 볼 수 있다. 대표적으로 ○○산악회, ○○청년회, ○○향우회와 같이 틀을 갖춘 조직은 물론이거니와 사랑방좌담회와 같은 점조직이 등장하기도 한다. 언론에서는 이러한 조직을 이용한 금권선거를 다룬 기사들이 쏟아져 나왔다. '금권선거 쟁점화', '사랑방 좌담회 금품제공 루트로',

'점조직으로 은밀히 동원', '유세장마다 일당 청중', '정당 안 가리고 돈 좇는다' 등을 타이틀로 내세운 신문기사들은 금품을 이용한 인위적 인력동원에 대한 언론 비판의 대표적 사례들이다.

조직선거와 동원선거는 금품선거를 수반하였고, 이를 통해 동원된 각 조직과 세력들이 진영논리에 의해 첨예하게 대립하면서 폭력선거로 이어지는 악순환의 고리를 형성하였다. 이와 관련하여 당시 언론에서는 '폭력 – 타락 극심', '유세장 폭력 일부 정당서 사주', '이래야만 하나' 등의 제목이 붙은 기사와 함께 동원선거와 폭력선거의 현장사진들을 게재하였다.

각종 산악회, 향우회 등의 행사에는 음료수 박스와 여비가 전달되었고, 점조직을 통해 돈 봉투와 시계 등의 물품이 각 가정 또는 개별 유권자에게 전달되기도 했다. 합동연설회장에는 금품을 제공하고 동원된 사람들의 자리싸움과 연호 제청 대결이 치열했고 동원한 측 후보의 연설이 끝나면 밀물처럼 자리가 비워지는 모습도 흔한 선거풍경이었다. 그 과정에서 연설회장 곳곳에서는 진영 간 몸싸움 또는 폭력도 빈번하게 벌어졌다. 선거 때만 되면 거창하게 실시되는 지구당 창당대회에서도 수많은 인력이 동원되어 선거의 열기를 더 했고, 자원봉사자라는 이름을 단 불법 유급인력들이 암암리에 선거운동을 벌이는 것도 암묵적으로 용인되는 일반적 현상이었다.

민주화 이후 과도기적 기간을 거치면서 조직·금품·동원·폭력선거는 오랜 시간 동안 우리나라 선거문화를 지배했다. 이러한 선거문화에 따른 폐해가 고질병처럼 이어지자 결국 이를 개선하기 위한 제도개선이 모색되기 시작하였다. 그 결과 2004년과 2005년 고비용 선거구조 개혁을 위한 제도개선이 이루어져 합동연설회, 정당집회, 지구당이 폐지되었다. 또한 금품선거를 막기 위해 50배 과태료와 신고포상금제도가 도입되었다. 이러한 노력과 제도개혁을 통해 조직·금품·동원·폭력선거는 상당부분 개선되었고, 선거문화의 변화와 발전이 진행되기 시작하였다.

3 불법·탈법 선거와 선거불신

민주화 이후 나타난 승자독식의 제로섬(zero-sum) 경쟁은 정당과 후보자들이 스스럼없이 온갖 불법·탈법선거 운동에 나서게 했다. '당선만이 살길이다'라는 극단적 인식 속에 불법을 저질러서라도 당선되는 것이 유일한 목적이 되면서 선거법은 정당과 후보자들에게 아무런 현실적 제약으로 작용하지 못하였다. 그 결과 선거에서 정당과 후보자들이 선거법을 경시하는 풍조가 만연하게 되었다.

이러한 환경 속에서 선거과정에서는 앞서 살펴본 조직·금품·동원·폭력선거는 물론이거니와 선거법에서 명시하고 있는 법정 선거운동도 완전히 무시되는 무법천지의 상황이 연출되기도 했다. 제13대 대통령선거에서는 온갖 불법선전물들이 제한된 수량과 무관하게 나붙었고, 후보자 연설회 이후에는 대량의 유인물들이 바닥에 나뒹굴었다. 선거관리위원회의 검인을 받지 않은 불법 현수막이 거리에 넘쳐나면서 선거법이 규정한 현수막 매수 규정 또한 무시되는 것이 일반적이었다. 상대 후보자를 비방하는 불법 흑색선전물도 여야 후보 구분 없이 선거법의 테두리를 벗어나 무분별하게 살포되었다.

1988년 제13대 국회의원선거는 물론 1989년부터 이어진 국회의원재·보궐선거에서도 이와 유사한 상황들이 계속적으로 반복되었다. 특히, 1989년 동해시 및 서울시 영등포구재선거에서는 중앙당이 지나치게 개입하여 선거분위기가 과열되어 불법선전물의 범람, 금품제공, 불법 가두방송, 폭력사태의 발생, 정당집회를 빙자한 대규모 불법집회 등 불법·탈법행위가 재연되면서 '타락한 후보자와 타락한 유권자가 벌이는 황금축제', '타락선거의 백화점'이라는 오명을 남겨야 했다.

이처럼 불법선거가 만연한 과도기적 상황에서 선거 주무기관이었던 선거관리위원회도 불법행위를 엄격하게 통제해 내지 못하는 것이 당시 실정이었다. 이는 선거관리위원회에 대한 신뢰의 문제와 연결되어 있었고, 그에 따라 선거에 대한 국민적 불신도 팽배했다. 1987년 제13대 대통령선거에서 발생한 '구로구을선관위 우편투표함 탈취사건'[15]이나, 'KBS 개표방송 컴퓨터 조작

---

15) 구로구을선관위 우편투표함 탈취사건에 대한 자세한 내용은 중앙선거관리위원회. 2009. 『대한민국선거사』 제4집. 에스아이케이알. 577~583 참조.

설'16) 등은 대표적으로 선거불신이 반영된 사례였다.

전자의 사례는 개표를 위해 이송하려던 부재자우편투표함을 부정투표함으로 오인하면서 군중들이 투표함을 탈취하고, 결국 점거농성으로 확대된 사건이다. 후자의 사례는 신속한 개표결과 방송을 위한 방송국의 예측방송 과정에서 일부 착오로 빚어진 논란이었다. 필자의 직접적인 선거관리 경험에 근거해도 당시 중앙선거관리위원회는 개표결과 집계에 컴퓨터를 이용하지 않았고 개표사무조사원들이 수작업으로 집계했기 때문에 컴퓨터 조작은 있을 수 없는 일이었다. 그럼에도 불구하고 이러한 사건들이 벌어진 것은 당시 선거과정에서 선거법 경시로 인해 자행된 온갖 불법·부정행위들과 그에 대한 선거관리위원회의 통제 미약으로 인하여 형성된 국민들의 선거불신이 결합되어 만들어진 결과였다. 선거불신은 과도기적 민주화 기간에 나타난 우리나라의 대표적인 선거문화였고, 이러한 불행한 과거사는 꽤 긴 시간 동안 부정선거 시비와 논란을 야기해 왔다.

4 정당의 비민주적 후보자 선출

선거과정의 공식적 출발은 정당의 후보자 선출에서부터 시작된다. 물론 무소속 출마가 보장되어 있는 상황에서 정당의 후보자 선출이 전부는 아니지만 정당의 보호와 육성이 헌법에 보장되어 있고, 정당 중심주의의 정치현실에서 정당의 후보자 선출은 선거의 첫 단추이자, 민주적 선거 실현을 위한 중요한 요인이다. 그러나 우리나라의 정당 후보자 선출과정은 공정한 경쟁이라는 민주적 선거의 기본적 가치를 실현하지 못해 왔다.

과거 우리나라 정당의 후보자 선출과 관련된 가장 대표적으로 표현은 '밀실공천'이 아닐까? 정당의 후보자 선출과정이 비경쟁적이고 투명하게 공개되지 않는다는 것이다. 우리나라는 1954년 3대 국회의원선거를 앞두고 자유당이 정당공천제를 도입한 이래 민주화 이후까지 긴 시간 동안 정당의 최고지도자나

---

16) KBS 개표방송 컴퓨터 조작설에 대한 내용은 중앙선거관리위원회. 2009. 앞의 책. 590~592 참조.

소수 지도자들이 국회의원 후보를 선정하는 하향식 공천방식을 유지해 왔다. 그나마 야당의 경우 1970년대까지는 당내 경선이 일부 실현되어 여당보다는 민주적이었다는 평가를 받기도 했다. 그러나 1980년대에 들어와서는 야당 내에서도 여당의 경우와 마찬가지로 당내 자유경선보다는 권위를 가진 특정지도자가 전권을 행사하는 비민주적 방법으로 엘리트 충원이 이루어졌다.[17]

우리나라 정당은 해방 이후 정당 성립 초기부터 '명망가 정당' 또는 '1인 정당'으로 분류될 만큼 특정인의 지배하에 놓인 구조였다. 민주화 이후 형성된 이른바 '1노 3김'의 시대에도 이러한 현상은 계속해서 이어졌고, 특히 1인 정당의 성격이 강하여 공직선거 후보자는 대부분 당 총재, 또는 대표자의 의지에 의해 결정되었다. 정당의 사당화라는 비판은 이러한 정당구조에서 비롯된 것이다.

1987년 민주화 선언 이후 국회의원 공천과정은 여전히 비민주적이었으나 소선거구제의 도입으로 인하여 과거에 비해 경쟁은 더욱 치열해 졌다. 이와 더불어 지역주의 투표행태가 고착되기 시작하면서 지역패권을 가진 정당지도자의 영향력도 더욱 증대되었다. 이러한 상황 속에 정당 지도자들은 자신의 정치적 영향력을 증대하고 정치자금을 비롯한 정치적 자원을 확대하는 가장 중요한 수단으로 국회의원 공천권을 독점적으로 행사하는 경향이 높아졌다.[18] 이러한 요인들이 1인 중심의 정당 사당화를 가능하게 만든 것이다. 대통령선거에서는 시스템화되어 있는 공천과정을 통해 후보자를 선출하는 것이 아니라 패권을 가진 당 대표나 지도자를 후보로 추대하는 것이 일반적인 양상이었다.

이러한 비민주적이고 폐쇄적인 정당 공천구조로 인하여 민주화 이후 과도기를 거치는 동안 우리나라 선거에서 후보자 선출은 계파 간 줄 세우기와 공천을 둘러싼 계파 갈등, 특별 당비 납부라는 형식적 절차를 가장한 돈 공천 등 부정적 공천문화를 불러왔다. 이로 인하여 공직선거 후보공천 과정에 대한 비판이 끊이지 않았고, 지속적으로 공천시스템의 개혁과 당내 민주주의에 대한 요구도 이어져 왔다. 이처럼 폐쇄적 정당공천이 과도적 선거문화의 또다른 단면이었다.

---

17) 윤형섭·신명순 외. 1988. 『한국정치과정론』. 법문사. 495.
18) 김용호. 2001. 『한국 정당정치의 이해』. 나남출판. 413.

제4절 │ 선거문화의 개선 노력과 성과

　　민주화 이후 과도기적 과정을 거치면서 오늘날 우리나라 선거문화는 빠르게 발전해 가고 있다. 이전 선거문화의 대표적 현상이었던 조직·금품·동원·폭력선거 양상은 급격하게 줄어들었고, 이를 대체하여 미디어 중심의 선거, 정책선거 등 보다 성숙한 선거문화가 점차 확산되고 있다. 정당의 후보자 선출과 관련된 1인 패권현상도 이른바 3김(김영삼, 김대중, 김종필)시대의 종식과 함께 약화되기 시작하면서 당내 경선 확대 등 변화된 모습을 보이고 있다. 이러한 변화는 결국 선거에 대한 신뢰를 상당히 회복시켰다. 하지만 일부 변화에도 불구하고 한국 선거문화의 고질적 병폐로 평가되는 지역주의 현상은 여전히 해결해야 할 과제로 남아 있다. 이처럼 지금도 선거문화 개선 노력이 끊임없이 진행되고 있는 상황에서 그간의 개선 노력과 성과를 되짚어 보고 이후의 개선 방향을 모색하는 것은 의미 있는 일이 될 수 있다.

1 미디어 중심 선거의 확산

　　과거 선거에서 선거운동은 주로 후보자와 유권자의 대면접촉(face-to-face)을 통한 방법이 일반적이었다. 우리는 과거 선거풍경에서 후보자들이 연설회나 거리유세 등을 통해 유권자를 직접 앞에 두고 자신에 대한 지지를 호소하는 모습을 흔히 볼 수 있었다. 1987년 제13대 대통령선거에서 100만 명의 청중이 모인 후보자 연설회, 1988년 제13대 국회의원선거에서 후보 진영 간 자리싸움을 하던 합동연설회 등은 이러한 과거 선거운동 양상을 잘 보여주는 대표적 사례이다. 특히, 합동연설회는 후보자의 입장에서 유권자에게 다른 후보와의 차별성을 인식시키는 동시에 자신에 대한 지지세를 과시할 수 있는 기회를 제공하고, 유권자의 입장에서 모든 후보를 함께 직접 보고 판단할 수 있는 기회의 장이 된다는 점에서 양자 모두에게 중요한 선거운동 방법이었다.[19]

---

19) 심지연·김민전. 2006. 『한국 정치제도의 진화경로─선거·정당·정치자금제도─』. 백산서당. 463.

그러나 이러한 선거운동 행태는 많은 인력 동원을 통한 세 대결, 불법적인 선거운동원 양산, 그에 따른 불법 선거자금의 모금 및 집행 등 많은 문제점을 안고 있었다. 대중집회와 거리연설 등이 불러온 역기능에 대한 비판이 지속되는 가운데 선거운동의 방식은 점차 미디어 중심의 선거운동으로 대체되어 갔다. 특히 2004년 제17대 국회의원선거를 앞두고 합동연설회와 정당연설회 제도가 폐지되면서 선거운동 방식은 일대 전환기를 맞았다.

사실 미디어를 통한 선거운동은 민주화 과정에서 이미 그 첫발을 내딛기 시작하였다. 1987년 대통령선거는 조직·동원선거가 지배한 선거였지만 처음으로 방송시설을 이용한 연설, 대담·토론이 법적으로 도입되었고, 경력방송과 신문광고도 허용되었다.[20] 이후 1992년 제14대 국회의원선거에서도 언론매체를 이용한 경력방송과 대담·토론 방송 등이 제도적으로 도입되었다.

1994년 「공직선거 및 선거부정방지법」(통합선거법)이 제정되면서 신문이나 TV 등 언론매체를 이용한 선거운동 방법은 본격적으로 활성화되기 시작하였다. 당시 통합선거법에서는 전근대적인 선거운동 형태를 방지하고 언론매체를 이용한 현대적 선거운동 방법을 확대하기 위하여 대통령선거와 시·도지사선거에서 일정 횟수의 일간신문 흑백광고와 TV와 라디오 방송광고를 할 수 있도록 했다. 또한 언론기관 등의 후보자 등 초청 대담·토론회도 도입하였다.

이후 대담이나 토론회는 제15대·제16대 국회의원선거를 거치면서 급격하게 증가하였다. 이는 실외에서 사자후를 토하는 대결에서 실내 토론(debate)의 대결, 이미지(image)의 대결로 선거운동 방식이 변하고 있었음을 의미하는 것이며, 통합선거법에서 방송연설과 방송광고의 횟수를 증가시킴에 따라 이러한 추세는 가속화 되었다.[21]

1997년 제15대 대통령선거에서는 본격적인 '미디어 정치'가 등장하는 새로운 정치환경이 조성되는 계기가 마련되었다. 법으로 규정된 선거방송 토론회와

---

20) TV의 확대 보급에 따라 대통령선거 기간 중 이미지 메이킹으로서 TV가 보여준 영향력은 'TV선거시대'의 개막을 알리기에 충분했고, 정치광고를 통한 후보자의 상품화, 선거 쇼 비즈니스화, 대량생산과 대량소비 등 대중문화의 색채가 두드러지게 나타났으며, 이는 우리의 선거문화를 대중문화의 형태로 표출시키는 일대 전기가 되었다. 김승환. 1988, "선거문화와 대중문화". 한국언론진흥재단. 「신문과 방송」. 54.

21) 심지연·김민전. 2006. 『한국 정치제도의 진화경로─선거·정당·정치자금제도─』. 백산서당. 464.

TV연설, 각종 정치광고가 선거의 전반적인 상황을 주도하면서 선거운동이 언론 매체를 통해 이루어지는 '미디어크라시(mediacracy)', '텔레크라시(telecracy)', '미디어 정치'의 시대가 정착되는 단계에 접어든 것이다.[22] 이러한 변화과정 속에 제17대 국회의원선거를 앞두고 이루어진 합동연설회와 정당연설회 제도의 폐지는 선거운동 방식의 대전환을 이끌었다.

이후 대통령선거와 국회의원선거에서 정당과 후보자의 TV토론과 정치광고는 일상적인 선거운동으로 자리 잡았고, 유권자 또한 이를 자연스럽게 수용하고 있다. TV토론은 가장 생생하게, 그리고 많은 유권자에게 후보와 정당의 정책·정견을 제공할 수 있는 수단이다. 또한 유권자들이 후보자의 자질, 소양, 식견, 이념, 비전, 입장, 정책 등을 비교 파악할 수 있을 뿐만 아니라 선거비용을 줄이고 선거 과열과 타락을 방지하는 한편, 정책대결을 이끌 수 있는 이성적 수단이 된다.[23] 물론 다른 한편으로는 TV매체가 갖는 이미지와 감성적 효과로 인하여 정책선거와 인물검증의 본질을 훼손하거나 왜곡할 수 있다는 문제점이 제기되기도 한다.

그러나 미디어시대로 불리는 오늘날의 현실을 감안하면 일단의 부정적 효과와 문제점에도 불구하고 미디어선거는 필연적인 선택이 될 수밖에 없고, 개선책을 통한 제도적 보완이 전제된 현실적 대안일 수밖에 없다. 이제 대통령선거는 치열한 정치광고 전쟁이 되고 있고, TV토론은 유권자들이 가장 효과적으로 후보와 정당을 비교하는 선거운동이 되고 있다. 선거기간 중 마치 상품광고와도 같이 이미지를 전달하는 후보자들의 정치광고, TV를 통해 방송되는 후보자 및 찬조자의 연설, TV토론을 통해 후보자들이 벌이는 날선 설전은 더 이상 낯선 풍경이 아니다.

---

22) 정성호. 2006. "선거와 정치커뮤니케이션의 역할." 한국커뮤니케이션학회 학술세미나 「17 대 총선과 미디어선거」 발제문(2006. 11. 30). 5.

23) 이효성. 1997. 『대통령선거와 텔레비전 토론』. 나남. 23.

2 참여문화의 확대

대의제민주주의에서 선거는 국민이 주권을 행사하는 가장 현실적이고 대표
적인 수단이다. 따라서 유권자의 선거참여 정도는 대표자의 대표성과 정통성
(legitimacy)의 수준을 의미하기도 한다. 만일 선거에서 유권자 중 과반수도 되지
않는 사람만이 투표에 참여하고, 그 가운데 과반수도 되지 않는 득표율을 획득
하여 당선되었다면 그 후보자는 전체 유권자의 25%도 되지 않는 지지로 대표
자가 된 것이다. 이와 같은 이유로 공직선거 당선자의 대표성과 정통성에 대한
논란이 야기되는 예들도 쉽게 경험할 수 있다. 예를 들어, 투표율이 20~30%
수준에 머무는 재·보궐선거의 경우에는 늘 대표성 시비가 따라다닌다. 심지어
1987년 대통령선거에서는 투표율이 89.2%였음에도 불구하고 당선자였던 노태
우 후보의 득표율이 36.6%에 불과해 민주적 대표성 논란이 일기도 했다.[24]

그러나 유권자의 선거참여가 단순히 투표에 참여했다는 것만을 의미하는
것은 아니다. 당선자의 대표성 또한 단지 자신이 득표한 지지율에만 국한되지
않는다. 유권자의 선거참여는 각 정당의 후보자 선출과정의 참여, 정당 및 후
보자의 정책에 대한 비교·평가 및 토론 참여, 선거에 관심 제고 활동 등을 모
두 포함하고 있으며, 그 궁극적인 행위가 바로 투표인 것이다.

유권자의 선거 참여 가운데 가장 큰 문제점으로 지적된 점은 궁극적 행위
가 되는 투표율이 점차 낮아져 대의제민주주의의 위기를 불러오고 있다는 것이
다. 투표율 하락은 선진국으로 가는 과정에서 나타나는 일반적 현상 중 하나이
다. 그러나 그 수준이 과반수도 미치지 못할 만큼 떨어지게 되면 낮은 대표성
으로 인하여 대의제민주주의의 근간이 훼손될 수도 있다. 대표자가 얼마만큼의
국민들을 대표하는 것일까라는 간단하지만 중요한 물음에 봉착할 수밖에 없다.
그래서 대의제민주주의에서는 일정 수준의 투표율과 지지율을 필요로 한다.

우리나라의 경우는 어떨까? <표 6-2>는 민주화 이후 전국단위의 공직
선거 투표율을 정리한 것이다. 투표율은 일반적으로 대통령선거, 국회의원선거,

---

24) 한국선거학회(편). 2011. 『한국 선거 60년: 이론과 실제』. 도서출판 오름. 192.

지방선거의 순이었고, 이는 선택하는 대표자에 대한 유권자 관심 정도의 차이를 반영하고 있다. 민주화 직후 90%에 육박했던 대선 투표율은 17대 대통령선거에서 63.0%까지 하락했고, 75% 수준이었던 국회의원선거도 19대에 50%이하로 급락했다. 동시지방선거의 경우에도 제3회 지방선거에서 50% 이하를 기록했다.

〈표 6-2〉 민주화 이후 공직선거 투표율

대통령선거	국회의원선거	동시지방선거
13대(89.2)	13대(75.8)	제1회(68.4)
14대(81.9)	14대(71.9)	제2회(52.7)
15대(80.7)	15대(63.9)	제3회(48.9)
16대(70.8)	16대(57.2)	제4회(51.6)
17대(63.0)	17대(60.6)	제5회(54.5)
18대(75.8)	18대(46.1)	제6회(56.8)
−	19대(54.2)	−

이처럼 대의제민주주의 위기에 대한 우려 속에 선거문화 개선을 위한 중요한 변화 중 하나는 투표율 제고 노력의 확대이다. 1차적으로 선거 주무기관인 선거관리위원회가 선거·비선거 기간에 관계없이 선거에 대한 국민적 관심 제고 및 적극적인 투표참여 운동을 벌이고 있다. 각 정당 및 시민단체 또한 투표참여를 독려하고 있으며, 유권자들도 개인적인 투표참여 캠페인에 동참하고 있는 추세이다.

선거 때가 되면 선거의 중요성과 국가의 변화와 발전을 위한 투표참여 독려 포스터가 만발하고 방송 캠페인이 성황을 이룬다. 선거관리위원회는 물론 각 단체 및 개인들의 투표참여 퍼포먼스는 이제 쉽게 접할 수 있는 선거풍경이 되었다. 특히, 오늘날 활성화되고 있는 소셜 네트워크 서비스(SNS, Social Network Service)를 통해 유권자들이 투표참여 사진 등을 게재하여 투표참여 동참 릴레이 캠페인을 벌이는 모습은 새롭게 등장한 선거참여 문화의 한 단면이다. SNS는 인터넷의 영향과 달리 보다 적극적인 투표참여의 독려수단으로 거론되고 있으며, 언제나, 어디서나, 누구나 참여할 수 있는 이른바 보편적 참여 (universal participation)를 가능하게 할지도 모른다는 기대까지 받고 있다.[25]

이러한 노력의 결과였을까? 최근 실시된 공직선거에서는 세 가지 선거 모두에서 투표율의 회복세를 보였다. 대통령선거는 12% 상승했고, 국회의원선거도 과반수 이상의 참여율을 회복했다. 동시지방선거도 소폭이지만 상승세를 이어갔다. 이러한 결과들만으로 명확하게 선거참여의 확대 현상이 일어나고 있다고 단정할 수는 없다. 더 지켜 볼 일이다. 그러나 전반적으로 선거의 중요성을 일깨우는, 그리고 투표참여를 독려해 가는 선거문화적 현상은 대의제민주주의 위기론 속에 의미 있는 변화 중 하나인 것만은 분명해 보인다.

투표참여와 더불어 오늘날 선거참여를 이끄는 또 다른 변화 중 하나는 정당의 후보자 선출과정의 유권자 참여문화이다. 앞서 지적한 것처럼 우리나라 선거에서 정당의 후보자 공천은 정당 지도자 또는 소수계파의 독점적 권한이었다. 소위 말하는 하향식 공천이 일반적 양상이었다.

그러나 민주주의의 한 축을 담당하는 당내 민주주의의 시대적 흐름은 상향식 공천이라는 거스를 수 없는 대세를 형성하고 있다. 그 결과 정당 후보자 선출과정에서 이전에는 생각할 수 없었던 국민참여라는 새로운 문화를 형성하게 되었다. 심지어 오늘날에는 오픈프라이머리(open primary)라는 완전국민경선제가 중요한 정치적 논제로 대두되고 있다.

정당의 후보자 선출은 정당의 고유한 기능이므로 정당정치의 활성화를 위해 후보자 선출권은 당원에게만 주어지는 고유의 권한이어야 한다는 주장도 있다. 또한 정당 후보자 선출과정에 국민이 참여하는 것이 과연 올바른 것일까에 대한 논란도 여전히 진행 중인 논쟁점이다. 그러나 국민참여의 옳고 그름과 장단점은 논외로 하더라도 정당의 후보자 선출과정에 대한 국민의 관심과 참여가 높아진 것만은 부정할 수 없는 현상이며, 과거와 달라진 선거문화임에는 틀림없다.

각 정당은 그 비율과 방법을 달리하고 있지만 지방선거와 국회의원선거는

---

25) 송효진·고경민. 2013. "SNS 정보서비스의 질, 정치 효능감, 그리고 정치참여의 촉진." 한국정당학회 「한국정당학회보」 제12권 제1호. 178.

물론 대통령선거에까지 국민의 참여를 수용하고 있으며, 무엇보다도 공천권을 당원에게 돌려주는 상향식 공천을 점차 확대해 가고 있다. 후보자 선출과정에의 참여 확대는 여전히 우리나라 정치현실에서 제도적 문제와 정치문화적 한계를 보이고는 있다. 그럼에도 불구하고 당원들의 의무감을 높이고 선거에 대한 국민들의 관심을 제고함으로써 상향식 공천이라는 당내 민주주의의 실현에 기여할 수 있다는 점에서 긍정적 성과를 이룰 수 있는 제도적 보완과 현실적 대안 마련을 위한 노력은 필요해 보인다.

3 새로운 커뮤니케이션의 시대 : SNS 선거

오늘날 대중문화를 지배하는 가장 대표적인 용어는 바로 'SNS'이지 않을까? SNS(Social Network Service)는 온라인상에서 불특정한 타인과 관계를 맺을 수 있는 서비스로, "온라인 공간에서 공통의 관심이나 활동을 지향하는 일정한 수의 사람들이 일정한 시간 이상 공개적으로 또는 비공개적으로 자신의 신상정보를 드러내고 정보 교환을 수행함으로써 대인관계망을 형성토록 해 주는 웹 기반의 온라인 서비스"로 정의될 수 있다.[26] 오늘날 SNS의 발달과 확산은 기존의 인간관계 및 커뮤니케이션 양식을 획기적으로 전환시키고 있으며, 그 결과 정치, 경제, 사회, 문화 등 사회 전 분야에 걸쳐 문화양식의 변동을 이끌고 있다. SNS의 발달은 입소문을 통해 정보가 세계로 확산·파급되는 새로운 대중매체의 시대를 열고 있으며, word of mouth(지역적 입소문)라는 말은 이제 world of mouth(지구촌 입소문)라는 말로 바뀌어 가고 있다.

SNS의 활용 확대 및 문화양식의 변화는 선거분야에서도 예외가 아니다. 선거과정에서 SNS는 기본적인 정보전달 수단뿐만 아니라 공명선거 홍보 캠페인, 후보자의 선거운동, 유권자의 정치적 의사표명 그리고 양자 간의 커뮤니케이션, 공약에 대한 공공 담론의 장 제공 등 다양한 기능을 수행하고 있다. 유권자들은 SNS를 통하여 선거 이슈나 관련 사건에 관한 뉴스보도 내용을 둘러

---

26) 네이버 지식백과(http://terms.naver.com/entry.nhn?docId=1526243&cid=42171&categoryId=42180. 검색일: 2015. 7. 21)

싸고 토론과 논쟁을 벌이고, 정당이나 후보자들은 SNS를 통해 정책 공약을 홍보하거나 SNS 상의 주요 이슈를 파악하여 후보자에 대한 지지를 동원한다.[27) 특히, SNS 선거캠페인의 정치적 동원 효과가 국내외에서 여러 차례 확인되면서[28) 선거영역에서도 이에 대한 관심은 더욱 확대되고 있다.

인터넷 강국이라 평가되는 우리나라는 1990년대 중반 이미 인터넷을 통한 선거캠페인이 전개되기 시작했다. 인터넷 사용 인구의 증가와 함께 2002년 대선에서는 인터넷의 중요성이 더 확연해 졌고, 유권자에게 후보자를 알리는 도구로써의 중요성 뿐만 아니라 자원봉사자를 모집하고 선거자금을 모금하는 데에서도 인터넷이 중요한 도구로 자리 잡으면서 인터넷 매체의 영향력 역시 급증하였다.[29) 대부분의 정당들이 인터넷 홈페이지를 구축하여 활용하고 있으며, 일부에서는 인터넷 정당 또는 사이버 정당을 모토로 내세우기도 한다. 특히 제17대 국회의원선거를 앞두고 이루어진 「공직선거법」 개정 결과 인터넷을 통한 선거운동이 허용되면서 인터넷 선거운동은 더욱 활성화되기 시작하였다.

그러나 인터넷 선거운동은 익명성이 보장되는 사이버공간의 특성으로 인하여 무책임한 흑색선전과 욕설이 난무하는 부정적 현상들을 수반하고 있다. 이에 인터넷 게시판 실명인증제, 선거운동 정보의 무차별적인 전송 제한, 사이버상의 선거범죄에 대한 통신자료 제출요구권 신설, 사이버선거부정감시단 설치 등 인터넷 선거운동의 부작용을 방지하기 위한 장치가 마련되기도 했다.[30)

웹 1.0시대라 불리는 초기 인터넷 시대의 선거캠페인은 정보제공 위주의 양상을 보였다. 그러나 이후 웹 2.0시대의 도래 및 확장은 쌍방향 커뮤니케이션의 공간을 더욱 확대시키면서 새로운 문화양상을 불러 오고 있다. 이용자가 직접 정보를 생산, 제공, 관리하는 개인 중심의 미디어가 발전하면서 홈페이지

---

27) 송효진·고경민. 2013. "SNS 정보서비스의 질, 정치 효능감, 그리고 정치참여의 촉진." 한국정당학회 「한국정당학회보」 제12권 제1호. 179.
28) 이소영은 2008년 미국 대선, 2010년 영국 총선거, 2011년 우리나라 4·29 재보궐선거와 10·26 재보궐선거 등은 SNS 선거로 명명될 만큼 온라인 네트워크가 큰 영향을 미친 선거들로 평가하고 있다. 이소영. 2016. "4·11 총선과 SNS 선거캠페인." 한국언론학회. 「한국언론심포지움 및 세미나 발표문」. 97.
29) 심지연·김민전. 2006. 『한국 정치제도의 진화경로-선거·정당·정치자금제도-』. 백산서당. 466.
30) 중앙선거관리위원회. 2013. 『국민과 함께 하는 선거관리위원회 50년사』. 박영사. 110.

중심의 인터넷 이용 행태가 블로그, 카페, 미니홈피로 진화하였고, 오늘날에 이르러서는 이른바 카페트(카카오톡, 페이스북, 트위터의 합성어)로 불리는 새로운 SNS 양식이 대세를 이루고 있다. 이러한 웹 2.0시대의 신형매체들은 스마트폰이라는 기계장치와 결합하여 시간과 장소에 구애받지 않고 보다 자유롭고 효율적인 커뮤니케이션을 이끌면서 그 위력을 점차 더해가고 있다.

우리는 이제 집에서, 지하철에서, 커피숍에서 많은 사람들이 SNS을 통해 커뮤니케이션 하는 장면을 너무나 쉽게 보고 있다. 많은 유형의 SNS 프로그램들이 생겨나고 있으며, 대부분의 사람들이 하나 또는 그 이상의 SNS 계정을 이용하고 있다. SNS가 지배하는 사회라고 해도 과언이 아닐 정도이다. 뉴스보도 보다도 SNS를 통해 더 빨리 정보가 전달되기도 하고, 소소한 논란에까지 전혀 관계가 없는 사람들이 참여하는 시대가 되었다. 하물며 시공간을 초월한 공론의 장에서 공공의 이슈가 되는 선거 담론은 어떠하겠는가?

이런 현상이 선거과정에서도 일상화되면서 대부분의 선거관계자(정당, 후보자, 유권자, 각종 단체 등)들이 SNS를 필수불가결한 수단으로 활용하고 있으며, 그 만큼 선거에서의 영향력도 커지고 있다. 특히 2011년 12월 29일 헌법재판소에서 「공직선거법」 제93조 제1항에 대해 한정위헌 판결31)을 내림으로써 인터넷을 이용한 상시적 선거운동이 가능하게 되자 이를 계기로 2012년 실시된 제18대 대통령선거부터는 훨씬 더 자유롭게 SNS가 선거에 활용되고 확산되었다. 그 결과 이전과 달리 사이버공간을 통한 새로운 형태의 선거문화가 형성되고 있다.

SNS가 만들어 낸 새로운 선거 양상들을 잠시 살펴보자. 우선 정당과 후보자의 경우 각종 SNS 사이트를 통해 정책, 공약, 정치일정, 주요이슈, 활동상황

---

31) 당시 공직선거법 제93조(탈법방법에 의한 문서·도화의 배부·게시 등 금지) 제1항에서는 누구든지 선거일전 180일부터 선거일까지 선거에 영향을 미치게 하기 위하여 이 법의 규정에 의하지 아니하고는 정당 또는 후보자를 지지·추천하거나 반대하는 내용이 포함되어 있거나 정당의 명칭 또는 후보자의 성명을 나타내는 광고, 인사장, 벽보, 사진, 문서·도화, 인쇄물이나 녹음·녹화테이프 그 밖에 이와 유사한 것을 배부·첩부·살포·상영 또는 게시할 수 없도록 하고 있었다. 헌법재판소는 이 가운데 '그 밖에 이와 유사한 것'에 '정보통신망을 이용하여 인터넷 홈페이지 또는 그 게시판·대화방 등에 글이나 동영상 등 정보를 게시하거나 전자우편을 전송하는 방법'이 포함되는 것으로 해석하는 한 헌법에 위반된다며 한정위헌을 결정하였다. 헌재결 2011. 12. 29. 2007헌마1001, 2010헌바88, 2010헌마173·191(병합).

등 다양한 정보와 메시지를 국민들에게 전달하고 있다. 이러한 정보들은 네트워크 서비스를 통해 불특정 다수에게 실시간으로 전달되고, 주요 이슈는 일파만파로 논쟁의 장에 올려 진다. 특히, 선거를 앞두고 후보자들은 자신의 일상생활, 선행 등 자연스러운 일상의 모습을 전달하며 국민친화적인 이미지를 만들어 가고 있다. 후원회, 출판기념회, 봉사활동, 세미나 등 모든 공고 또는 광고 메시지도 당연히 SNS를 통해 고지하고 공유한다. 자신에 대한 잘못된 정보에 대해서는 소명하고 방어하는 정보를 적극적으로 재생산한다. 때로는 갈등의 당사자가 되는 후보 간 사이버 공방이 벌어지기도 하고 이를 유권자와 공유하기도 한다. 이러한 정보들은 나와 직접적인 관련이 없다하더라도 얽히고설킨 네트워크를 통해 순식간에 전달되고 있다.

유권자들은 SNS를 이용하여 자신이 필요로 하는 정당, 후보자, 정책 등을 손쉽게 수집할 수 있고, 이에 대한 자신의 정치적 견해를 일상적으로 다수의 대중에게 표출할 수 있다. 선호하는 정당과 후보자에 대한 개인적인 지지 또는 반대의 견해를 제약 없이 전달하고 있으며, 이를 통해 적극적인 정치참여 활동을 벌여나가기도 한다. 선거일 투표장소를 배경으로 투표참여 사진을 올리고 다른 이들의 투표참여를 독려하는 모습은 유행처럼 번져 오늘날의 대표적인 선거문화로 자리잡아 가고 있다.

이제 유권자들은 직접적으로 후보자를 대면하지 않아도, 많은 시간을 들이지 않아도 언제나 쉽게 그들에 관한 정보를 획득하고 그 정보에 대한 다양한 의견 수렴을 통해 자신의 판단을 만들어 갈 수 있다. 그러나 다른 한편으로는 잘못된 정보와 무차별적이고 무한 확대 재생산되는 SNS의 특성으로 인해 오판과 군중심리에 휩싸이는 오류를 범할 가능성 또한 존재하는 것이 사실이다. 이러한 부정적 측면들은 진지하게 경계해야 할 대목이다.

선거관리위원회를 비롯한 국가기관 및 단체에서도 SNS를 공명선거를 위한 중요한 수단으로 활용하고 있다. 선거관리위원회는 SNS를 통해 보다 편리하고 효율적으로 선거에 대한 다양한 정보를 유권자에게 전달하고 있다. 후보자와 정당에게도 선거절차 안내, 불·탈법 기준과 사례, 각종 정치관계법 등의 정보를 제공함으로써 공명선거가 이루어질 수 있도록 노력하고 있다. 선거에 대한 관심을 제고하기 위한 다양한 이벤트 행사, 선거의 중요성과 적극적인 선거참여에 대한 홍보 또한 다양한 SNS 사이트를 통해 이루어지고 있다.

후보자와 유권자의 대면접촉, 군중집회를 통한 세 대결로 이루어지던 과거의 선거운동은 SNS의 발달로 새로운 선거문화와 선거운동 양상으로 대체되고 있다. 무제한적인 네트워크 시대에 SNS 선거는 현재로서는 수용해야 할 선거현상이다. 따라서 SNS가 선거에서 자유롭고 공정한 정책경쟁, 풍부한 정보 제공, 풍부한 토론의 장 형성 등 보다 긍정적인 기능을 할 수 있도록 선거환경을 보완해 가는 노력이 절실해 보인다. 긍정적 기능을 최대화 할 수 있는 법적 보완책에 대한 고민이 필요한 시점이며, 한편으로는 네거티브 선거나 허위사실을 통한 불공정 경쟁을 차단할 수 있는 제도적 장치 마련도 또 하나의 과제이다.

제 7 장

한국 선거의 진단과 평가

한국 선거의 진단과 평가

민주주의는 인류가 존재하는 한 공유해야 할 제도이며, 역사적으로 민주정치는 선거를 토대로 유지·발전되어 왔다. 선거는 자유민주주의에 있어 필수적 요소이자 민주주의 수준을 측정하는 핵심 요소이다. 특히, 대의제에서 선거는 민주주의의 출발이자 근본이며 핵심이다. 따라서 우리는 선거를 민주주의의 꽃이라 부른다. 그러나 민주주의의 꽃은 씨앗만 뿌린다고 아무데서나 쑥쑥 자라나는 것은 아니다. 끊임없이 관심을 가지고 가꾸어야 하며, 조금이라도 방심하면 상처입고 시들기 마련이다.

세계의 많은 나라들이 민주화 물결 속에 민주주의 정치체제로의 이행과정을 거쳐 왔다. 1970년대 카네이션 혁명,[1] 1990년대 구소련 해체 및 동구권 공산주의 붕괴, 2010년 쟈스민 혁명[2] 등이 대표적 사례들이다. 그러나 이러한

---

1) 카네이션 혁명(포르투갈어: Revolução dos Cravos, 별명: 리스본의 봄)은 1974년 4월 25일에 발생한 포르투갈의 무혈 쿠데타이다. 40년 이상 계속된 독재정권인 살라자르 정권과 계속되는 식민지와의 전쟁에 대한 반발감으로 좌파 청년 장교들이 주도하여 발생하였다. 카네이션 혁명이란 이름은 혁명 소식을 들은 시민들이 거리의 혁명군에게 카네이션을 달아 지지의사를 표시한 데서 비롯한다. 이 혁명 이후 포르투갈은 마카오를 제외한 모든 해외 식민지에 대한 권리를 일괄 포기하였으며, 정권은 군부의 과도정부를 거쳐 투표에 의한 민간정부로 이양되었다. 위키백과(https://ko.wikipedia.org/wiki/%EC%B9%B4%EB%84%A4%EC%9D%B4%EC%85%98_%ED%98%81%EB%AA%85. 검색일: 2015. 7. 22)

2) 북아프리카 중앙부, 지중해에 면한 공화국 '튀니지'에서 오랜 장기 집권, 부정부패의 부작용으로 일어난 시민 혁병으로, 튀니지 국화인 쟈스민에서 이름을 따 '쟈스민 혁명'이라고

민주주의 실험들이 모두 성공으로 이어진 것은 아니다. 민주적 선거 경험이 부족함에도 불구하고 체코, 슬로베니아, 르완다, 칠레, 아르헨티나 등은 성공적 사례로 분류될 수 있는 반면, 그 외 다수의 국가에서는 민주주의 실험이 좌초하거나 역주행하는 결과를 가져와 무늬만 민주주의 형식을 갖춘 고장난 민주주의 사례들도 빈번하다.

우리나라의 경우는 어떠한가? 우리나라는 서구 민주주의와 달리 오랜 기간 일본의 식민지를 경험한 후 해방과 더불어 서구의 민주주의 제도를 직수입하였다. 1948년 처음으로 근대적 민주선거를 실시한 이후 어느덧 67년의 시간이 흘렀다. 그 과정 동안 3·15 부정선거와 제1공화국의 종말, 제2공화국의 내각제 경험, 제4공화국의 유신시대와 제5공화국의 체육관선거를 거쳤고, 1987년 민주화를 경험했다. 그리고 다시 30년에 가까운 시간을 보냈다.

그렇다면 우리나라의 선거는 현재 어떻게 평가되고 그 수준은 어디까지 와 있을까? 이 장에서는 67년이라는 짧은 근대적 선거사를 가진 우리나라 선거에 대한 국제적 평가와 국제적 위상 등을 고찰함으로써 민주주의와 선거의 현재를 비교적 객관적으로 진단해 보고자 한다.

제1절 | 한국 선거에 대한 국제적 평가

한 나라의 민주주의나 정치수준을 객관적 데이터를 통해 산술적으로 평가하는 것은 쉬운 일이 아니며, 또한 그러한 평가 결과도 접하기가 쉽지 않다. 그렇다면 우리나라의 민주주의와 선거에 대한 수준은 어떻게 진단해 볼 수 있을까? 여기서는 영국의 이코노미스트지에서 지속적으로 조사하여 발표하고 있는 '민주주의 지수 평가'와 2014년 하버드대와 시드니대에서 공동으로 추진한 '선거공정성 지수 평가' 프로젝트 결과를 인용하고자 한다. 전자의 경우는 지속성이라는 측면에서, 후자의 경우는 민주적 절차에 의한 선거 실시의 공정성이

부른다. 쟈스민 혁명은 2010년 12월 튀니지를 시작으로 이집트, 리비아, 시리아 등 아랍 국가 전반에 확대되었고, 그 결과 30년 독재정권인 이집트 '호스니 무바라크'를 밀어내고 카다피 독재를 붕괴시키며 중동 주요국가에서 수많은 정변과 정치개혁을 일으켰다.

라는 관점에서 이루어진 평가라는 점에서 한국 선거에 대한 국제적 평가를 이해할 수 있는 유의미한 지표가 될 수 있을 것이다.

1 민주주의 지수 평가

영국의 경제·시사주간지 「이코노미스트」(economist)紙는 ˙산하 연구기관인 EIU(Economist Intelligence Unit)를 통해 세계 167개국을 대상으로 민주주의 상태를 조사하여 '민주주의 지수(democracy index)'를 발표하고 있다. 이 연구는 2006년 처음 시작되었으며, 2012년까지는 격년을 주기로 결과가 발표되었으나 2012년 이후부터는 매년 각 나라의 민주주의 지수를 평가·발표하고 있다.

지수평가를 위한 항목은 ① 선거과정의 투명성 및 다원주의 존중 ② 정부의 기능 ③ 정치참여 ④ 정치문화 ⑤ 시민의 자유 등 5개 범주로 분류하였다. 각 범주는 총 60개의 평가지표로 구성하고 각 항목은 기준에 따라 1점, 0.5점, 0점 등 세 가지로 구분하여 평가 값을 수량화하였고, 총 평점은 10점이다. 그 결과에 따라 각 나라를 네 가지의 국가유형, 즉 완전한 민주주의(Full democracy, 8.0~10.0), 불완전 민주주의(Flawed Democracy, 6.0~7.9), 혼합형 정치체제(Hybrid regime 권위주의 + 민주주의, 4.0~5.9), 권위주의(Authoritarian re-gime, 4.0 미만)로 분류하고 있다. 민주주의 지수 평가를 위한 5개 범주별 세부 평가항목은 <표 7-1>과 같다.

〈표 7-1〉민주주의 지수 평가 항목

5개 범주	세부 평가항목
선거과정 및 다원주의	• 의회·정부수반 선거의 자유 • 공정한 선거 • 지방선거의 자유·공정성 • 보통선거 보장 • 안전하게 투표권 행사 • 선거운동 기회의 법적보장

	• 정당 회계의 투명성 • 헌법 하에 선거로 정권이양(확립/투명/수용성 여부) • 시민의 정부로부터 독립된 정당형성 자유 • 야당들의 정부형성(정권획득) 실현성 • 모든 시민 공무담임권 보장 • 정치·시민단체 구성 자유, 국가 간섭·감시로부터 자유
정부의 기능	• 선출직 대표자가 자유롭게 정책 결정 • 정부의 부처보다 위에 있는 입법부 • 정부 권위에 대한 균형과 견제 시스템 • 군이나 경찰의 부당한 영향으로부터 자유로운 정부 • 정부의 기능과 정책이 외국으로부터 영향을 받지 않음 • 경제, 종교 등 특정그룹이 민주기관들만큼 정치력 발휘 • 정부의 유권자에 대한 책임 담보 메카니즘과 기관(선거 사이에) 　공권력이 전국에 미치는지 여부 • 정부기능의 개방 및 투명성(공공의 정보접근 보장) • 부패의 정도 • 공무원이 정부정책을 실현할 의지가 있고 실현 • 시민 스스로 선택하고 통제할 수 있는 자유에 대한 인식 • 정부에 대한 신뢰 • 정당에 대한 신뢰
정치참여	• 국가선거에 참여(2000년 이후 의회선거의 평균 투표율) • 정치과정에서 소수자(인종, 종교)의 합리적인 자치권과 표현 　가능성 여부 • 의회에서 여성비율 • 정치 참여도(정당과 비정부기구 회원) • 정치관심도 • 합법적인 시위 참여 준비 • 읽고 쓸 수 있는 능력(성인) • 정치 뉴스에 대한 성인의 관심도 • 당국의 의미 있는 정치참여 홍보 노력(교육 등, 국외선거인 참 　여수단 고려)
정치문화	• 민주주의가 발휘될 수 있는 사회적 합의, 핵심가치 여부 • 의회나 선거를 초월한 강력한 지도자에 대한 용인 • 군에 대한 선호도 • 전문가 통치나 테크노크라시에 대한 선호 • 민주주의가 공공질서 유지에 유용하지 않다는 인식 • 민주주의가 경제에 유용하다는 인식 　(공신력 있는 조사/민주주의가 경제시스템에 나쁜 영향을 준 　　다는 데 동의하지 않음)

	• 민주주의 지원에 동의 • 정교분리의 강한 전통
시민의 자유	• 전자(인터넷) 미디어 존재 • 자유 미디어 존재 • 표현의 자유 • 미디어 표지의 역동성, 공공이슈에 대한 공개적 토론, 여론의 다양성 • 인터넷 접근에 대한 정치적 제한 • 전문가조직(이익집단), 노동조합 형성의 자유 • 시민이 정부에 청원할 실질기회를 보장하는 기관 • 고문의 사용 • 재판의 정부영향으로부터의 독립 (국제 법률사법 감시기관의 견해 고려, 정부에 반하는 판결 한 적 있나?)

출처: EIU. 2015. *Democracy Index 2014.* "A report from The Economist Intelligence Unit." (http://www.eiu.com/public/topical_report.aspx?campaignid=Democracy0115. 검색일: 2015. 7. 22)

민주주의 지수 평가에서 우리나라는 어떤 수준으로 평가되고 있으며, 어떠한 국가형태로 분류되고 있을까? 이코노미스트지가 2006년 처음으로 민주주의 지수 'Democracy Index 2006'을 발표할 당시 우리나라는 완전한 민주주의 국가로 분류되지 못하였다. 조사대상 167개국 중 순위는 31위(총 평점 7.88점)였으며, 국가유형은 불완전한 민주주의였다. 다섯 가지의 평가영역 중 정부기능과 정치참여에 대한 평가점수가 7.14와 7.22로 그 수준이 낮았고, 정치문화와 시민의 자유에 대한 평가도 7.50점과 7.94점을 받아 완전한 민주주의로 평가되기에는 부족했다.

전체적인 민주주의 지수에서는 불완전한 민주주의로 평가되었지만 우리가 눈여겨 볼 부분 중 하나는 선거과정과 다원주의 분야이다. 이 분야의 평가에서 우리나라는 9.58점의 높은 점수를 받았다. 10점을 받은 9개국에 이어 공동 10위 수준이었다. 비록 전체적인 평가에서 불완전한 민주주의 국가유형으로 분류되었으나 선거분야에서만큼은 2006년 이미 세계 TOP 10 수준의 큰 성장을 이루었다.

2년 후 2008년 민주주의 지수 평가에서 우리나라는 처음으로 완전한 민주주의 국가로 전환되었다. 정부의 기능과 시민의 자유의 수준이 높아진 것이

범주 이동을 가져온 주요 원인이었다. 7.14점에 불과했던 정부기능 평가점수는 7.50으로 상승했고, 7.94점이었던 시민의 자유 평가점수도 8.24점으로 높게 평가되었다. 전체적인 평가 순위는 28위였다. EIU 보고서는 한국이 불완전 민주주의에서 완전한 민주주의로 전환된 것에 대해 '시민 자유의 개선과 군부통치로의 회귀에 대한 비체계적 위험(residual risk)의 추가 감소가 이를 뒷받침했다'고 평가했다.

이후 우리나라는 이어진 민주주의 지수 평가에서 완전한 민주주의 국가유형을 꾸준히 유지해 오고 있다. 또한 평가 순위도 세계 20위 수준을 유지해 오고 있다. 2014년을 기준으로 167개국 중 완전한 민주주의 국가가 24개국(14.4%)에 불과한 것으로 평가된 점을 고려하면 우리나라 민주주의가 짧은 기간 동안 얼마나 성장했는지 비교평가 할 수 있다. 그 이외에 52개국(31.1%)이 불완전 민주주의, 39개국(23.4%)이 혼합형 정치체제로 분류되었고, 권위주의로 평가된 국가도 52개국(31.1%)에 이르렀다.

〈표 7-2〉 한국의 민주주의 지수(2006~2014)

년 도	순위	총평점 (지수)	선거과정 및 다원주의	정부의 기능	정치참여	정치문화	시민의 자유
2006	31	7.88	9.58	7.14	7.22	7.50	7.94
2008	28	8.01	9.58	7.50	7.22	7.50	8.24
2010	20	8.11	9.17	7.86	7.22	7.50	8.82
2011	22	8.06	9.17	7.87	7.22	7.50	8.53
2012	20	8.13	9.17	8.21	7.22	7.50	8.53
2013	21	8.06	9.17	7.86	7.22	7.50	8.53
2014	21	8.06	9.17	7.86	7.22	7.50	8.53

출처: www.eiu.com

평가분야별 민주주의 지수를 보면 한국은 여전히 선거과정 및 다원주의 분야가 9점대의 높은 점수를 유지하며 완전한 민주주의를 이끌고 있다. 우리나라 선거의 발전성과 및 세계적 평가를 가늠할 수 있는 중요한 지표이다. 그러나 정치참여와 정치문화 분야는 2006년 이후 지속적으로 7점대 초중반의 낮은 점수가 변동되지 않고 있어 민주주의 발전을 위해 집중적으로 개선해야 할 과제가 되고 있다. 또한 정부의 기능도 2012년 8점대 평가를 받은 이후 다시 7점대 후반 수준에 회귀함으로써 계속하여 개선 노력이 필요해 보인다. 2006년 이후 이코노미스트지가 발표한 한국 민주주의 지수 평가 결과는 <표 7-2>와 같다.

2 선거 공정성 지수 평가

이코노미스트지의 민주주의 지수 평가와 함께 각 나라의 선거 수준을 객관적이고 더욱 직접적으로 비교 평가할 수 있는 가장 최근의 데이터로는 선거 공정성 지수가 있다. 선거공정성 지수(PEI, The Perceptions of Electoral Integrity index 2013)는 2014년 2월 미국 하버드대학교와 호주 시드니대학교가 공동으로 실시한 선거 공정성 프로젝트 결과 도출된 평가 지수이다.

선거 공정성 프로젝트는 전 세계에서 시행되는 선거의 질을 평가하기 위해 추진되었으며, 2012년 7월부터 2013년 12월말까지 대통령선거 또는 의회선거를 실시한 66개 국가 73개 선거를 평가대상으로 하였다. 전 세계의 선거 및 국가를 비교하기 위해 선거일정 별로 11개 분야를 구분하고 49가지의 세부항목을 통해 조사·평가하였다. PEI는 100점을 기준으로 환산한 후 점수에 따라 국가별 순위를 매겼고, 국가별 선거 공정성 수준은 높은 수준의 공정한 선거(High Integrity Contests), 보통수준의 공정한 선거(Moderate Integrity Elections), 낮은 수준의 공정한 선거(Low Integrity Elections)의 세 가지(높음 · 보통 · 낮음) 범주로 구분하였다. 선거 공정성 평가 세부항목은 <표 7-3>과 같다.

〈표 7-3〉 선거 공정성 평가 항목

기간	구 분	조 사 항 목
선거전	1.선거법	1-1 선거법이 군소정당에 불리함 1-2 선거법이 집권 정당에 유리함 1-3 선거법이 시민의 권리를 제한함
	2.선거절차	2-1 선거가 잘 관리됨 2-2 선거과정에 대한 정보에 쉽게 접근 가능함 2-3 선거를 관리하는 직원들이 공정함 2-4 선거가 법에 근거하여 실시됨
	3.선거구 획정	3-1 선거구가 일부 정당을 차별함 3-2 선거구가 재직자에게 유리함 3-3 선거구가 공정함
	4.선거인 등록	4-1 일부 시민들이 명부에 등록되지 않음 4-2 선거 명부에 오류가 있음 4-3 자격이 없는 일부 선거인이 등록되어 있음
	5.정당·후보자 등록	5-1 일부 상대 후보자의 출마가 제한됨 5-2 여성에게 동등한 출마 기회가 주어짐 5-3 소수 민족에게 동등한 출마 기회가 주어짐 5-4 일부 정당의 대표가 후보자를 선택함 5-5 일부 정당/후보자가 선거운동 집회를 여는 것이 제한됨
선거운동	6.선거보도	6-1 신문사가 공평한 선거관련 소식을 제공함 6-2 TV 뉴스가 집권 정당에게 유리함 6-3 정당/후보자에게 정치관련 방송이나 광고출연에 동등한 기회가 주어짐 6-4 기자가 선거관련 공정한 보도를 제공함 6-5 소셜미디어가 선거 범죄를 알리는 데 사용됨
	7.선거자금	7-1 정당/후보자가 국가보조금에 공정한 기회가 주어짐 7-2 정당/후보자가 정치자금 기부에 공정한 기회가 주어짐 7-3 정당/후보자가 투명한 회계보고서를 발행함 7-4 부유한 사람이 선거를 살 수 있음 7-5 일부 국가 자원이 선거운동에 불공정하게 사용됨
선거일	8.투표절차	8-1 일부 선거인이 투표소에서 폭력의 위협을 받음 8-2 일부 부정투표가 존재함 8-3 투표과정이 간편함 8-4 선거인이 투표함에 실제 기표한 내용을 투입함 8-5 우편 투표가 가능함 8-6 재외선거 투표가 가능함 8-7 인터넷투표가 가능함

선 거 후	9.개표	9-1 투표함이 안전하게 보관됨
		9-2 투표결과가 무기한 연기되지 않고 공표됨
		9-3 투표지가 공정하게 계산됨
		9-4 국제 선거 참관이 제한됨
		9-5 국내 선거 참관이 제한됨
	10.선거결과	10-1 정당/후보자가 선거결과에 이의를 제기할 수 있음
		10-2 선거가 평화적인 시위로 이어짐
		10-3 선거가 폭력적인 시위로 이어짐
		10-4 법적인 경로를 통해 어떠한 논쟁도 해결됨
	11.선거기관	11-1 선거기관이 불공정함
		11-2 선거기관이 국민에게 정보를 제공함
		11-3 선거기관의 행위에 공개조사를 허용함
		11-4 선거기관이 역할을 훌륭히 행함

선거공정성 지수 평가에서 우리나라는 2012년 12월 19일 실시된 제18대 대통령선거가 평가 대상으로 선정되었다. 평가결과는 놀라웠다.[3] 전체 결과에서는 노르웨이, 독일, 네덜란드, 아이슬란드, 체코 등 유럽 5개국에 이은 세계 6위를 차지했다.[4] 11개 평가 분야 중 선거절차와 개표분야에서는 90점 이상의

---

[3] 선거 공정성 프로젝트 결과 제출된 보고서에서는 우리나라 제18대 대통령선거를 이렇게 평가하고 있다. 제18대 한국 대통령 선거는 2012년 12월 19일 치러졌으며 6공화국 설립 후 여섯 번째 대통령 선거였다. 유권자의 75.8%에 달하는 3,070만 명이 투표했으며, 집권 새누리당(전 한나라당) 박근혜 후보가 52%를 차지해 48%를 획득한 민주당 문재인 후보를 눌렀다. 박근혜는 한국의 첫 여성 대통령이다. PEI 전문가들은 이 선거를 높은 적정성으로 평가했다.(최초 내용)
전문가들은 선거가 당시 유권자의 마음에 그대로 남아 있을 때의 생각을 취합하려고 그들의 평가를 선거 직전 바로 해왔음을 밝히고자 한다. 이것이 의미하는 바는 선거 이후 몇 달이나 몇 년 후 일어난 어떠한 전개 상황도 이 평가에는 포함되지 않았다는 것이다. 예를 들면, 2012년 한국 대선의 경우에 있어서 전문가들의 평가는 2013년 6월 국가정보원이 선거운동기간 중 인터넷을 이용하여 친정부적인 내용을 확산시킨 의혹이나 이것이 대중적인 저항을 촉발했다는 보도가 나오기 전에 취합된 것이다. 선거일 몇 달 이후 발생하는 어떠한 지속적인 사건이 남긴 가치들은 각 국가들의 향후 연이은 선거의 조사 평가에서 관찰될 수 있다.(추가된 내용) Norris, Pippa, Richard W. Frank, and Ferran Martinez i Coma. 2014. "The Year in Elections 2013: The World's Flawed and Failed Contests." The Electoral Integrity Project. https://sites.google.com/site/electoralintegrityproject4/home (검색일: 2015. 7. 24)
[4] 상위 5개국은 오랜 기간 동안 민주주의 선거를 경험했고, 이를 토대로 안정적인 국가체제를 유지해 온 국가들이다. 지속적으로 민주선거를 실시하며 민주주의를 굳건히 하는 한편 시민문화 강화, 선거관기기관의 역량 개발을 이루어 왔다는 점에서 우리나라와 차이점이 있다. 이를 고려하면 세계 6위의 평가는 실로 놀라운 결과였다.

점수를 받았고, 특히 개표분야는 노르웨이에 이어 세계 2위로 평가되었다. 또한 선거관리기관에 대한 신뢰도는 86점으로 법원, 정부, 의회, TV 등 언론, 정당보다 높은 평가를 받았다. 그러나 선거법 지수(67점)와 선거보도 지수(65점)는 낮은 평가를 받아 아쉬움을 남겼다. 선거 공정성 지수 상위 10개국의 평가 분야별 결과는 <표 7-4>와 같다.[5]

〈표 7-4〉 선거 공정성 지수(The Perceptions of Electoral Integrity index 2013)

구분	순위	국가	선거일	선거종류	PEI지수	선거법	선거절차	선거구획정	선거인등록	정당및후보자등록	선거보도	선거자금	투표절차	개표	선거결과	선거기관
평균	-	-	-	-	63.8	62	72	60	61	66	58	49	63	74	71	67
높음	1	노르웨이	13.09.09	총선	86.4	85	94	76	90	87	74	79	85	98	93	93
높음	2	독일	13.09.22	총선	84.1	82	91	79	85	86	74	76	82	95	89	87
높음	3	네덜란드	12.09.12	총선	82.7	93	93	74	88	82	69	70	80	90	90	90
높음	4	아이슬란드	13.04.27	총선	82.5	76	95	68	90	85	72	68	85	93	89	86
높음	5	체코	12.10.25	총선	81.8	88	92	81	89	81	66	63	78	95	91	90
높음	6	대한민국	12.12.19	대선	81.2	68	91	73	89	81	66	72	82	96	88	86
높음	7	오스트리아	13.09.29	총선	81.1	82	93	79	86	76	67	64	83	92	86	90
높음	8	체코	12.10.12	총선	80.8	82	92	74	88	80	68	72	74	94	88	88
높음	9	슬로베니아	12.12.02	대선	79.6	75	90	70	90	77	60	65	83	94	83	89
높음	10	이스라엘	13.01.22	총선	79.3	83	95	68	83	80	73	70	64	91	89	91

※ 조사기관 : 미국하버드대·호주시드니대 공동연구팀(the Electoral Integrity Project)
※ 출   처 : Electoral Integrity Project. 2014. The expert survey of Perceptions of Electoral Integrity, Release 2 (PEI_2) WWW.ELECTORALINTEGRITYPROJECT.COM(게시일 2014. 2. 28.)

---

5) 기타 국가들의 선거공정성 지수 평가 결가는 Electoral Integrity Project. 2014. *The expert survey of Perceptions of Electoral Integrity*, Release 2 (PEI_2) 참조.

그럼에도 불구하고 불과 50여 년 전 과거 샌드위치 표, 투표함 바꿔치기 등 심각한 개표부정으로 인하여 시민 혁병이 일어나고 정권이 붕괴되던 역사를 생각해 보면 상상하기 어려울 만큼 짧은 시간 동안 기적 같은 발전을 이루었다고 할 만한 평가 결과임에는 틀림이 없다. 우리가 민주주의 국가로 인정하고 있는 미국은 26위에 그쳤고 일본 또한 18위에 불과했다. 두 나라는 모든 분야에서 우리나라에 비해 낮은 평가를 받았고, 특히 개표분야와 선거관리위원회에 대한 평가에서는 절대적 열세를 보였다. 이러한 결과는 우리나라 선거관리의 세계적 수준을 명확히 드러내기에 충분하다.

제2절 | 우리나라 선거시스템의 우수성

선거 선진화는 우리나라 선거관리위원회가 추구하는 중요한 목표이자 방향성을 단적으로 표현하는 말이다. 선진화의 사전적 의미는 '발전의 단계나 진보의 정도가 다른 것보다 앞선 상태가 되다'이다. 이러한 사전적 의미와 결합해 보면 선거 선진화는 선거와 관련된 영역 즉, 선거제도, 선거과정과 운영, 선거문화 등이 다른 국가에 비해 앞서 나간다는 것을 뜻한다. 앞서 살펴 본 바와 같이 우리나라 선거는 국제적 평가에서도 객관적으로 그 우수성을 인정받고 있으며, 전환기 민주주의 국가들의 선거개혁 모델이 되고 있다.

일본 고베대(神戶大) 유타카 교수는 그의 저서 「선거관리의 정치학: 일본 선거와 한국 선거모델의 비교연구」[6]에서 한국의 선거관리기관은 선거결과의 정당성을 보장하기 위하여 정부와 의회로부터 독립되고 고도의 자율성을 가진 헌법기관으로 설치·운영되고 있으며, 제도를 통한 적극적 선거관리로 선거의 본질적 업무 외에 민주주의의 질(質)을 높이고 시민의식과 선거문화를 발전시키는 역할도 함께 수행하고 있다고 분석하였다. 아울러 그는 한국의 선거와 선거관리가 국제적으로 주목받고 있으며 여러 개발도상국 선거개혁의 모델이 되고 있다고 피력하였다.

---

6) 오니시 유타카(大西 裕). 2013. 선거관리의 정치학: 일본의 선거관리와 한국모델의 비교연구. 서울: 유비각.

유타카 교수의 언급처럼 한국의 선거관리위원회는 민주화 이후 적극적 선거관리와 지속적 법제선진화 노력을 통해 민주선거 자체의 발전에 크게 기여해왔다. '선거관리(election management)'가 단순히 선거과정을 관리하거나 운영하는 차원을 넘어 선거의 발전과 민주주의의 성숙을 견인하는 역할을 수행하고 있는 것이다. 이러한 점 때문에 민주주의 이행과정을 걷고 있는 전환기 민주주의 국가들도 한국 선거관리시스템에 주목하고 있다. 이들은 한국은 어떠한 선거관리시스템을 갖추고 있는지, 그리고 이를 통해 어떻게 민주선거의 발전을 모색해 왔는지에 대해 연구하기 시작했고, 현재 한국을 모델로 삼아 자국에 맞는 법제와 선거관리시스템을 실현하기 위해 노력하고 있다. 여기서는 국제적으로 인정받고 있는 우리나라 선거시스템의 우수성을 법제도적 측면과 선거관리의 측면에서 조망해 보고자 한다.

선거관리시스템은 어떤 요소들을 통해 그 수준을 평가할 수 있을까? 그것은 민주적 선거를 위해 요구되는 핵심 요소들과 맥을 같이 한다. 우선 민주적 선거의 핵심이 되는 공정성을 담보할 수 있는 시스템이 필요하며, 자유로운 선거 참여를 보장하는 관리환경과 체제가 마련되어야 한다. 이와 더불어 선거관리의 과정이 정당·후보자, 그리고 국민에게 투명하게 공개되어 신뢰성을 확보할 수 있어야 한다. 궁극적으로는 그 결과가 정확하게 표출되어 후보자는 물론 국민 모두가 결과를 수용할 수 있는 관리시스템의 구축이 필요하다.

공정한 선거시스템은 선거운동의 기회가 균등하게 주어져 누구든지 국민의 대표로 선출될 수 있는 공정한 경쟁이 보장되는 시스템이다. 이를 위해서는 선거운동의 자유는 보장하되 실질적인 공정성이 담보될 수 있는 합리적 제한도 더불어 필요하다. 공정성은 궁극적으로 대표자에게 정통성을 제공하는 동시에 부패를 방지하는 현실적 효과도 가져올 수 있다.

이러한 영역에는 선거의 공정성과 선거운동의 기회균등을 보장하고 선거비용의 낭비를 억제하는 한편 후보자의 선거비용 부담을 경감하는 선거공영제의 실현이 대표적 요소 중 하나이다. 또한 후보자에 대한 정보공개, 선거범죄에 대한 엄격한 조사와 대응, 공정한 언론보도, 공무원의 선거중립 등이 공정성 확보를 위한 주요한 방법들이 될 수 있다.

〈표 7-5〉 선거관리시스템 개관	
분야	주요내용
공정성	○ 실질적 기회균등이 보장되는 공정경쟁 선거시스템 ○ 국가비용 부담 원칙에 입각한 선거공영제 ○ 검증된 자료공개를 통한 후보자 정보 제공 ○ 공정선거 실현을 위한 선거범죄조사 ○ 비방·허위사실 유포 등 사이버 선거범죄 대응 ○ 언론의 불공정한 선거보도에 대한 구제 ○ 공정성 확보를 위한 선거여론조사 심의 ○ 선거 질서 확립을 위한 공무원 선거 중립
참여성	○ 전국 어디서나 할 수 있는 사전투표 ○ 사회적 소수계층을 위한 선거참여 지원 ○ 수요자 중심의 다양한 선거정보 제공 ○ 모든 유권자의 누락 없는 선거인명부 작성 ○ 유권자의 자유로운 선거참여 활동 보장 ○ 인터넷·SNS 등 온라인 선거운동의 자유
투명성	○ 국민 참여·개방 확대를 위한 개표사무원 공모 ○ 투표·개표 현장 실시간 인터넷 생중계 방송 ○ 선거인명부 열람 및 정당·후보자 제공 ○ 선거비용 수입·지출 자율적 공개 ○ 선거운동 물품가격 정보사이트 운영 ○ 투명한 정치자금 조달을 위한 후보자 선거펀드
정확성	○ ICT 결합 선거관리장비 운영 ○ 통합전산시스템에 의한 체계적 선거관리

출처: 중앙선거관리위원회. 2014. 『Election system and management in Korea』. 일지사.

　　참여성은 유권자의 참정권을 보장할 수 있는 제도적 시스템과 직결되어 있다. 유권자의 참정권 보장은 선거인명부의 정확한 작성, 투표의 편의성과 효율성을 담보할 수 있는 시스템의 구축을 통해 실현될 수 있다. 한편, 공정성을 침해하지 않는 범위 내에서 온·오프라인 상의 선거활동의 자유를 보장할 수 있는 선거환경의 구축과 관련하여서는 유권자들이 능동적으로 선거과정에 참여할 수 있는 자유를 보장하는 것이 중요한 과제이다.

　　투명성은 공정성 못지않게 선거과정의 정당성을 결정하는 중요한 분야이다. 선거인의 확정에서부터 투표와 개표 과정의 공정성이 국민들과 공유되는 것이 매우 중요하다. 따라서 이 과정에 국민들이 적극적으로 참여할 수 있는 시스템과 직접 참여하지 않더라도 관찰할 수 있는 시스템을 구축하는 것이 투명성을 높이는 관건이 될 수 있다.

정확성은 선거관리의 생명과도 같다. 투표와 개표의 결과가 정확하지 않으면 공정성도 투명성도 담보될 수 없고, 결국 선거 자체가 정당성을 인정받을 수 없다. 따라서 정확한 투·개표시스템을 갖추는 것은 선거선진화의 핵심 과제이며, 이와 더불어 정확성을 전제로 효율성을 갖춘다면 더욱 선진적인 선거관리시스템으로 평가할 수 있을 것이다. 위 네 가지 분야를 기반으로 한 우리나라 선거관리시스템을 개관하면 <표 7-5>와 같다.

그렇다면 우리나라 각 분야별 선거시스템은 어떻게 구축되어 있나? 법제도적 측면과 관리적 측면에서 각 분야별 실제 사례들을 통해 우리나라 선거시스템을 개관해 보자.

1 공정성

선거공정성을 담보하기 위한 법제도적 측면으로는 선거운동과 선거자금의 합리적 제한, 선거공영제·국가 비용부담 원칙, 후보자 정보공개 및 유권자의 후보자 검증, 선거범죄(사이버 포함)의 예방·단속, 불공정 선거방송·보도에 대한 규제, 선거여론조사의 공정한 심의, 공무원 선거중립 등을 주요 사례로 지적할 수 있다.

선거운동과 선거자금의 합리적 제한에 있어서는 돈이 많이 드는 선거운동에서 탈피하여 실질적 기회균등을 보장하기 위한 공정경쟁 선거시스템을 구축하는 것이 핵심이다. 정치광고 제한, 선거비용 지출 제한, 정치자금 모금·기부제한 등이 이를 위한 대표적인 제도적 장치이다. 정치광고의 경우 후보자의 선거자금이나 경제력에 의해 좌우되는 것을 방지하기 위해 정치광고의 기간·대상·방법 등을 별도로 규정하고 있다. 선거비용 지출은 인구수, 관할 행정구역 수를 반영하여 선거비용 제한액을 산정하고 있으며,[7] 선거비용 제한액 초과지출에 따른 후보자의 당선무효도 가능하다. 정치자금의 경우 외국인, 국내·외의 법인 또는 단체의 정치자금 기부를 금지하는 한편, 후원인의 기부금액 및 후원회의 후원금 모금·기부금액에 대한 연간 한도액을 제한하고 있다.[8)

선거공영제는 선거의 공정성과 선거운동의 기회균등을 보장하고 선거비용의 낭비를 억제하는 한편 후보자의 선거비용 부담을 경감하는 데 그 의의가 있다. 이를 위해 우리나라는 후보자의 선거운동을 선거기관의 관리 하에 두어 기회균등을 보장하는 관리공영제를 취하고 있으며, 후보자가 선거운동을 위하여 지출한 선거비용을 국가·지방자치단체에서 부담하는 선거비용 보전 및 비용공영제를 채택하고 있다. 다만 무분별한 후보자의 난립과 부담비용 증가 등의 부작용을 방지하기 위하여 득표율 등 일정한 기준을 규정하여 제한하고 있다.[9)

한편, 후보자 정보공개와 관련하여서는 국민의 알권리 및 유권자의 올바른 선거권 행사 보장, 후보자 등록 시 제출한 서류 등을 인터넷 홈페이지 등에 게시하여 선거구민이 검증할 수 있도록 하고 있다. 선거관리위원회에 선거범죄 조사권을 부여하고 선거범죄 조사 후 사안에 따라 고발·수사의뢰 등의 조치를 취할 수 있도록 하는 것도 대표적 사례이다. 또한 선거보도의 공정성 유지를 위하여 선거방송심의위원회, 선거기사심의위원회, 인터넷선거보도심의위원회를 설치·운영함으로써 불공정한 선거보도에 대한 구제 장치를 마련하는 한편, 여론조사의 객관성·신뢰성 확보를 위해 선거여론조사공정심의위원회를 설치하여 선거여론조사의 공정성을 심의하고 있다.

공무원의 선거개입은 선거의 공정성을 훼손하는 과거 우리나라 관권선거의 대표적 전형이었다. 이에 우리나라는 공무원의 선거중립을 선거법, 공무원법 등을 통해 법적으로 명문화하여 공무원의 정치적 중립 의무를 규정하고 있으며, 선거운동·정당가입 및 선거·정치관여 금지 등을 명시적으로 제한하고

---

7) 실례로 선거비용제한액은 제18대 대선(2012. 12. 19)의 경우 평균 약 559억 7,000만원, 제19대 국선(2012. 4. 11)의 경우 평균 약 1억 9,000만원, 제6회 지선(2014. 6. 4) 광역단체장의 경우 평균 약 14억 6,000만원이었다.

8) 정치자금의 제한은 모금활동 과정에서 수반되는 과열과 부패 등의 부작용을 방지하는 효과를 가져올 수 있으며, 정치와 선거가 정당 및 후보자의 자금모금 능력이나 개인의 경제력에 좌우되지 않게 함으로써 선거의 공정성을 확보하는 것이 중요한 목적이다.

9) 예를 들어, 선거비용 보전의 경우 후보자가 당선되었거나 사망한 경우와 후보자의 득표수가 유효투표총수의 15% 이상인 경우에는 대상 금액을 전액보전하고 있으나 후보자의 득표수가 유효투표총수의 10% 이상 15%미만인 경우에는 50%만 보전하고 있다. 그 이외 위 조건을 충족하지 못하는 경우에는 선거비용을 보전하지 않는다.

있다.[10) 또한 실효성을 높이고자 공무원의 위법행위에 대해서는 법적 처벌을 강화하고 있다.

선거관리 측면에서 공정성을 높이기 위한 대표적 사례는 선거범죄 조사의 실효성 확보를 들 수 있다. 구체적으로는 중대 선거범죄에 효과적으로 대응하기 위해 권역단위 광역조사팀을 운영하고 있으며, 조사활동 업무의 효율성 향상을 위한 조사업무 전산화(DB구축) 시스템을 개발·운영하고 있다. 인터넷 보급과 활용의 확대에 따라 근래 들어 늘어나고 있는 사이버 선거범죄에 대한 대응 또한 강화하고 있다. 특히, 비방·허위사실 유포 등 선거범죄에 강력하게 대처하기 위해 사이버 선거범죄 전담조직을 설치·운영하는 한편, 사이버자동검색시스템 및 사이버증거분석시스템을 개발·운영하는 것은 선거관리적 조치의 중요한 사례이다.

2 참여성

선거의 참여성 확대를 위한 법제도적 장치는 전국 어디서나 투표할 수 있는 사전투표시스템이 대표적이다. 사전투표시스템은 전국을 통신망으로 연결하여 선거인이 별도의 신고 없이 사전투표 기간(2일)[11) 동안 전국 어느 사전투표소에서나 투표가 가능하도록 한 시스템이다. 이를 위해 통합선거인명부와 투표용지 발급기를 개발하여 이용하고 있다. 사전투표시스템의 도입으로 유권자의 실질적 참정권 보장의 범위는 이전에 비해 훨씬 확대되었다. 또한 근로자의 투표시간을 법적으로 보장하기 위해 관련 규정을 법으로 명문화하고 있다.[12)

그 이외에도 누락 없는 선거인명부 작성을 위해 주민등록시스템을 바탕으로 선거인명부를 전산으로 작성하고 있으며, 명부열람 및 이의신청을 통해 정정할 수 있는 제도를 두어 유권자의 참정권이 최대한 보장될 수 있는 장치를

---

10) 선거법에서는 공무원의 중립의무 위반 시 1년 이상 10년 이하의 징역 또는 1,000만 원 이상 5,000만 원 이하의 벌금형을 규정하고 있으며 공소시효는 10년이다. 공무원법에서도 공무원의 정치관여 행위 시 3년 이하의 징역 및 자격정지 등을 규정하고 있다.
11) 공직선거법에서는 사전투표를 선거일 전 5일부터 2일 동안 실시하도록 규정하고 있다.
12) 공직선거법에서는 고용주가 투표시간 보장 규정을 위반할 경우 1,000만 원 이하의 과태료를 부과하도록 하고 있다.

마련하고 있다. 한편, 여성 및 장애인 등의 정치참여를 확대하기 위해 정당의 여성 후보자 추천을 의무 또는 권고하고 있으며, 공직선거에 후보자 여성 및 장애인을 추천하는 정당에 대해 국고보조금을 지급하여 이를 장려하고 있다. 유권자의 적극적인 선거참여를 위해 온라인 선거운동의 자유도 법적으로 보장하고 있는데, 선거일을 제외하고는 언제든지 인터넷 홈페이지 또는 전자우편·트위터 등 SNS를 이용하여 선거운동을 할 수 있도록 하고 있으며 투표참여 홍보활동은 선거일에도 가능하도록 했다.

선거관리적 측면에서는 사회적 소수계층 선거참여 지원, 수요자 중심의 다양한 선거정보 제공, 유권자의 선거 참여활동 보장 등이 유권자의 선거 참여성을 높이기 위해 추진하고 있는 대표적 사례들이다. 장애인, 노약자, 거동불편자 등에 대해서는 투표편의를 제공하고, 시각·청각 장애인 및 외국인 유권자에 대해서도 별도의 투표 및 선거정보를 제공하고 있다. 후보자의 재산·병역·납세·전과 등 후보자 정보 및 선거 관련 기본현황 등을 제공하기 위한 대국민 선거통계시스템 운영, 선거공보 발송·신청 서비스, 사전투표소 찾기 및 투표대기상황 조회 서비스, 내 투표소 찾기 및 길안내 서비스 등은 수요자 중심의 선거정보 제공의 대표적 사례들이다.

유권자의 선거 참여활동을 보장하기 위해서는 투표용지 인쇄 및 후보자등록·투표·개표 등 선거관리 전 과정에 정당추천 위원을 참여시키고 있으며, 일반인을 개표사무원으로 공개모집하여 직접 개표사무에 참여할 수 있도록 하고 있다. 또한 선거법 위반행위 예방 및 단속활동에도 일반 국민들이 참여할 수 있도록 하고 있다. 무엇보다도 선거운동을 할 수 있는 사람은 자유롭게 특정 후보자를 위한 선거운동 및 정당·후보자의 정책·공약 개발에 참여할 수 있도록 하여 유권자들이 보다 적극적으로 선거과정에 참여할 수 있도록 유인하고 있다.

3 투명성

선거의 투명성 확보에 있어서는 국민에게 선거과정을 명확히 공개하고 공유하는 데 초점을 두고 있다. 법적으로는 누구든지 구·시·군청의 인터넷 홈페이지나 지정된 열람 장소를 직접 방문하여 선거인 명부를 열람할 수 있도록 하는 한편, 선거인명부의 정확한 작성을 담보하고 선거운동에 필요한 정보를 제공하기 위하여 후보자에게 선거인명부 사본을 교부하고 있다.

선거의 투명성은 국민적 신뢰와 연결되는 선거관리적 측면이 더욱 중요하다. 우선 선거에서 가장 핵심이 되는 투·개표 과정의 투명성을 위해 투·개표 현장을 인터넷으로 실시간 생중계하고 있다. 중앙선거관리위원회의 인터넷 방송국(NEC-TV)이 전국 각 지역별 투·개표소를 네트워크로 연결하여 다원 생중계 하는 투·개표방송은 유권자들이 투·개표 전 과정을 직접 관찰할 수 있다는 점에서 선거의 투명성 및 신뢰성을 높이는 중요한 시스템이다.[13] 앞서 참여성의 사례로 지적한 개표사무원 중 약 25%를 일반인으로 공개 모집하여 개표사무에 직접 참여하도록 하는 것도 개표과정에 대한 투명성 제고에 큰 역할을 하고 있다.

그 이외에도 선거의 투명성을 확보하기 위해 정치자금 공개시스템을 구축하여 후보자가 자율적으로 선거비용 수입·지출내역을 실시간 공개하고 누구든지 접속하여 후보자의 공개내역을 조회·열람할 수 있도록 하고 있다. 또한 선거운동물품 제작·대여·판매 업체가 물품 정보를 인터넷사이트에 등록하고 후보자가 검색·조회하여 합리적인 가격으로 계약할 수 있는 가격정보 사이트도 운영되고 있다. 근래 들어 새롭게 부상하고 있는 후보자 선거펀드[14]는 투명한 정치자금 조달의 새로운 사례로 평가된다.

4 정확성

정확성은 선거에 있어 생명선과도 같은 것이며, 이는 투표의 산출물이 개표의 결과로 오류 없이 전환되는 것이 핵심이다. 더불어 신속성과 효율성이 결합되면 보다 선진적인 시스템이 구축될 수 있다. 우리나라의 경우 ICT(Information

---

13) NEC방송국은 투·개표 인터넷 생중계뿐만 아니라 각종 선거관련 정보와 국민생활에 필요한 유용한 정보를 24시간 방송하고 있다.
14) 후보자들이 선거비용 마련을 위해 유권자를 상대로 펀드 형태로 돈을 빌린 후 선거가 끝나면 이자를 더해 돌려주는 자금 모금 방식.

& Communication Technology), 즉 정보 통신 기술을 결합한 선거관리 장비를 운영함으로써 보다 정확하고 선진적인 투·개표시스템을 갖추고 있다.

우선 투표에 있어서는 2012년 12월 실시된 제18대 대통령선거에서 도입한 강화플라스틱투표함15)이 대표적 사례이다. 이 투표함에는 보다 선진적인 투표함 관리시스템이 도입되어 있다. 각 투표함 덮개에는 안쪽에 고유 식별번호가 저장된 전자칩(NFC, Near Field Communication)을 부착하여 스마트폰으로 해당 투표함의 진위 여부와 투표구 정보를 확인할 수 있도록 했다.

한편, 개표에 있어서는 개표결과의 정확성과 효율성을 높이기 위하여 투표지분류기를 활용하고 있다.16) 투표지분류기는 투표지를 정당 또는 후보자별로 분류·집계하는 OMR 응용 개표 보조장치로 제어장치, 분류장치, 프린터, 카드리더기 일체형으로 구성되어 있다. 투표지분류기는 후보자별 유효표와 미분류표(무효표+어느 후보 표인지 애매한 표)로 분류되며, 분류결과는 투표구 또는 선거구 단위로 집계·조회 및 출력된다. 투표지분류기를 통해 분류된 투표지는 다시 개표사무원들이 수작업을 통해 확인하는 과정을 거쳐 개표의 정확성을 높이고 있다.

우리나라 개표 정확성은 실제 사례에서도 확인해 볼 수 있다. 단 3표 차로 당락이 결정되었던 2000년 제16대 국회의원선거 경기도 광주의 사례를 보면 선거 후 법원의 결정에 따라 재검표가 진행되었으나 당락의 변동 없이 단 1표의 오차만이 확인되었다. 놀랄 만큼 정확한 개표시스템이 아닐 수 없다.

2000년 미국 대선 플로리다주 재검표 사례와 우리나라의 2002년 제16대 대통령선거 재검표 사례는 국가 간 비교를 통해서도 우리나라 개표시스템의 정확성을 확인할 수 있는 대표적 사례이다. 당시 미국 대통령선거 플로리다주에서는 개표결과 공화당 부시 후보가 민주당 고어에 1,725표 차이로 앞섰다. 그러나 재검표 결과 부시 3,655표 증가, 고어 4,902표 증가로 총 변동된 표(개표오류 표)는 8,557표로 나타났고 후보 차이는 537표로 줄었다.17) 비록 일부의

---

15) 강화플라스틱투표함은 보관과 관리가 용이하고 반영구적으로 사용할 수 있는 장점이 있다.
16) 투표지분류기는 개표사무원의 분류·계수 착오 등을 방지하여 개표의 정확성·신속성을 확보하고 원활한 개표 및 밤샘 개표 등에 따른 사회적 비용을 절감하기 위하여 2002년 도입되었다.
17) 플로리다 주법은 후보간 표차가 0.5% 이내일 경우 재검표 하도록 규정하고 있다.

투표지만 재검표하다 중단하였지만, 전체 투표수 600만 표를 기준으로 오류율을 산출하더라도 약 701매 당 1표의 개표 오류가 발생한 것이다.[18]

반면 우리나라 16대 대통령선거의 경우에는 전체 투표지 가운데 80개 구·시·군위원회 투표지 11,049,311매(44.58%)를 재검표하였고, 그 결과 이회창 후보는 135표 증가, 노무현 후보는 785표 감소되어 총 변동된 표는 920표에 불과하였다. 재검표 11,049,311매를 기준으로 보면 12,012표 당 1표의 개표 오류가 발생한 것이다. 단순한 수치상으로만 보아도 정확도가 약 16배의 차이를 보이고 있다. 미국 플로리다 재검표는 재검표 투표지 매수 대비 오류 비율이 아닌 전체 투표수 기준 비율인 반면 우리나라는 실제 재검표 수 기준 비율이었던 점을 고려하면 실제 개표 정확성은 훨씬 더 차이를 보이는 것이다.

이처럼 투·개표시스템의 정확성을 갖추게 되면서 우리나라는 보다 효율적인 관리시스템 환경을 구축해 가고 있다. 사전투표의 경우 투표용지 발급기(투표소에서 선거인 본인여부 확인 후 즉석에서 해당 선거구의 투표용지를 작성·교부하는 기계장치)를 도입하여 활용하고 있으며, 항해 중인 선원이 투표할 수 있도록 인공위성 등을 통해 투표용지 발송, 투표지를 수신하는 선상투표시스템도 갖추고 있다. 공직선거에는 아직 도입되고 있지 않지만 투표기에 투표권 카드를 투입 후 자동 현출되는 후보자 선택화면을 보고 선택하고자 하는 후보자를 손으로 눌러서 투표하는 방식의 터치스크린 투표시스템도 갖추고 있다. 또한 선거인이 어디에서나 PC와 스마트폰 등을 통해 유·무선 통신망에 접속하여 실시하는 온라인 방식의 인터넷·모바일 투표시스템도 준비되어 있다.

그 이외에도 선거관리시스템, 재외선거관리시스템, 통합명부시스템(사전투표용), 개표집계시스템, 선거통계시스템, 선거정보 모바일 앱 등 선거정보시스템을 구축·운영함으로써 선거행정의 정보화를 실현해 가고 있다. 뿐만 아니라 자체 통신망인 선거정보통신망 구축, 통합관제시스템 및 사이버방어체계 구축·운영 등을 통한 IT선거시스템 안정화도 선거의 정확성과 효율성을 위해 지속적으로 추진해 가고 있는 사례들이다. 종합적으로 우리나라 선거는 통합전산시스템에

---

18) 플로리다주 재검표의 경우 정확한 재검표 수를 확인할 수 있는 자료를 찾지 못하였으며, 재검표가 진행되던 중 법정 시간을 이유로 재검표가 중단되었기 때문에 전체 투표수를 기준으로 정확성을 평가하였다.

의한 체계적 선거관리시스템이 상당 수준으로 구축되어 있다고 평가할 수 있다.

〈표 7-6〉우리나라 선거관리시스템의 우수성 사례

분야	주요내용
공정성	○ 선거운동과 선거자금 합리적 제한 　- 정치광고 제한(시설물·인쇄물 등), 선거비용제한액 산정, 정치자 　　금 모금·기부제한 ○ 선거공영제·국가비용부담원칙: 관리공영제/비용공영제 ○ 후보자정보공개 및 유권자의 후보자 검증 ○ 선거범죄(사이버 포함)의 예방·단속 　- 국가기관의 행정목적(공정한 선거관리) 달성, 비방·허위사실 유 　　포 등 차단 ○ 불공정 선거방송·보도에 대한 규제 ○ 선거여론조사 공정 심의 ○ 공무원 선거중립
참여성	○ 주민등록법에 의한 선거인명부 작성 ○ 통합명부에 의한 사전투표: 투표참여 편의성 ○ 사회적 소수자 계층을 위한 선거참여지원 　- 공직선거 여성후보자추천(의무: 비례 50% 이상, 권고: 지역 30% 　　이상) 　- 여성 및 장애인추천 보조금 　- 근로자·장애인·노약자·거동불편자·시각·청각장애인 투표편의 　- 영주권 소유 외국인에게 지방선거권 부여 ○ 유권자의 자유로운 선거참여 활동보장 　- 선거과정 참여/선거운동/정당·후보자 정책·공약개발/예방·단 　　속활동
투명성	○ 선거관리과정 참여 　- 선거인명부 열·공람, 사본교부, 개표사무원 국민공모, 개표사무 　　수행 투표·개표 참관, 정당추천위원의 절차사무(투표용지 수령· 　　보관·발송 등) 참여 ○ 선거비용 수입·지출의 자율적 공개 ○ 후보자 선거펀드 모금·운영
정확성	○ 투표지 분류지 도입·운영(분류·집계하는 기계장치) ○ 투표용지 발급기 운영(재외선거, 사전투표) ○ 터치스크린 투표시스템(※ 당내경선, 위탁선거에 활용) ○ 온라인(인터넷·모바일) 투표시스템 활용(※ 생활주변 위탁선거) ○ 선거정보시스템 구축·운영(62식)

출처: 중앙선거관리위원회. 2014. 『Election system and management in Korea』. 일지사.

<표 7-6>은 이상에서 살펴본 우리나라 선거관리시스템의 우수성 사례들의 주요내용을 정리한 것이다. 우리나라는 공정성, 참여성, 투명성, 정확성 등 모든 영역에서 발전적인 선거시스템을 구축해 가고 있다. 이러한 사례들은 우리나라 선거와 민주주의를 진일보시키는 중요한 밑거름이 되고 있다. 선거한류는 선거선진화의 산물이자 이를 통해 발전한 선거시스템의 우수성에 대한 세계적 인정을 의미한다.

제3절 | 선거선진화와 선거한류(K-Democracy)

오늘날 세계 속에 한국의 위상을 드높이는 현상 중 하나가 이른바 '문화한류'이다. 한류는 한국의 대중문화가 주로 아시아를 중심으로 외국에서 대중성을 가지게 되는 것을 일컫는 용어이다. 문화한류의 결과 우리나라 대중문화는 세계인을 감동케 하고 있을 뿐만 아니라 큰 경제적 부가가치를 창출하고 있다. 과거 드라마 '대장금'이 그러했고, 얼마 전 싸이의 '강남스타일'이 전 세계인들로 하여금 말춤을 추게 만들었다.

이러한 한류의 열풍이 선거분야에서도 일고 있다. 앞서 살펴 본 국제적 평가 결과에서 보듯 우리나라 선거 수준은 이미 세계적으로 상위그룹에 위치하고 있다. 우리나라 선거수준은 우리 스스로가 생각하는 것보다 외국에서 더욱 높이 평가되고 있으며, 심지어 후발민주주의 국가들에게는 선거개혁 모델이 되고 있다. 지속적으로 선거 선진화 노력을 이어오면서 선거관리위원회의 국제적 위상 또한 상당한 위치를 점하고 있다.

이미 우리나라 선거의 수준은 국제적으로 인정받고 있으며, 특히 선거관리 분야의 경우에는 많은 후발민주주의 국가의 선거관계자들이 우리나라의 선거관리 제도와 기법을 배우기 위해 한국을 찾고 있다. 선거분야에서 우리나라가 차지하고 있는 국제적 위상의 수준이 어느 정도이기에 선거한류라는 용어가 등장하고 많은 외국 선거관계자들이 선거연수와 지원을 요청하고 있을까?

1 국제기구에서의 위상 : 세계선거기관협의회(A-WEB) 의장국

우리나라 선거수준의 향상과 국제적 평가 결과는 국제사회에서의 위상도 더불어 향상시켰다. 그러나 이러한 결과는 단지 피동적으로 주어진 것이 아니다. 1950년대 한국전쟁 직후 민주주의의 희망이라고는 보이지 않는다는 평가를 받던 우리나라가 짧은 민주주의의 경험에도 불구하고 기적적으로 성공의 역사를 만든 역동성이 가져다 준 결과이다. 더불어 우리가 그랬던 것처럼 힘겨운 민주주의 과정을 거치고 있는 후발민주주의 국가들에 대한 국제적 기여의 자세와 노력이 만들어 낸 성과이다.

우리나라가 국제사회에서 선거분야의 민주화를 위해 국제적 교류를 시작한 것은 그리 오래되지 않았다. 특히, 선거분야 국제회의에 참여한 것은 불과 10여 년 전인 2003년에서야 시작되었다. 그러나 짧은 기간에도 불구하고 국제교류 활동은 가시적 성과를 거두었고, 현재 우리나라는 세계선거기관협의회(A-WEB: Association of World Election Bodies)의 초대 의장국이 되어 세계 선거의 민주화를 이끌고 있다.

우리나라가 처음으로 선거관련 국제기구에 가입한 것은 2008년이었으며, 가입한 국제기구는 아시아선거기관협의회(AAEA: Association of Asian Election Authorities)였다.[19] AAEA는 아시아 지역의 공개적이고 투명한 선거 실현과 선거관리기관 간의 원활한 정보교환을 위하여 설립된 기구이다. 가입 직후 우리나라는 임기 3년의 부의장국으로 선출되었으며, 이후 2011년 10월 서울에서 개최된 총회에서 의장국으로 선출되었다.

그러나 우리나라는 국가적 선거교류와 민주주의 발전의 영역을 단지 아시아로 국한하지 않고 지구촌 전체로 확대하고자 했다. 이에 2011년 6월 헝가리 부다페스트 ACEEEO 20주년 기념 컨퍼런스에서 우리나라 중앙선거관리위원회가 처음으로 후발민주국가에 대한 체계적인 지원과 민주선거시스템 정립을 위한 범

---

19) AAEA는 1998년 2월 국제선거제도재단(International Foundation for Election System)의 주도 하에 설립된 기구로서 총회, 집행위원회, 사무처로 조직되어 있다. 1998년 설립 당시 12개국의 아시아지역 선거기관이 회원으로 가입하였으며, 현재는 17개국의 선거기관이 회원으로 가입되어 있다.

세계적인 협의회 창설을 제안하였다. 이후 같은 해 10월 서울에서 23개 국가 및 국제기구가 참여한 가운데 세계선거기관협의회 창설 포럼을 개최하고 이른바 '서울선언'을 통해 세계선거기관협의회 창설을 위한 결의안을 채택하였다.

그 결과 A-WEB 창립을 위한 서울선언 후 불과 2년 만인 2013년 선거 분야의 최대 국제기구인 A-WEB을 출범시키는 성과를 이끌어 내었고, 우리나라가 의장국으로 선출되었다. 또한 그 사무처를 우리나라 인천 송도에 유치하였다. 자유롭고 공정한 선거를 통하여 지속가능한 좋은 정부를 구성하고 경제·사회적 발전을 이루는 데 기여할 선거기구의 필요성에 대한 범세계적인 합의의 결실이자 세계 속 대한민국의 위상을 확인할 수 있는 성과물이었다.

A-WEB은 전환기 민주주의 국가들이 정치적 혼란과 체제 불안정으로 인하여 국제사회의 경제·사회적 원조가 실질적인 결실을 맺지 못하는 상황 하에서, 자유롭고 공정한 선거를 통하여 정당성을 갖춘 정부를 구성하고 정치적 안정을 바탕으로 경제·사회적 발전을 이룩함으로써 국제사회의 동반자로서 함께 성장할 수 있도록 체계적으로 지원하는 범세계적 준국제기구이다. 지구촌 국가 연합체가 UN이라면 세계 민주주의를 이끄는 선거분야의 UN이 바로 A-WEB이다. 이러한 기구의 의장국이 한국이다. 이는 한국 민주주의와 선거의 수준을 세계적으로 인정받고 있다는 증거이며, 선거선진화를 통해 지구촌 민주주의를 선도하는 세계화시대 글로벌 대한민국의 위상이다.

2 글로벌 민주주의를 위한 지원

우리나라는 선거선진화를 통해 우수한 선거관리시스템을 갖추면서 세계 많은 나라들의 주목을 받고 있다. 특히 후발민주주의 국가나 개발도상국의 많은 선거관계자들이 우리나라 선거를 참관하거나 연수를 통해 선거관리 제도와 선거관리 기법을 배우기 위해 우리나라를 방문하고 있다. 이러한 현상은 크게 두 가지 이유에서 비롯된다.

우선 서구 선진국은 100~200년의 오랜 기간 동안 서서히 민주주의를 발전시켜 왔으므로 후발민주주의 국가들과 정치환경 자체가 다른 반면, 한국은 불과 2~30년 전만 하더라도 자기네 나라와 비슷한 권위주의적 환경에 처해 있었다는 점이다. 다른 한 가지 이유는 한국이 1987년 민주화 이후 짧은 기간에 선거개혁을 이루어 큰 성과를 이루었다는 사실이다. 따라서 후발민주주의 국가의 경우 서구 선진국의 경험보다 한국의 경험이 더욱 현실성 있는 대안이 될 수 있으며, 자신들의 개혁 모델로 삼을 수 있다는 판단이 작용한 것으로 보인다. 이러한 환경 속에 우리나라는 지구촌 민주주의의 발전을 위해 전환기 민주주의 국가들을 대상으로 단기간 압축성장한 선거역량과 시스템을 지원하는 노력을 아끼지 않고 있다.

글로벌 민주주의를 위한 지원의 수준을 알 수 있는 가장 일반적 양상은 한국을 찾는 외국 선거관계자에 대한 연수이다. 중앙선거관리위원회는 외국 선거관계자 연수를 통해 우리나라의 선거 및 정치제도를 소개하고 선거관리 현장 참관을 통하여 우리나라의 선거제도에 대한 이해를 높이는 한편, 산업시찰이나 문화체험 등을 추가하여 발전된 우리나라의 정치, 경제, 문화를 함께 경험할 수 있도록 하고 있다.

2000년 이후 285개국 24개 국제기관(동일 국가 및 국제기관 중복 포함)에서 142회에 걸쳐 1,317명의 선거관계자가 내방하였고, 특히 지난 2014년 제6회 전국동시지방선거에는 42개국 111명의 외국 선거관계자가 우리나라 선거를 참관하기 위해 방문하였다. 또한 2006년 이후 총 99개국(동일 국가 중복 포함) 447명이 36회의 연수과정을 밟았다. 현재 중앙선거관리위원회는 기존까지 해오던 아시아 국가 위주의 연수를 탈피하여 그 대상을 중남미와 아프리카 지역으로까지 확대하고 있다. 외국 연수생 중 일부는 중앙선거관리위원회의 연수프로그램을 자국에 벤치마킹할 필요성이 있다고 피력하기도 하였으며, 일부는 선거참관 과정에서 선거장비의 우수성과 개표의 신속성 그리고 체계적인 관리시스템 등에 대하여 깊은 관심을 표현하기도 하였다.[20]

정치관계법제와 우수한 선거장비를 지원하는 것, 선거전문가를 파견하여 선거개혁 및 선거관리시스템 개선을 돕는 것도 글로벌 민주주의를 이끄는 중요한 역할 중 하나이다. 2008년 우리나라 중앙선거관리위원회와 양해각서

---

20) 중앙선거관리위원회. 2013. 『선거관리위원회 50년사』. 박영사. 274.

(MOU)를 체결한 네팔의 경우 2010년 선거관계자가 연수과정에서 한국의 정치관계법 체제를 모델로 도입하고자 한다는 의사를 밝혔고, 이에 우리나라 중앙선거관리위원회가 정치관계법제 구축 사업을 지원하여 입법성과를 이룬바 있다. 이어 2011년에도 선거법제에 대한 추가 지원 요청이 있어 네팔 실정에 맞는 선거법(안)을 마련하여 제공하였다. 몽골의 경우에도 2011년 공직선거법안을 만들어 제공하였다.

한편, 2003년부터는 후발 민주국가에 대한 선거참관이나 선거지원 과정에서 장비 지원을 희망하는 국가를 대상으로 우리나라가 개발하여 사용하고 있는 선거장비를 지원해 오고 있다. 2003년에는 몽골에 플라스틱 투표함을, 2008년에는 페루와 콩고에 투표지분류기, 인주내장형 기표용구, 시험용 투표용지 등을 지원하였다. 그 이외에도 네팔, 방글라데시, 필리핀, 파푸아뉴기니, 스리랑카, 부탄, 캄보디아 등 다수의 후발민주주의 국가에 투표소용품 세트, 빔프로젝트, 노트북컴퓨터 등 다양한 선거장비를 제공하는 지원활동을 이어가고 있다.

근래 들어 지원하고 있는 '키르기즈공화국 선거시스템 선진화사업'은 이러한 지원활동이 한 단계 더 성장하고 있음을 보여주는 대표적 사례이다. A-WEB 회원인 키르기즈공화국 선거관리위원회(CEC)는 우리나라 선거관리시스템을 참관한 후 그 선진성에 매료되어 자국의 대통령이 한국을 내방했을 때 우리나라 대통령에게 직접 선거자동화시스템 개발에 대한 지원을 요청하였다. 선거시스템 선진화를 통한 공정하고 정확한 선거관리를 이루어 내기 위한 목적에서였다. 이러한 요청에 따라 2013년 말 우리나라 중앙선거관리위원회는 A-Web과 함께 지원팀을 구성하고 키르기즈공화국의 선거자동화시스템 기반을 구축하는 한편, 선거관리인력 연수, 시스템 운영 기술협력 및 사업 사후관리 등의 지원 사업을 추진하고 있다. 사업지원 결과 투표현장에서 투표지를 투입하여 그 결과를 직접 확인할 수 있는 광학판독개표기 개발을 통해 선진화된 투·개표집계시스템을 구축하였고, 실제 2015년 국회의원선거에서 사용한 결과 키르기즈공화국 선거관계자들로부터 큰 호응을 얻었다.[21]

---

21) 키르키즈공화국은 한국이 지원한 선거관리시스템으로 국회의원선거를 치른 후 그동안 만연했던 부정선거를 차단하고 민주선거의 기틀을 마련할 수 있었다며 선거지원에 대한 깊은 감사를 표했다. 동아일보. 2015. 10. 6. 31면.

이처럼 글로벌 민주주의를 위한 후발 민주국가들에 대한 선거지원 활동은 우리나라의 선진화된 선거관리체계와 기법을 외국에 전파함과 동시에 대상국과의 우호를 다지는 데에도 많은 기여를 하고 있다. 선거 민주주의를 꿈꾸는 세계의 많은 나라들이 우리나라 선거관리시스템에 주목하고 있고, 선거한류는 글로벌 민주주의의 발전에 기여함은 물론 대한국민의 국격을 높이고 있다. 이제 우리나라는 60여 년 전 UN 감시단의 감시를 받던 나라에서 세계 각국의 연수단이 내방하는 글로벌 민주주의의 인도자적 역할을 수행하는 선진 선거 국가로 탈바꿈하였다.

제 8 장

통일한국과 선거

제 8 장

통일한국과 선거

제1절 | 통일 논쟁과 통일한국 선거 준비 필요성

분단 70년이라는 뼈아픈 역사를 거쳐 오면서 통일은 온 민족의 여망이었고, 지금도 피할 수 없는 숙명적인 과제이다. 우리는 오늘도 세계 유일의 분단국이라는 멍울을 안은 채 살아가고 있다. 그러나 통일문제는 민족적 차원에서뿐만 아니라 사회적·정치적 차원에서도 많은 논쟁을 이어오고 있으며, 현재도 진행 중이다.

2014년 1월 6일 박근혜 대통령은 신년 기자회견을 통해 소위 '통일대박론'을 제기하였다. 통일대박론은 통일이 남북한 모두에게 큰 이익과 행복을 가져다 줄 것이며 동북아시아의 번영과 안정, 그리고 세계 평화에도 크게 기여할 것이라는 주장이다. 이후 박근혜 정부에서는 그해 7월 15일 대통령 직속의 '통일준비위원회'[1)]를 설치·운영하고 있다.

그러나 다른 한편에서는 통일에 대한 장밋빛 바람과 기대에 대한 우려의

---

1) 통일준비위원회의 위원장은 대통령이며, 부위원장 2명(통일부장관과 민간 부위원장)과 통일준비위원 50명(민간위원 30명, 국회의원 2명, 정부위원 11명, 국책연구기관장 6명)으로 구성하였다. 설치 목적은 한반도 평화통일에 대한 국민적 공감대를 확산하고 통일 추진의 구체적 방향을 제시하며, 민·관 협력을 통하여 한반도 통일을 체계적으로 준비하기 위함이라고 적시하고 있다.

목소리 또한 존재한다. 통일은 단순히 경제적 이익의 차원에서 접근할 문제가 아니며, 성장이나 효율성 중심의 담론으로 통일의 대의명분이나 원칙이 정당화 되는 것은 아니라는 신중론이 그것이다. 남한과 북한은 70년이라는 오랜 분단 기간을 보내면서 우리가 생각하는 것보다 훨씬 더 이질화되었다. 전혀 다른 정 치체제가 고착화되었으며 추구하는 가치 또한 극단적 차이를 보이고 있다. 또 한 북한의 심각한 경제난은 독일 사례에서 경험한 것처럼 통일 후 오랜 시간 국가발전의 부담으로 작용할 수 있다. 통일이 되더라도 안정적인 단일국가로 정착하기 위해서는 많은 어려움이 따를 것이며, 따라서 통일과정에 대해 신중 한 접근과 철저한 준비가 필요하다는 주장이다.

통일 과정과 방식에서 있어서도 각 진영의 목소리는 다양하다. 북한 붕괴 론과 흡수통일론이 통일논의의 한 축을 담당하고 있다면, 합의통일론과 점진적 통일론은 이와 상응하는 또 다른 축이다.[2] 흡수통일론은 북한위기론에 기초하 고 있으며, 이러한 주장이 제기된 것이 어제 오늘 일은 아니다. 1980년대 말 공산권 해체와 동구 공산국가 붕괴 이후 그리고 1994년 7월 김일성 사망과 2012년 말 김정일 사망 이후에도 북한 붕괴론은 반복적으로 등장했다. 현재에 도 무차별적인 숙청과 처형의 정치에 따른 체제 불안정성 심화, 사회적 유동성 확대, 심각한 경제난, 중국과의 관계 변화 등을 근거로 북한붕괴론이 제기되고 있다. 따라서 일부에서는 급속한 북한의 상황 변화에 대비하여 남한 중심의 흡 수통일을 준비해야 한다는 주장이 존재한다.

그러나 북한위기론과 흡수통일론에 대한 반박도 만만치 않다. 북한은 다른 공산주의 국가들과 이념과 체제를 달리하는 독특성을 가지고 있고 이로 인하여 실제 북한이 붕괴할 가능성은 매우 낮으며, 설령 붕괴하더라도 예상하 는 것처럼 남한 주도의 통일 과정이 순탄하게 진행되기도 어렵다는 주장이다. 특히, 북한붕괴론과 관련하여 사회주의 체제전환론에 의하면 경제위기의 지속 과 정치적 불만 그리고 권력엘리트의 분열과 민주화의 외부 요인이 결합할 때 일반적으로 체제전환이 이루어지는데 북한의 경우 긴 시간 경제위기와 정치적

---

2) 통일방식은 크게 보면 남북한의 합의에 의한 통일과 북한의 붕괴와 남한으로의 편입에 의 한 통일로 구분할 수 있다. 서울대학교 헌법·통일법센터. 2014. 「통일선거법제의 방향」. 중앙선거관리위원회 용역보고서. 1.

불만이 존재해 왔음에도 불구하고 이를 조직화하고 대안화할 수 있는 엘리트의 분열이나 정치세력화가 미미하며, 또한 외부 정보의 유입이 여전히 제한되어 있고 민주화 도미노에 영향을 받을 만한 외부요인도 미약하여 냉정하게 본다면 북한의 체제전환은 필요조건이 존재하지만 붕괴의 촉발을 가져올 수 있는 충분조건은 아직 부족하다고 주장되기도 한다.3) 설령 북한이 급변사태를 맞아 붕괴하더라도 이후 처리과정에서 주변국과의 관계, 북한 주민들의 선택의 문제 등에 따라 남한 중심의 흡수통일이라는 예정된 수순을 밟지 않을 수도 있다는 주장도 있다.

이처럼 통일은 남과 북이 함께 이루어야 할 민족적 소망이지만 이를 둘러싼 환경에 대한 분석, 통일과정과 방식에 대한 생각은 매우 다양하다. 따라서 통일에 대한 예측은 실로 어려운 일이며, 어떠한 주장과 시각이 옳다고 단정하는 것도 불가능한 일이다. 통일은 생각지도 못하게 문득 찾아올 수도 있고, 점진적인 과정을 통해 서서히 진행될 수도 있다. 남과 북의 내부적 문제뿐만 아니라 한반도를 둘러싼 주변국과의 대외적 문제도 통일에 영향을 미치는 중요한 요인들이다.

그러나 통일 과정과 결과가 무엇이든 '통일한국'은 이제 더 이상 먼 나라 이야기, 먼 훗날의 이야기는 아닌 듯하다. 그 방안과 시각이 다각적이고 차별적이기는 하지만 많은 전문가들이 통일에 대한 기대를 언급하고 있으며, 그 예상 시기도 점차 줄어들고 있다. 따라서 지금 이 시점에서 다양한 관점의 통일담론과 병행하여 매우 중요하게 강조되어야 하는 것이 '통일준비'임에는 이견이 없어 보인다. 급속한 통일이든, 점진적 통일이든 그 완성의 과정이 매우 힘들고 험난할 것은 자명한 일이기 때문이다. 통일에 대한 철저한 준비만이 민족의 염원을 원만하게 해결하고 안정적인 통일국가를 완성하는 과정에서 수반될 고통과 혼란을 최소화 할 수 있다.

남과 북은 너무 긴 시간 동안 체제와 사상과 제도와 가치를 달리해 왔다. 따라서 어느 날 문득 일방적인 제도와 가치를 강요하면 통일한국은 긴 시간 혼란을 겪어야 한다. 통일은 단순히 정치적으로 단일한 국가체제를 수립하는

---

3) 김근식. 2011. "북한붕괴론이라는 유령." KPI칼럼(게재일: 2011. 03. 03)

것으로 종결되는 '상태'가 아니라 경제·사회·문화적 통합을 완수하는 '과정'으로 이해해야 한다[4]는 지적을 되새겨 보아야 한다. 따라서 우리는 서로의 차이를 연구하고, 통일이 되었을 때 상호갈등을 최소화할 수 있는 방안과 단계적 로드맵을 차근히 준비해 나가야 한다.

이 글은 통일 과정을 대비해 준비해야 할 다양한 영역들 가운데 '통일 한국의 선거'에 주목하고 있다. 어떤 방식의 통일이든 통일한국의 정치체제가 대의제임에는 틀림없을 것이다. 현대사회에서 대의체를 구성하는 출발점이자 근간이 선거이다. 결국 선거는 통일 한국의 여정을 시작하는 출발이 된다. 또한 통일한국의 선거는 단순히 대표를 선출하는 절차 이상의 의미를 가진다. 다른 환경과 가치 속에서 긴 시간을 살아온 민족의 대의기구 구성 과정은 대표성의 균형과 조화 그리고 배려를 통한 민족 통합의 과정이며, 민주선거의 가치와 체제를 공유하고 학습하는 통일국가의 사회화 과정이어야 한다.

그러나 남과 북은 오랜 시간 너무나 다른 정치체제에서 전혀 다른 형식과 성격의 선거를 경험해 왔기 때문에 통합된 단일 선거체제에서의 선거가 통일과 함께 단기간 쉽게 정착되는 것은 매우 어려운 일이다. 통일 후 일방적인 제도 이식과 통합은 갈등과 분열을 불러올 것이 분명하며, 상대적 박탈감과 부조화를 느끼게 하는 선거결과는 통일된 한국의 또 다른 내부적 분절 상황을 형성할 수도 있다. 이러한 결과는 민족통합은 물론 안정적 통일국가의 정착과 발전에도 악영향을 미치게 될 것이다. 따라서 통일한국의 출발점이 되는 선거는 다른 어떤 영역보다 중요한 의미와 가치를 가진다. 이것이 통일한국의 선거를 지금부터 내실 있게 준비해야 하는 근본적인 이유이다.

제2절 | 통일독일의 교훈

한반도 통일을 말할 때 자주 등장하는 교훈적 사례가 독일 통일이다. 많은 학자들이 그리고 언론에서 독일 통일을 통해 우리의 통일과정을 논하거나 통일

---

[4] 이효원. 2015. 『통일법의 이해』. 박영사. 5.

이후의 모습을 그려내곤 한다. 그러나 통일 전 동·서독의 상황과 관계는 분명 우리와 다른 점이 존재했고, 역사적 배경 또한 달랐다. 따라서 독일 통일과정을 전적으로 한반도 통일과정에 대입하는 것은 많은 문제점을 야기할 수 있다. 그럼에도 불구하고 독일 통일은 냉전구도 속에 장기간 분단되었던 국가의 통합이라는 점에서 우리의 통일 논의 과정에 중요한 교훈이 될 수 있다. 이 절에서는 독일의 통일과정에 대한 개괄적 이해와 함께 독일과 한국의 공통점과 차이점을 통해 우리가 취할 수 있는 독일 통일의 교훈을 생각해 보고자 한다.

1 독일의 통일과정과 특징

독일은 제2차 세계대전 후 1949년 동서독이 건국되면서 분단국가가 되었다. 이후 40여 년 간 분단국으로 지내오다 1990년 10월 갑작스럽게 통일을 이루었다. 독일이 통일을 이룰 수 있었던 요인을 간략히 정리하면 내부적으로는 정치·경제·사회체제 상 서독의 절대적 우위와 동독의 평화적·민주적 혁명을, 외부적으로는 소련 및 동구권 붕괴, 동서 냉전구도 와해를 주요한 요인으로 들 수 있다. 한편, 동·서독 간 지속적인 교류가 진행되어 왔기 때문에 갑작스런 통일 후에도 조약체결을 통해 정치·경제·사회·법적 조치가 이루어질 수 있었다는 점은 독일 통일의 주요한 특징으로 평가할 수 있다.

분단 이후 냉전 대결구도에 얽매여 있던 동·서독의 통일과정은 1960년대 이루어진 서독의 이른바 '동방정책'에서부터 출발한다. 서독은 1969년 브란트 수상이 집권한 후 1민족·2국가론을 내세운 동방정책으로 통일정책을 변경하였다. 이에 따라 서독은 동독 정부를 인정하지 않는 당시까지의 할슈타인 외교원칙[5]을 파기하였고, 교류·협력, 신뢰회복, 장기적 통일을 핵심으로 하는 점진적 통일방안을 통일정책으로 수립하였다. 동방정책은 동독의 성장을 위한 서독의 지원으로 정의할 수 있다. 서독은 동방정책을 통해 동·서독의 문제를 국가 간

---

5) 할슈타인 원칙은 1955년 서독의 외무 차관 할슈타인(Hallstein, W.)이 선언한 원칙으로, 분단된 동독 정부를 승인하는 나라와는 외교 관계를 맺지 않겠다는 서독의 외교 원칙이었다.

의 문제가 아니라 내부 독일 문제로 접근했고, 노인의 자유로운 방문 허용, 통신 허용, 무관세 물품교역 등 다방면의 교류와 협력을 증진해 갔다. 이 과정에서 1970년 두 차례의 정상회담을 통해 관계 정상화를 이루었고, 1972년 동·서독 기본조약을 체결했다.[6]

서독의 동방정책은 1982년 콜 수상의 집권으로 정권교체가 이루어진 이후에도 계승·발전되었고, 동·서독은 실용주의적 협력을 지속해 갔다. 서독은 1983년과 1984년 2종의 차관을 제공(20억 마르크)했고, 1986년에는 문화협정을 체결하였다. 이어 1987년에는 '독일 – 독일의 해'가 제정되면서 수백만 명의 동독인이 서독을 방문했고, 수천만 통의 편지 왕래가 이루어졌다. 교류·협력의 범위가 극도로 확대된 것이다.

독일통일 과정은 1980년대 말 고르바쵸프의 개혁·개방정책의 도입으로 시작된 소련 및 동구권의 공산주의 붕괴와 동독의 민주화 과정을 통해 또 한 단계 발전하는 계기를 마련하게 된다. 동유럽의 민주화 물결은 동독에도 큰 영향을 미쳤다. 1989년 5월 동독 공산당 선거에서 발생한 조작사건에 대해 시민단체가 공개적으로 저항하기 시작했고, 그해 10월 9일 동독 혁명(가을 혁명)이 성공하면서 독일사회주의통일당 호네커가 총서기직 및 국가평의회의장직을 사퇴했다. 이 혁명은 독일 역사상 최초의 성공한 혁명으로 기록되었다. 그 직후 11월 독일 분단의 상징이었던 베를린장벽이 붕괴되고 서독과의 국경이 개방되면서 동서독 간 자유왕래가 허용되었다.

동독 혁명 이후 모드르프 수상이 집권하면서 동독에서는 개혁정책이 추진되었고, 1990년 3월 동독 최초 인민회의 자유선거가 실시되었다. 이를 계기로 법질서 통합을 위한 동·서독 조약체결이 이루어졌고, 이를 기점으로 동·서독 통합과정은 보다 구체적이고 신속하게 진행되었다. 1990년 5월 18일에는 '동서독간의 통화·경제·사회보장동맹 창설을 위한 조약'(통합조약)이, 8월 3일에는 '초대 통일독일 연방의회선거의 준비 및 시행을 위한 독일연방공화국과 독일민주공화국간의 조약'(선거조약)이,[7] 8월 31일에는 '독일통일 실현을 위한 동서독

---

6) 1972년 12월 21일 체결된 "독일연방공화국과 독일민주공화국 간 관계의 기본원칙에 관한 조약(기본조약)"은 국경선 기준 모든 유럽국가 국경불가침 및 영토보존, 주권존중, 상호관계에 있어 무력사용 포기, 동·서독 주민의 복지향상을 목적으로 한 협조 등이 주요내용이었다.

7) 선거조약 주요 내용은 ① 최초의 전 독일연방의회선거는 서독 현행 연방선거법을 기본적

간의 조약'(통일조약)이 체결되었다. 결국 독일은 1990년 10월 3일 동독 5개 주가 서독연방으로 가입하는 통일을 선언하기에 이른다.

2 동독과 북한의 차이

독일 통일과정을 통해 우리가 얻을 수 있는 교훈을 찾기 위해서는 동독과 북한 두 나라가 갖는 역사적 경험의 차이를 이해할 필요가 있다. 우선 민주주의에 대한 역사적 경험의 문제를 지적할 수 있다. 동독의 경우는 분단되기 이전 바이마르공화국 시절 이미 민주주의를 경험한 바가 있는 반면 북한의 경우에는 일제 식민지 이후 바로 공산당 일당독재체제가 들어서 민주주의에 대한 교육과 제도적 수행을 전혀 경험하지 못하였다. 특히 북한의 경우 선거라는 형식적 절차가 존재하더라도 1인에 대한 우상화 교육과 그에 따른 권력 세습의 독특한 체제로 인하여 다원주의에 바탕을 둔 주권실현의 핵심적 수단으로서의 선거에 대한 경험과 학습이 전혀 이루어지지 않았다. 따라서 선거에 대한 북한 주민들의 개념과 의식은 현대의 보편적 민주주의와 대의제민주주의 국가의 국민들과는 큰 차이가 있으며, 통일의 결과 주어질 민주적 제도에 대한 수용 능력도 동독인들과 비교해 보면 현저히 떨어질 수밖에 없다.

민주주의 측면에서 민주화에 대한 경험도 북한과 동독의 현실적 차이점이다. 동독의 경우 1980년대 후반 공산권의 붕괴 과정에서 동유럽 민주화 물결을 직접 경험하였다. 또한 내부적으로도 권력에 저항하여 성공을 이룬 민주 혁명을 겪었다.[8] 이에 반해 북한은 공산권 붕괴 과정에서도 '주체사상'을 바탕으로 독특한 사회주의 체제를 유지해 왔고, 또한 엄격한 정치적 통제 속에 다수의 민중이 권력에 저항하는 민주화 운동도 경험하지 못하였다. 따라서 북한 주

으로 적용 ② 동독 평화 혁명을 주도한 소수당의 민주세력 구제를 목표로 함 ③ 2.5% 미만 득표 정당의 의회진출 금지 ④ 소수정당의 다수정당과의 연합공천 허용 ⑤ 연방(서독) 선거법, 선거감독법에 의거한 선거 실시 등이었다.

8) 동독의 경우 1953년 경제부흥을 위한 생산량 10% 증대 명령에 항의하여 동베를린에서 노동자들이 시위를 일으킨 사례도 있다. 이 시위는 전국으로 확산되었으나 소련군에 의해 진압되었다.

민은 시위에 참여함으로써 독재정권의 붕괴가 정치적으로 실현 가능하다는 의식을 거의 갖지 못하고 있을 뿐만 아니라 거대한 저항조직을 조직화한 경험도 찾아 볼 수가 없다.

북한은 사회적 폐쇄성에 있어서도 동독과 그 수준의 차이를 보인다. 동독은 1960년대 이후 서독과 지속적으로 교류해 왔고, 이 과정에서 서독의 사회·문화적 유입이 제한적이였지만 지속적으로 이루어져 왔다. 심지어 통일 직전에는 서독과의 국경 개방을 통한 자유왕래가 이루어지기도 했다. 뿐만 아니라 주변국과의 교류 및 정보 유입에 있어서도 완전히 폐쇄되지 않았다. 반면 북한은 남한은 물론 그 이외의 다른 국가와도 정보통로가 완전히 차단된 폐쇄사회를 현재까지도 유지해 오고 있다. 이러한 폐쇄성은 현대 사회를 지배하고 있는 다원주의에 대한 북한 주민들의 수용성을 제한하게 되고, 결국 민주주의에 대한 가치 왜곡을 견고하게 만든다.

동·서독과 남북한의 역사에서 나타나는 또 다른 특징적 차이는 민족 간 전쟁의 경험이다. 우리는 독일과 달리 한국전쟁을 겪으면서 같은 민족 간 살상의 역사를 가지고 있다. 이는 달리 말하면 단순한 분단의 역사를 넘어 일종의 적대적 감정이 내포된 증오의 역사가 드리워져 있다는 것을 의미한다. 아직도 정전협정 하에 놓인 남과 북은 군사적 긴장관계를 형성하며 적대적 대결의 역사를 이어가고 있다. 이러한 민족상잔의 역사적 경험과 현상의 유지는 남북 간 자유로운 교류의 큰 장벽이 되고 있으며, 통일에 대한 인식과 가치를 극단적 대결양상으로 고착화시키는 요인으로 작용하고 있다.

3 독일 통일이 주는 시사점

독일과 한국은 2차 대전 종전과 함께 형성된 이데올로기적 대립과 냉전의 결과물로 분단국가가 되었다는 공통점을 가진 나라들이다. 그러나 앞서 살펴본 것처럼 독일의 역사적 경험과 정치적 상황은 여러 측면에서 우리와 큰 차이점을 보인다. 그렇다면 우리는 독일 통일을 통해 어떠한 교훈을 얻을 수 있을까?

통일은 단순히 국가 또는 민족을 갈라놓고 있는 장벽을 없애고 외형적 단일화를 이루어내는 것을 의미하는 것은 아니라는 점을 지적했다.[9] 더욱 중요한 것은 인식과 가치의 통합이다. 따라서 통일은 장기간의 분단이 만들어 낸 민족적 동질성의 회복에 초점이 맞춰져야 한다. 독일의 통일은 어느 날 갑자기 찾아온 것이기는 하나 그 내면을 들여다 보면 지속적인 교류와 협력을 통해 분단의 간격을 좁혀 온 노력의 결과물이었다.

현재 남과 북은 너무나 다른 사상과 체제 하에서 살아가고 있다. 반면 민족적 교류는 너무나 미약하여 서로에 대한 수용과 이해를 위해서는 독일에 비해 더 많은 시간과 노력을 필요로 한다. 남북 간의 통일이 전쟁에 의한 것이 아니라면 어떠한 형식의 통일이든 민주주의 정치체제와 시장경제를 근본으로 해야 한다는 점은 논란의 여지가 없다. 따라서 민주주의와 시장경제에 대한 인식의 차이를 메우는 과정이 매우 중요하다.

그렇다고 무작정 한국적 민주주의와 제도를 북한이 일방적으로 수용하도록 강제할 수는 없다. 오랜 기간 체화되어 온 북한 주민의 가치와 제도를 급진적으로 전환시키는 것은 또 다른 반발과 갈등 및 이탈을 불러올 수 있다. 이는 형식적으로는 단일국가이나 내용적으로는 분단된 또 다른 분단국가를 초래할 뿐이다. 진정한 통일은 어느 일방에 의해 강요된 순응과 흡수가 아니라 이질화된 민족 전체를 아우르는 정치·경제·사회·문화 영역의 새로운 규범적 가치가 창출되고 이를 통해 다름이 인정되고 평등이 구현되는 통일이어야 한다.

이를 위해 우리는 인내와 기다림의 시간이 필요하다. 70년이라는 분단의 시간을 단기간에 극복하려는 욕심을 버리고 서로의 가치를 이해하고 수용할 수 있는 학습과 체험이 수반된 인고의 적응시간이 반드시 필요하다. 서로에 대한 인정이 필요한 것이다. 통일과정에서는 지속적인 경제·문화 교류와 협력을 통해 정신적 동질성을 회복해가야 한다. 이러한 과정을 통해 상실된 서로에 대한 신뢰를 회복해가는 것이 무엇보다도 중요하다. 이 점이 독일 통일 사례를

---

9) 박재규 前통일부장관은 법적·제도적 통일이 되었다 하더라도 내적 갈등을 해소하지 못하면 진정한 통합이 어렵다는 점을 독일과 예멘의 사례를 통해 강조한다. 또한 이 두 국가의 사례에서 우리가 추구해야 할 세 가지의 교훈으로 지속적인 대화와 교류 협력을 통한 남북 간의 갈등 해소, 평화통일의 가장 무서운 장애가 될 남남 갈등의 해소, 한반도 주변을 둘러싸고 있는 미·일·중·러 4강과의 공조 및 협력에 기반한 국제적 지지 확보를 제시하였다. 박재규. 2004. "남남갈등을 넘어 한반도의 평화와 통일을 향해." 경남대학교 극동문제연구소. 「남남갈등 진단 및 해소방안」 기조연설문. 7.

통해 우리가 인식해야 할 가장 큰 교훈이 아닐까 한다.

통일 진입단계에서는 북한이 민주주의 체제를 학습하고 체험할 수 있는 환경을 조성하고 이를 위한 시간적 여유를 제공하여야 할 것이다. 또한 한국 국민들에게도 통일한국을 위해 고안된 새로운 헌법적 가치와 정치체제를 수용할 수 있는 적응의 과정이 필요하다. 이러한 측면에서 보면 단일 통합국가로의 통일에 앞서 안정적인 체제 통합을 위한 과도기적 '남북연합'의 제안은 매우 의미 있는 통일과정으로 평가할 수 있다. 교류의 장벽은 제거하되 서로의 체제를 인정하고 통합된 체제로의 융화과정을 거쳐 보다 순응적인 통일을 이루어가는 것은 통일 부작용을 최소화하기 위한 필요조건이 될 것이다.

제3절 | 통일한국의 선거환경 조성 방향

남북한 체제통합의 출발이자 핵심이며 본 논의의 핵심 주제가 되는 통일한국의 선거 역시 앞서 지적한 대로 민주주의의 헌법적 가치와 민주적 정치체제의 수용을 전제로 한다. 다만, 오랜 시간 다른 체제와 사상을 기반으로 분단되어 왔다는 점을 고려하여 통일한국의 선거는 민주주의를 수용하고 있는 남한 선거제도의 일방적 이식이 아니라 배려를 통한 순응적 통합이 이루어질 수 있는 민주적 선거의 실현을 중요 과제로 인식해야 한다. 또한 갈등과 분열이 아니라 통합을 위한 선거의 실현을 전제로 한다.

이를 위해서는 기본적으로 세 가지 측면의 준비가 필요하다. 우선 다른 체제에서 살아온 남과 북을 조화롭게 통합할 수 있는 통일선거 법제를 마련하는 것이 중요하다. 둘째, 민주선거가 실시되고 안정적으로 정착될 수 있는 사회·문화적 환경을 조성하는 노력이 필요하다. 마지막으로 통일한국 선거에 대비한 선거관리 체제를 준비하는 것도 사전에 철저히 준비해 두어야 할 과제이다.

우리는 앞서 완전히 통합된 단일국가의 형성에 앞서 과도기적 통일과정으로 '남북연합' 단계의 필요성을 지적했다. 이러한 남북연합의 과도기적 과정은 위 세 가지 측면의 준비를 통해 최소한의 부작용 속에 단일선거를 실시하고 하나로 통합된 통일한국이 안정적으로 출발할 수 있는 토대가 될 것이다. 남북연합의 과정은 준비된 선거제도의 사전 실험을 통해 저해요인을 최대한 축출하고 수정·보완하여 남과 북이 모두 공감하고 수용할 수 있는 통일한국 선거법제를 완성해 갈 수 있는 시간이어야 한다. 또한 올바른 주권행사를 위한 민주적 가치를 학습하고 민주주의 체제에 적응할 수 있는 정치사회화의 장으로서 기능해야 한다. 현실적 측면에서는 남과 북의 실질적인 상황을 이해하고 이에 적합한 선거관리 체제를 정비해 나가는 시간이기도 하다.

1 통일 선거법제 마련

선거는 통일한국의 미래를 이끌어 갈 대표를 선출한다는 점에서 매우 중요한 과제이다. 특히, 통일 후 첫 선거는 통일한국의 정치적 통합을 완성하고 정당성을 확보한다는 점에서 그 의미가 매우 크다. 그러나 남과 북은 긴 시간 동안 완전히 다른 선거제도를 운용해 왔기 때문에 통합 선거를 실시하는 과정에서 많은 갈등과 혼란이 유발될 수밖에 없다. 따라서 통일한국의 정치적 안정과 신속한 사회통합을 위해서는 그만큼 많은 사전 준비가 필요하며 특히, 단일 선거 전 상호 선거제도에 대한 연구뿐만 아니라 양측이 추구하는 가치에 대한 충분한 대화와 토론을 통한 통일 선거법제의 제정과 개선 과정이 필요하다.

민주적 선거의 정착을 위해서는 공정한 선거과정도 중요하지만 선거결과에 대한 승복과 수용도 매우 중요하다. 이를 위해 통일한국 선거법제는 남과 북이 조화롭게 통합될 수 있는 선거제도의 설계가 무엇보다 필요하다. 제도는 민주적이어야 하지만 정치 환경에 유기적이어야 하고 그에 맞게 지속적으로 개선해 나가야 한다. 따라서 통일한국의 초기 선거제도는 산술적 평등이 아니라 양측의 정치·사회·경제적 차이를 반영한 실질적 평등의 가치가 투영된 통합을 위한 제도여야 한다는 점도 반드시 고려되어야 할 가치이다.

1) 남북한 선거제도 비교

통일한국의 선거법제 마련은 남·북한 선거제도의 비교·검토에서부터 출발하여야 한다. 비록 북한이 민주적 선거를 실시하지 않았다 하더라도 기본적으로 어떠한 선거제도를 가지고 있었는지를 살펴보는 것은 어떤 부분을 조정하고, 어떤 영역의 지원과 교육이 필요하지를 판단할 수 있는 기초자료가 될 것이다. <표 8−1>은 한국의 국회의원선거와 북한의 인민회의대의원선거의 제도를 간략히 비교한 것이다.[10]

〈표 8−1〉 남북 선거제도 비교

구분	남한	북한
선거권과 피선거권	○ 선거권 19세 ○ 피선거권 25세(대통령 40세)	○ 선거권·피선거권 모두 17세
선거구	○ 각 선거별로 인구·행정구역·지세·교통 등의 조건을 고려하여 법으로 획정 ○ 소선거구제 ○ 비례대표 있음	○ 각급 대의원 선거별로 행정구역과 인구수를 고려하여 선거 때마다 획정 ○ 소선거구제 ○ 비례대표 없음
의원정수	○ 선거법에 의원정수 규정 ○ 국회의원 299명	○ 선거 때마다 인구수에 비례하여 정함 ○ 선거구당 1명
선거기간	○ 선거법에 선거기간 규정	○ 선거기간 규정 없음
선거일	○ 법으로 정함	○ 당해 인민회의 임기 종료 전 30일 이내에 실시 ○ 최고인민회의대의원선거일은 선거일의 60일 전, 지방인민회의대의원선거일은 선거일의 40일 전에 해당 인민위원회 결정으로 공포
입후보	○ 피선거권 제한 없음	○ 사전심사제 : 구선거위원회가 100인 이상의 선거인으로 구성한 선거인회의에서 자격심사

10) 남북한 선거제도는 한국의 「공직선거법」과 북한의 「조선민주주의인민공화국 각급 인민회의대의원선거법」을 기초로 주요 내용만을 추출하여 정리한 것이며, 기타 자세한 내용은 관련 법률 참조.

	◦ 추천권자 : 정당, 선거권자	◦ 추천권자 : 선거인, 정당, 사회단체
	◦ 추천선거인 : 선거별 차등	◦ 추천선거인 : 규정없음
	◦ 기탁금제 있음	◦ 기탁금제 없음
	◦ 후보자등록 : 정당 또는 본인	◦ 후보자등록 : 구선거위원회
기탁금	◦ 있음	◦ 공영제 실시로 납부제도 없음
선거운동 (선거선전)	◦ 목적 : 당선과 낙선	◦ 목적 : 선거자체 홍보, 당선 (반대투표선동 금지)
	◦ 방법 : 인쇄물, 언론매체, 집회, 컴퓨터통신 등	◦ 방법 : 출판선전, 방송선전, 직관선전, 예술선전, 구두선전 등
	◦ 선거운동제한 : 구체적 제한규정	◦ 선거운동제한: 반대투표, 기권, 선거파괴 선동행위, 후보자 비방, 선거위원회 승인 없는 집회와 시위 및 선거조직 행위
선거비용	◦ 후보자 자비부담, 일부 공영제	◦ 완전공영제
투표	◦ 부재자투표 : 허용 ◦ 사전투표 : 선거일 전 5일부터 2일간	◦ 부재자투표 : 중병, 노령, 신체장애 등 일부의 경우 이동투표함 설치
	◦ 투표시간 : 오전 6시~오후 6시 (재보궐선거의 경우 오후 8시까지)	◦ 중앙선거위원회가 계절을 고려하여 선거 때마다 결정
개표	◦ 투표용지 교부 수와 투표수 대조 ◦ 부합여부가 유무효의 절대적 기준이 아님	◦ 투표함 속의 선거표 수와 발급한 선거표 수 대조 후 같거나 적을 때만 유효로 정식개표 진행
당선인 결정	◦ 당해 선거구의 유효투표수 중 다수를 얻은 자를 당선인으로 결정 ◦ 무투표당선제 있음 ◦ 최고득표자 2인의 경우 연장자 당선	◦ 당해 선거구의 유효투표소의 과반수를 얻은 자 당선인으로 결정 ◦ 무투표당선제 없음 ◦ 최고득표자 2인의 경우 당선자 없음
재선거	◦ 후보자가 없는 때 ◦ 당선인이 없는 때 ◦ 선거무효·당선무효의 경우	◦ 당선자가 없을 때 ◦ 임기개시 전 당선자 사망 또는 피선거 상실 ◦ 선거무효의 경우
보궐선거	◦ 궐원 또는 궐위가 생긴 때	◦ 대의원 사망의 경우 ◦ 대의원이 선거인의 신임을 잃어 소환된 경우

민주적인 통일한국 선거법제를 창출해 내기 위해서는 많은 분야에 대한 이해와 통합이 필요하다. 그러나 각 제도 분야 중 민주적 선거의 실현을 위해 특히 중요하게 살펴보아야 할 점은 입후보와 선거운동이 자유롭고 평등한가의 문제, 투표와 개표가 투명하고 공정한가의 문제이다. 북한의 경우 입후보에 있어서 사전심사제, 국민추천권 부재 등으로 인하여 선거과정의 출발에서부터 자유롭고 공정한 선거가 제한되는 비민주적 측면이 있다. 선거운동에 있어서도 민주주의의 근본이 되는 언론·출판·집회 등 표현의 자유를 심각하게 제약하고 있다는 점을 인식해야 한다. 투표에 있어서 비밀투표의 보장과 투표 효율성 확대의 문제, 개표에 있어서 투명성과 공개성의 문제 등도 남과 북의 선거제도에서 나타나는 중요한 차이점이다.

일부 선거제도는 단순한 절차의 문제 또는 기준의 문제로 쉽게 조정되고 통합될 수 있다. 그러나 자유와 공정, 그리고 투명성과 공개성의 문제는 북한 주민들이 제도적으로 제약되어 실제 선거에서도 경험해 보지 못한 부분이다. 따라서 민주적 선거를 위해서는 통합법제 각 분야에서 자유과 공정이 투영된 제도적 개선이 이루어져야 하며, 이와 더불어 민주적 선거제도에 대한 교육과 경험의 축적이 수반되어야 할 것으로 생각된다.

2) 통일한국 선거법제에 대한 제언

통일한국의 선거가 체제통합을 위한 민주적인 제도적 장치로 작동하기 위해서는 남과 북이 함께 수용할 수 있는 호혜주의적 선거법제가 마련되어야 한다. 그러나 서로의 차이를 감안하여 상호 이익을 투영하더라도 민주주의라는 근본을 훼손하지 않기 위해서는 변할 수 없는 몇 가지 기본전제가 필요하다.

우선 근본적 차원에서 민주주의의 가치가 전제되어야 한다. 즉 자유민주적 기본질서가 규범적 기준이 되어야 한다는 것이다. 이를 위해 구체적 양식에 관계없이 통일한국 선거법제에는 국민주권주의, 법치주의, 자유민주주의의 가치를 담아내어야 한다.

둘째, 선거법제의 기본원칙은 민주적 선거의 전제가 되는 보통·비밀·직접·평등선거의 4대 원칙이 보장되어야 한다. 북한의 경우 민주선거를 위한 기본원칙이 실제 적용되어 오지 못한 것으로 평가되며, 따라서 북한 주민들이 이에 대한 이해 부족으로 통일 선거법제를 합리적이고 이성적으로 수용을 하는 데 어려움을 겪을 수 있다. 그럼에도 불구하고 민주선거를 위해서는 북한의 선거제도를 전면 재조정하더라도 민주선거 4대 원칙에 기반한 통일한국 선거법제 구성을 모색해야 한다.

셋째, 국민통합의 가치 투영이 전제되어야 한다. 민주주의는 절대적 평등의 실현을 의미하는 것이 아니며, 절대적인 다수결주의만을 의미하는 것도 아니다. 민주주의는 소수의 가치를 수용하고 실질적 평등을 실현하는 데 목적이 있다. 이에 통일한국 선거법제는 약자에 대한 배려를 전제로 한 점진적 제도개선의 과정을 필요로 한다. 어느 특정의 제도가 급속하게 이식되거나 일방적으로 강요되어 선거제도가 비정상적으로 작동하게 되는 상황을 경계해야 하며, 국민통합의 가치를 투영하여 선거결과로 인한 소외 내지는 반발을 최소화시키는 선거법제를 고민해야 한다. 이러한 기본전제에 기초하여 세부적인 통일한국 법제의 현실적 방안에 대해 고찰해 보자.

우선 통일한국의 선거법제는 단계적 통합화의 이원적 과정을 거쳐 완성되어야 할 필요성이 있다. 통일한국의 선거가 어느 한 순간 통합된 법제를 통해 일률적으로 진행되는 것은 현실적으로 남북 간 갈등을 불러올 소지가 크다. 오랜 시간 다른 체제와 시스템 하에서 살아온 괴리로 인하여 통합 법제에 대한 수용력에 차이가 있을 수밖에 없기 때문이다. 따라서 이러한 갈등을 최소화하기 위해 남북연합의 과도기적 과정의 필요성을 제기했고, 선거법제 또한 이러한 과정에 순응하는 단계적 통합과정이 필요하다. 즉, 과도기적 과정에서는 북한 주민들이 민주적인 정치체제에 적응하기 위해 필요한 제도적 기초를 우선 제공하고 이후 단일체제로의 통합과정에서는 조율과 배려가 필요한 세부적인 제도를 완성해 가야 한다는 것이다.

과도기적 과정에서는 자유롭고 공정한 민주적 선거의 원칙이 투영된 법제를 구성하되, 반드시 전제되어야 할 부분에 초점을 둔 통일법제를 마련할 필요성이 있다. 따라서 이 단계에서의 선거법제는 민주적 선거의 틀을 가진 남한의 선거제도를 골격으로 하되 북한사회에서 통용되는 기존 선거질서가 어느 정도 수용되어져야 한다. 선거권과 피선거권의 완전한 보장, 자유로운 선거운동, 자유로운 투표권 행사와 공개적인 개표 등이 핵심 영역이 될 것이다. 이는 민주적 선거에 대한 경험이 없는 북한 주민의 민주주의 정치사회화를 통해 단일체제로의 기반을 조성하는 데 주요한 목적이 있다.

주권자는 누구나 대표가 될 수 있고, 후보자로 나서게 되면 당선을 위해 자유롭게 선거운동을 할 수 있는 제도를 제공하고 이에 대한 적응력을 높여야 한다. 다만 일시적으로 제공되는 자유로 인한 혼란과 무질서를 최소화하기 위해 부분적 제약의 문제를 고려해야만 할 것이다. 자유방임이 아니라 절제된 자유가 과도기적 상황에서는 다소 필요해 보인다. 이러한 측면에서 보면 선거권과 피선거권의 조정, 입후보조건, 선거운동 방법, 투·개표 절차, 당선인 결정 등 기본적인 선거절차 분야가 세부적 통합 영역으로 지적될 수 있다.

한편, 입후보와 관련하여서는 정당 또는 국민에 의한 후보자 공천·추천이 이루어질 수 있는 민주적 절차를 제도화하고 이에 대한 적응력을 높이는 것 또한 더불어 필요한 과도적 조치이다. 이러한 조치는 북한사회 내에서 수용될 수 있는 피선거권 제약과 허용의 기준들을 스스로 정리해 가는 과정이어야 한다.

과도기적 남북연합의 선거법제가 기본적인 민주선거제도의 정비라면 단일체제로의 통합과정에서는 포괄적이고 세부적인 통합법제의 제시와 이에 대한 조정이 필요하다. 이와 관련하여서는 다수제와 비례제 등 대표제 양식, 선거구제, 선거공영제의 범위, 실질적 평등을 위한 특례 등이 대표적인 통합영역으로 지적될 수 있다. 이러한 영역들은 단일체제에서 대표성을 결정하는 주요 요인이 되기 때문이다. 특히, 단일체제로의 통합과정에서 남북한 차이를 고려한 실질적 평등성과 수용성은 안정적 통합을 위해 특별히 고려되어야 할 중요한 요인이다.

통일한국 선거법제 논의과정에서 단순한 인구비례에 따른 일방적인 다수대표제나 완전한 비례대표제 적용에 대한 우려는 남과 북 사이의 불균형적인 대표성의 문제로 인해 갈등을 야기할 수 있다는 측면을 고려한 것이다. 선거구제의 문제는 경쟁력 차이에 의한 불평등의 문제, 통일한국 내의 또 다른 지역 갈등 내지는 통합의 문제와 직결되어 있다. 한편 선거공영제의 범위와 수준은 남북한 경제적 차이를 인정하는 가운데 자유롭고 공정한 경쟁이 이루어질 수 있도록 하는 선거환경의 실질적 평등성을 결정짓는 중요한 요소이다.

무엇보다도 통일한국 초기 선거법제에서는 실질적 불균형 상황에 놓여 있는 북한 사회의 대표성을 위한 특례 규정 마련에 세심한 배려와 노력이 필요하다. 폐쇄적 권위주의와 1당 독재의 비민주적 사회를 유지해 왔던 북한의 경우 민주적 선거제도가 도입되고 객관적 조건 속에 자유로운 경쟁을 요구당하게 되면 그 결과로 인한 상대적 박탈감을 갖게 될 가능성이 높다. 따라서 일정 기간 동안 북한 주민의 대표성을 담보해 줄 수 있는 임의적인 보호정책이 요구되며 이는 대표제, 의원 정수, 선거구 구성, 정당 추천, 공영제 등 다양한 분야에 걸쳐 고려되어야 한다. 이러한 보호정책을 담은 특례 규정의 마련은 단일체제로 통합된 통일한국에서 북한 주민들의 상대적 박탈감을 최소화하고 자존감을 보호함으로써 통합체제에 대한 수용성을 높여 다른 어떤 분야보다도 체제안정성을 높이는 데 중요한 기능을 수행하게 될 것이다.

2 민주시민정치교육을 통한 정치사회화

제도가 민주적으로 설계되더라도 민주선거의 실현은 결국 사람의 몫이다. 국민들이 얼마나 민주주의에 대한 가치를 체득하고 있는지, 선거과정의 민주적 운영에 대해 인식하고 있는지, 종국적으로는 합리적 판단과 선택의 능력을 가지고 있는지 그리고 그 결과에 대해 수용하고 인정할 수 있는 의식이 형성되어 있는지가 민주선거를 결정한다. 이를 바탕으로 한 민주주의에 대한 경험도 매우 중요한 요인이다.

그러나 현재 남북의 상황을 기준으로 통일한국의 민주주의를 생각하면 다소의 우려스러움이 있다. 북한의 경우 자유민주주의에 대한 경험이 없을 뿐만 아니라 오랜 시간 폐쇄적인 권위주의체제에 갇혀 있어 민주주의의 가치에 대한 주민들의 이해가 절대적으로 부족하다. 또한 획일화된 가치와 행동을 강요당해 왔기 때문에 민주주의의 핵심이 되는 다원주의를 이해하고 수용하는 데에도 한계가 있을 것이다. 현재 상황에서 민주선거가 실시되어 다양한 가치와 정책에 대한 논의와 경쟁이 이루어지고 다양한 후보자가 출현하면 과연 합리적으로 판단하고 선택하는 민주적 시민의 역량을 발휘할 수 있을지도 의문이다. 특히나 전혀 다른 가치, 제도, 문화 속에 살아온 남한 출신의 정치인들이 쏟아내는 수많은 정책과 공약에 대해 동질감을 가질 수 있을까? 또한 사람 됨됨이에 대한 평가 기준의 차이가 잘못된 선택으로 동원되지는 않을까? 많은 부분이 걱정스럽다.

그렇다면 완전한 민주주의 국가로 평가받는 한국의 국민들은 훨씬 더 나은가? 이코노미스트지가 매년 실시하는 민주주의 지수 평가를 보면 한국은 완전한 민주주의 국가임에도 불구하고 정치참여, 정치문화 분야에서 여전히 낮은 평가를 받고 있다. 국민들은 선거 후 늘 자신의 선택을 후회하는 경향을 보이면서도, 다음 선거에서 보다 이성적이고 합리적인 선택을 하기 위한 노력에는 전력을 다하지 않는다. 한국 선거에서 고질적으로 나타나는 지역주의 대결양상을 보면 과연 한국 국민들이 합리적 선택을 하는 민주시민의 능력을 갖추고 있는지 의심스럽기도 하다.

상황이 이럴진대 전혀 다른 체제 속에 살아온 남과 북이 단일체제로 통합되면 안정적이고 민주적인 선거를 치러낼 수 있을까? 이러한 측면에서 통일한국 선거가 민주적이고 안정적인 장치로 정착하기 위해 무엇보다 필요한 것이 바로 체계적인 민주시민정치교육이다. 이것은 정도의 차이일 뿐 권위주의 체제속에 살아온 북한과 남한 주민 모두에게 필요한 준비과정이다.

남한은 지금부터라도 통일에 대비하여 보다 체계적인 민주시민정치교육을 실시하여야 한다. 학교 교육에서 민주시민정치교육을 의무화해야 하고, 민주시민정치교육을 위한 법제를 구체화하는 한편 전문 교육기관을 양성하여 민주시민정치교육시스템을 체계화할 필요성이 있다. 민주주의의 기본가치와 민주시민의 자질에 대한 교육은 물론이거니와 북한에 대한 이해, 민족 동질성 회복 프로그램 등 통일에 대비한 프로그램도 다양하게 준비되어야 한다.[11] 이러한 준

---

11) 2014년 통일부와 교육부가 전국 초·중·고교를 대상으로 통일교육 실태를 조사한 결과를 보면 남한 교육과정에서 통일에 대한 관심과 북한에 대한 이해를 위한 프로그램의 필요성을 명확히 느낄 수 있다. 조사결과에 따르면 청소년들은 통일에 대해 무관심할 뿐만 아니라 부정적 시각이 증대되고 있다. 또한 북한 주민에 대한 적대의식이 우월의식과 배타의식으로 대체되고 있으며, 북한과 관련된 지식과 정보 습득은 학교 교육이 아니라 대중매체에 더 의존하고 있는 것으로 나타났다(황인표. 2015. "통일 대비 사회통합교육과 민주시민교육." 선거연수원. 2015년 제11회 민주시민교육 국제심포지엄「통일한국의 길 – 민주시민교육의 새로운 지평」발제문. 61~64). 따라서 북한의 생활모습 등 북한에 대한

비과정은 결국 통일한국에서 북한 주민들을 대상으로 한 민주시민정치교육의
기반이 될 것이다.

민주주의 경험이 없는 북한 주민들을 대상으로 한 민주시민정치교육에 있
어서는 더욱 많은 준비가 필요하다. 우선은 남북한 교육체계에 대한 비교분석
을 통해 근본적인 개선과제를 이끌어 내고, 이에 맞는 학교교육 프로그램을 구
축해야 한다. 이를 통해 통일한국의 미래를 책임질 아이들이 자유민주주의와
시민의 개념, 다원주의와 자율성, 민주시민의식과 합리적 선택, 대의제와 민주
정치 체제 등 민주주의 국가의 국민으로 살아갈 수 있는 역량과 자질을 함양
할 수 있게 하는 것이 무엇보다 중요하다. 또한 학교 선거에서부터 민주적 선
거제도를 도입하여 민주선거에 대해 학습하고 체험할 수 있도록 환경을 제공
하는 것도 중요한 과제이다.

성인에 대해서는 선거에 출마한 정당과 후보자들에 대한 이성적이고 합리
적인 판단과 선택을 할 수 있는 능력을 배양하는 데 초점을 두어야 한다. 또
한 민주적 선거제도와 절차에 대한 학습도 중요하며, 매니페스토 정책선거 등
올바른 선거문화에 대한 공감도 필요하다. 이는 자유민주주의 체제에 빠르게
순응하고 주권행사의 현실적 가치와 의미를 인식하는 데 있어 긍정적인 효과
를 발휘할 수 있다. 그러나 민주주의에 대한 교육과정에서 오랜 기간 체화된
사회주의적 가치를 폄하함으로써 자존감을 상실하게 하지 않도록 주의할 필요
성이 있다. 오히려 그들이 가진 공동체의 가치를 민주적 절차와 제도를 통해
올바른 가치로 전환할 수 있음을 공유하는 것이 더 바람직한 접근방법이 될
것이다.

그 이외도 1당 독재의 비민주적 정당정치에 대한 의식개선과 민주주의 정
치과정의 동인(動因)으로서의 정당에 대한 교육도 필요하며, 다원주의를 실현하
는 각종 사회단체, 공익집단과 이익집단 등에 대한 교육도 요구된다. 사이버공
간을 통한 담론 형성과 심의민주주의의 참여과정 등도 주요 교육 대상이어야
한다.

이상과 같은 다양한 측면의 민주시민정치교육은 특정 교육기관에게만 의

이해가 매우 절실한 실정이다.

무처럼 주어져야 하는 과제는 아니다. 전체적인 교육시스템을 통해 종합적이고 체계적으로 이루어져야 하며, 상황과 수준이 고려된 다양한 교육프로그램의 연구 개발이 필요하다. 이를 위해 한국 국민들을 대상으로 한 민주시민정치교육과 통일 대비 북한주민을 위한 민주시민정치교육을 아우를 수 있는 전문교육기관을 설치·운영할 필요성이 있다. 이 기관을 통한 전문적인 교육 프로그램 및 콘텐츠 개발시스템도 구축되어야 한다. 특히 교육프로그램 개발과 관련하여서는 현재 남한 사회에서 이루어지고 있는 탈북주민과 다문화가족 등 이질적 가치와 문화를 가진 국민들을 대상으로 실시되고 있는 민주시민교육 과정에서 나타난 문제점 등이 주요한 참고자료가 되어야 할 것이다. 또한 통일한국에 대비하여 이들을 전문적인 민주시민교육 요원으로 양성하는 것도 의미 있는 방안 중 하나가 될 수 있다.

3 체계적인 선거관리시스템 구축

선거관리는 실질적인 선거과정의 공정성을 담보하는 중요한 절차이다. 선거제도가 아무리 민주적으로 법제화되었다 하더라도, 국민들이 아무리 민주시민의식을 함양하고 합리적 선택을 한다고 하더라도 선거관리가 공정하게 이루어지지 못하면 그 결과는 왜곡되고 대표자는 합리적 정통성을 인정받지 못한다. 따라서 통일한국의 선거를 준비하는 과정에서 철저한 대비가 필요한 분야가 바로 선거관리 분야이다. 현실적 측면에서 민주선거의 실현은 안정적이고 공명정대한 선거관리에 달려 있으며, 이를 위해 체계적인 선거관리시스템을 구축하고 선거관리의 전문성과 역량을 강화하는 것은 통일한국 선거 준비를 위한 또 다른 중요 영역이다.

통일한국 선거의 안정적·효율적 관리를 위해서는 크게 세 가지 측면의 준비가 필요하다. 첫째는 체계적인 선거관리시스템의 구축이며, 둘째는 전문성을 가진 선거 인력의 확보이며, 셋째는 효율적인 선거장비와 설비를 갖추는 것이다. 한국의 경우 이미 선거관리 분야에 있어서는 세계적인 수준을 인정받고 있다. 따라서 이 분야에서만큼은 남한의 시스템과 전문성을 한반도 전역의 실정에 맞게 조정하여 이식할 필요성이 있다.

우선 선거관리시스템적 측면에서는 통일한국 선거관리위원회의 상설조직화에 대한 로드맵을 설정할 필요가 있다. 북한의 경우 선거위원회가 남한과 같이 계층화되어 있기는 하지만 선거 때마다 구성되는 비상설조직이며, 선거관리만을 전담하고 있지 않아 전문성 또한 부족하다. 따라서 선거관리 조직 구성의 차원에서 통일헌법에 따라 공정성과 중립성을 갖춘 중앙선거관리위원회의 설치 및 각 시·도, 구·시·군을 단위로 한 상설조직화의 밑그림을 지속적으로 그려 나가야 한다. 중앙조직의 구성은 물론이거니와 유기적이고 효율적인 관리시스템을 위한 하위 조직의 단위와 기능 등에 대한 검토가 필요하다. 또한 일관되고 통일성 있는 선거관리 체계를 구축하기 위해 남한의 선거관리 매뉴얼을 통일한국의 변화된 상황에 맞게 사전에 검토하고 재정비하여 적용할 필요가 있다.

이 과정에서 고려해야 할 점은 각 단위 조직의 구성과 기능에서 남과 북의 차이를 인정하여 다소의 차별적 접근이 필요하다는 것이다. 이미 체계화되어 있는 남한과 달리 북한의 경우 선거관리 조직 및 역량이 비전문화되어 있다는 점을 고려하면 구성인력 및 단위조직의 규모를 상대적으로 크게 설정하는 것이 안정적일 수 있다.

북한의 경우 남한의 선거관리시스템을 이식하여 조직적으로 구조화한다고 전제할 때 현실적인 문제점으로 대두되는 것이 바로 이를 운영하는 사람이다. 모든 시스템은 운영인력과 방법에 따라 그 성패가 좌우된다. 따라서 선거관리적 측면에서 현실적으로 더 중요한 문제는 바로 운영 인력의 배양과 전문성 강화이다.

북한은 그동안 선거관리를 위한 절차사무가 전문화되어 있지 않았고, 실제 선거관리에 대한 효율성과 공정성에 대한 논의가 무의미한 정치체제를 운영해 왔다. 따라서 선거인명부의 작성, 입후보, 투·개표 등 기본적인 절차사무는 물론 선거운동에 대한 지도·단속, 선거 홍보 등 적극적 관리행위 모두가 낯설고 체계적이지 못할 것이다. 그렇다고 효율성만을 위하여 모든 선거관리 인력을 남한 출신으로 충원하게 되면 선거관리 자체에 대한 정당성의 문제가 제기될 수도 있을 뿐만 아니라 남한 인력 또한 북한의 상황을 정확히 알지 못하기 때문에 장기적 측면에서 그다지 바람직한 선택은 아니다. 따라서 북한 출신 선거관리 인력 양성과 교육을 위한 사전준비가 필요하다.

남북연합의 과도기적 기간은 이러한 교육을 위한 적기이다. 이를 위해 북한지역을 중심으로 지역교육원을 설치하고 통일된 교육프로그램을 마련하여 체계적인 교육을 통한 인력 양성을 준비해야 한다. 이 과정에서는 기초적인 민주주의 교육과 경험이 있으며 북한의 상황과 정치환경을 잘 알고 있는 탈북자를 활용하는 것이 효율적 대안 중 하나가 될 수 있다. 지금부터라도 탈북자 중심의 사전교육을 시작하여 통일에 대비한 교육인력 풀을 마련하고, 이들을 선거관리 및 교육인력으로 투입하려는 준비가 필요하다.

마지막으로 체계적인 선거관리시스템의 원활한 작동을 위한 선거장비와 설비 확보의 필요성을 생각해야 한다. 선거장비와 설비는 효율적이고 공정한 선거관리를 위한 기초 환경이다. 남과 북은 선거에 사용하는 장비와 설비에 있어 큰 차이가 있다. 선거관리를 위한 전산시스템은 물론 투표용지, 기표용구, 투표함 등 용구·용품, 개표 보조장치, 투·개표소 설비 등 모든 부분이 상이하다. 이에 대한 통합과정이 필요하다.

선거정보를 제공하고 전반적인 선거절차를 관리하기 위한 전산시스템을 어떠한 수준에서 마련할 것인가, 용구·용품의 규모는 어느 정도이며 어떠한 방법과 수준의 지원이 필요한가, 투·개표소 설치 및 지원을 위한 정부 부처와의 협조체제를 어떻게 마련할 것인가 등이 주요하게 설계되어야 할 준비사항들이다. 물론 이 과정에서는 통일한국의 선거에 대비한 관리시스템 규모 산정을 비롯하여 선거장비와 설비의 확보 및 지원을 위한 예산의 추계도 매우 중요하다. 또한 현대식 선거설비 및 장비에 대한 북한출신 선거관리 인력의 이해력과 활용능력 또한 더불어 배양해야 할 과제이다.

강원택. 2011. "제3공화국 선거." 한국선거학회(편). 『한국 선거 60년: 이론과 실제』.
　　　오름.

고경민. 2005. 『현대정치과정의 동학』. 인간사랑.

곽준혁(역). 2004. 『선거는 민주적인가』. 후마니타스.

권영성. 2007. 『헌법학개론』. 법문사.

김광수. 2002. 『선거와 정당』. 박영사.

김근식. 2011. "북한붕괴론이라는 유령." KPI칼럼(게재일: 2011. 03. 03).

김미경. 2006. "매니페스토가 5·31 지방선거에 미친 영향과 향후 과제." 「선거관리」
　　　제52호.

김승환. 1988. "선거문화와 대중문화." 「신문과 방송」.

김용철. 2011. "한국 선거운동의 민주적 품질: 자유와 공정의 관점에서." 「의정연구」
　　　제17권 제3호.

김용호. 2001. 『한국 정당정치의 이해』. 나남출판.

김종철. 2004. "정치개혁을 위한 선관위의 역할과 과제." 「선거관리」 제50호.

김현우. 2001. 『한국국회론』. 을유문화사.

박재규. 2004. "남남갈등을 넘어 한반도의 평화와 통일을 향해." 경남대학교 극동문
　　　제연구소. 「남남갈등 진단 및 해소방안」 기조연설문.

법제처. 1994. 『문민정부와 법제개혁 ─ 그 1년의 발자취』. 휘문인쇄.

서울대학교 헌법·통일법센터. 2014. 「통일선거법제의 방향」. 중앙선거관리위원회 용
　　　역보고서.

서중석. 2008. 『대한민국선거이야기』. 역사비평사.

성낙인. 2008. 『헌법학』. 법문사.

성승환. 2013. "선거관리기구에 관한 헌법적 연구." 서울대학교대학원 박사학위논문.

송효진·고경민. 2013. "SNS 정보서비스의 질, 정치 효능감, 그리고 정치참여의 촉진." 「한국정당학회보」 제12권 제1호.

시립대박물관. 2007. 『선거前, 다시보는 선거展』. 삼화특수인쇄사.

신명순. 1999. 『비교정치』. 박영사.

심지연·김민전. 2006. 『한국 정치제도의 진화경로 – 선거·정당·정치자금제도 – 』. 백산서당.

오니시 유타카(大西 裕). 2013. 『선거관리의 정치학: 일본의 선거관리와 한국모델의 비교연구』. 유비각.

오창헌. 2008. 『현대 정치의 이해』. 대경.

윤형섭·신명순 외. 1988. 『한국정치과정론』. 법문사.

이소영. 2016. "4·11 총선과 SNS 선거캠페인." 한국언론학회. 한국언론심포지움 및 세미나 발표문.

이영석. 1990. 『야당, 한 시대의 종말』. 성정출판사.

이우진·김성주. 1996. 『현대한국정치론』. 사회비평사.

이종우. 2008. "공명선거와 지방공직자의 자세." 「지방행정」 제653호.

이종우. 2008. "국민의 참정권과 재외선거 도입 고찰." 「국회보」 통권504호.

이종우. 2008. "선거범죄 등에 관한 조사권의 성격과 위헌성 여부 등 연구." 「선거관리」 54호.

이종우. 2009. "정치발전을 위한 선거관리위원회의 역할과 과제: 정치관계 법제 중심으로." 「의정논총」 제4권 1호.

이종우. 2014. "한국 선거의 변화와 지속가능성." 「한국의정연구」 제9권 제1호.

이형건. 2012. "선거관리위원회의 입법기능에 관한 연구: 선거관리위원회의 의견제출권을 중심으로." 울산대 대학원 박사학위논문.

이효성. 1997. 『대통령선거와 텔레비전 토론』. 도서출판 나남.

이효원. 2015. 『통일법의 이해』. 박영사.

임성호. 2008. "선거관리와 대의민주주의 거버넌스: 그 관계의 양면성." 「국정관리연구」 제3권 제1호.

임성호. 2008. "정치발전을 위한 선관위의 역할과 발전방향: 17대 대선의 평가." <선

거관리위원회 제17대 대통령선거외부평가>.

장영수. 2006. 『헌법학』. 홍문사.

정만희. 2003. 『헌법과 통치구조』. 법문사.

정성호. 2006. "선거와 정치커뮤니케이션의 역할." 한국커뮤니케이션학회 학술세미나 「17대 총선과 미디어선거」 발제문(2006. 11. 30).

정종섭. 2008. 『헌법학원론』. 박영사.

정치학대사전편찬위원회. 2002. 『21세기 정치학대사전』. 아카데미리서치.

중앙선거관리위원회. 1973. 『대한민국선거사』. 보진제.

중앙선거관리위원회. 1981. 『대한민국선거사』 제1집. 영진사.

중앙선거관리위원회. 1999. 『국가기구로서의 선거관리기관』. 현대문화사.

중앙선거관리위원회. 2009. 『대한민국선거사』 제5집. 에스아이케이알.

중앙선거관리위원회. 2009. 『대한민국선거사』 제4집. 에스아이케이알.

중앙선거관리위원회. 2013. 『국민과 함께 하는 선거관리위원회 50년사』. 박영사.

중앙선거관리위원회. 2013. 『선거관리위원회 50년사』. 박영사.

중앙선거관리위원회. 2014. 『Election system and management in Korea』. 일지사.

중앙선거관리위원회 의결50년사 편찬위원회. 2014. 『공명선거의 발자취』. 박영사.

지병문 외. 1997. 『현대 한국정치의 전개와 동학』. 박영사.

최한수. 1996. 『한국선거정치론』. 대왕사.

한국선거학회. 2011. 『한국 선거 60년』. 오름.

허영. 2005. 『헌법이론과 헌법』. 박영사.

허영. 2007. 『한국헌법론』, 박영사.

홍석한. 2014. "선거관리위원회의 위상과 역할에 대한 헌법적 고찰." 「공법연구」 제42집 제3호.

홍재우. 2010. "민주주의와 선거관리: 원칙과 평가−제5회 전국동시지방선거를 중심으로−." 「의정연구」 제16권 제3호.

황인표. 2015. "통일 대비 사회통합교육과 민주시민교육." 선거연수원. 2015년 제11회 민주시민교육 국제심포지엄 「통일한국의 길−민주시민교육의 새로운 지평」 발제문.

국회본회의 회의록 제1회 제33호.

대한민국 국회 홈페이지(http://www.assembly.go.kr).

위키백과(http://ko.wikipedia.org/wiki).

중앙선거관리위원회 선거법령정보(http://law.nec.go.kr/lawweb/index.jsp)

중앙선거관리위원회 홈페이지(http://www.nec.go.kr)

Bernard Manin. 1997. *The Principles of Representative Government.* Cambridge University.

Buckley v. Valeo, 424 U.S. 1(1976)Farrell, David M. and Rüdiger Schmitt—Beck. 2002. *Do Political Campaigns Matter? : Campaign Effects in Elections and Referendums.* Routledge: London and New York.

Edward Shils. 1967. *Political Development in the New States.* The Hague: Mouton & Co.

Electoral Integrity Project. 2014. *The expert survey of Perceptions of Electoral Integrity*, Release 2.

Gelman, Andrew and Gary King. 1993. "Why Are American Presidential Election Campaign Polls So Variable When Votes Are So Predictable?" British Journal of Political Science. Vol. 23(No.4).

Gianfranco Baldini and Adriano Pappalardo. 2009. *Elections, Electoral Systems and Volatile Voter.* palgrave macmilla.

Holbrook, Thomas M. 1996. *Do Campaigns Matter? : Contemporary American Politics.* Sage Publications.

Mike Wilson. 2008. *The Election Process.* Greenhaven press.

Norris, Pippa, Richard W. Frank, and Ferran Martinez i Coma. 2014. "The Year in Elections 2013: The World's Flawed and Failed Contests." The Electoral Integrity Project.(https://sites.google.com/site/electoralintegrityproject4/home(검색일: 2015. 7. 24)

찾아보기

■ 저자소개 ■

이종우(李鍾宇)

· 경남 함안 출생
· 성균관대학교(행정학 석사)
· 정무직공무원(국무위원급)

주요경력

2012.12 제15대 중앙선거관리위원회 상임위원(국무위원급)
2010.12~2012.11 제15대 중앙선거관리위원회 사무총장(국무위원급)
2008.12 중앙선거관리위원회 사무차장(차관급)
2007.01 중앙선거관리위원회 법제실장
2006.01 중앙선거관리위원회 기획조정실장
2005.01 경기도선거관리위원회 사무국장(현: 사무처장)
2002.01 중앙선거관리위원회 기획관리관(현: 기획국장)
1993.10~1994.06 진해시선거관리위원회 사무국장

2015.03 경남대학교 석좌교수
2015.03~2015.08 북한대학원대학교 민족공동체지도과과정
2013.07~2014.03 중앙선거관리위원회 의결50년사편찬위원장
2012.03~2014.02 동국대학교 행정대학원 겸임교수
2007.03~2010.02 국민대학교 정치대학원 외래교수
2006.08~2007.02 서울대학교 국가정책과정

주요논문
· 공명선거와 지방공직자의 자세(2008)
· 국민의 참정권과 재외선거도입 고찰(2008)
· 선거범죄 등에 관한 조사권의 성격과 위헌성 여부 등 연구(2008)
· 정치발전을 위한 선거관리위원회 역할과 과제: 정치관계 법제 중심으로(2009)
· 한국 선거의 변화와 지속가능성(2014)
· 한국의 공명선거 발자취(2015)

수상
· 홍조근정훈장(2002)
· 대통령 표창(1993)
· 중앙선거관리위원회 위원장 표창(1987)

한국선거발전론

초판발행　　2015년 11월 24일
중판발행　　2015년 12월 10일

지은이　　　이종우
펴낸이　　　안종만

편　집　　　한현민
기획/마케팅　조성호
표지디자인　김문정
제　작　　　우인도·고철민

펴낸곳　　　(주) **박영시**
　　　　　　서울특별시 종로구 새문안로3길 36, 1601
　　　　　　등록 1959. 3. 11. 제300-1959-1호(倫)
전　화　　　02)733-6771
f a x　　　02)736-4818
e-mail　　　pys@pybook.co.kr
homepage　www.pybook.co.kr
ISBN　　　979-11-303-0263-8　93340

* 잘못된 책은 바꿔드립니다. 본서의 무단복제행위를 금합니다.
* 저자와 협의하여 인지첩부를 생략합니다.

정　가　　　18,000원